ビジネスマンの
知的資産としての
MBA単語帳
MBA ESSENTIAL KEYWORDS

早稲田大学ビジネススクール教授
杉浦正和

日経BP社

Prologue
はじめに

「戦略」と「戦術」はどう違うのか。「マネジメント」と「コントロール」の違いはなにか。PDCA (Plan-Do-Check-Action) サイクルの"Do"と"Action"は何が違うのか。

改めてこう問われると、はたと考え込んでしまう人もいるのではないでしょうか。ビジネスに携わっている人が何気なく使っている言葉の意味は、意外と理解されていないのが実情かもしれません。

ビジネスやマネジメントに関わる大切な言葉について、深く理解するためのヒントを提供する——。それがこの『MBA単語帳』の目的です。MBA取得を目指してビジネススクールで学ぶ人のための基礎的な用語集と言ってもいいでしょう。

ビジネスの言葉は世界共通。世界のどこに行っても同じキーワードが使われます。私たち日本人にとってやっかいなのは、ビジネス用語の大半は海外から直輸入した言葉（特に英語）が大半だということです。

ビジネスに関する英単語について、わかったつもりになるのではなくて、根本的に理解するにはどうしたらよいか。それに対する現実的な答えは、英語とビジネスを同時に学んでしまうことです。

この『MBA単語帳』では、ビジネスにおいて基本となる英単語120ワードを選び出し、言葉の意味に加えて、それに関連するビジネス知識を解説しました。

翻訳の限界と言葉合わせ

単語は、たとえて言えば、壮大な建築物を造り上げていくためのレンガのようなものです。1つひとつの言葉を踏み固めるようにして理解してはじめて、揺るぎない世界観ができます。ビジネスにおける相互理解をより確かなものにするためには、言葉というレンガをきちんと焼き固めておく必要があります。

ところが、同じ会社で席を並べている仲間同士でさえ、同じ言葉を話しているつもりでも、実際にはお互いにまったく異なる内容をイメージしていることがしばしばあります。一旦ミスコミュニケーションが起こると、すれ違いがすれ違いを呼んで、お互いの溝はどんどん深くなってしまいます。言語が違えばなおさらです。ビジネスのグローバル化が加速度を増しています。ビジネスの場面で頻繁に使われる英語のキーワードについて正確に理解しておくことは、いよいよ重要になってきています。

　しかし残念なことに、翻訳には原理的に限界があります。言語体系によって「世界の切り取り方」が異なるからです。例えば、「牛」という表現は英語にはありません。「牡牛(ox)」か「牝牛(cow)」か「闘うための牛(bull)」か。言葉がたどってきた歴史や背後にある文脈、そして他の言葉との組み合わせ方が異なれば、言葉のニュアンスも守備範囲も微妙に違います。英語と日本語は1対1の対応などしていないのです。

　正しく日本語に翻訳したつもりでも、そのことがかえって理解を阻害することもあります。例えば「管理」と訳された言葉は、もともとmanagementだったかもしれないし、controlだったかもしれないし、はたまたadministrationだったかもしれません。いったん訳されてしまったが最後、原書に戻らない限り、もとがどの言葉だったかはわかりません。

　最近では「下手に訳するよりはまし」とばかりに、あえて翻訳せずカタカナのまま使う言葉も多くなりました。しかし、意味不明のまま使っていることも少なくありません。また英語をカタカナに変えた途端に英語のもつニュアンスもたたずまいも変わってしまいます。

　異文化間で意思疎通を行うためには「言葉合わせ」をしなければ始まりません。そのためには「言葉のこころ」を知ることが大切です。「そのこころは？」と言うときの「こころ」は、真に意味するところ。それを共有してはじめてコミュニケーションが成立します。なぜならば、communicationという言葉のこころは、「共有すること(common)」だからです。「こころ合わせ」ができて、はじめてチームワークが可能となり、組織的な力が発揮されます。

「学習する組織」の基本は思いを言葉にしてそれを交わすこと。意味のある議論をするためには、使っている言葉の摺り合わせを行うことが必要です。それが「言葉合わせ」です。言葉のイメージや広がりを共有してはじめて、こころ合わせが可能になるのです。

外国語と2つの目

言葉合わせは自分たちの言葉でさえ難しいのですから、外国語をこころから理解することは遥かに困難です。もともと違う世界に住んでいるのですから仕方ありません。しかし、互いに「バーバリアン(変な言葉を話す人：野蛮人)」と呼び合って、互いに理解を拒絶し合うことは生産的とはいえません。さりとて中途半端な理解のままでは今度は勘違いを呼び、すれ違いを招いてしまいます。

例えば、なぜか日本では良い意味で使われる「ナイーブ」という言葉。「私はナイーブです」という自己紹介はやめておいたほうが無難です。まして「あなたってナイーブな人ね」はご法度です。なぜならば、この言葉が意味するのは「単純なバカ」だからです。

しかし、そんな失敗も経験しながらある一定の努力を蓄積すると、ある瞬間にふと視野が広がったことに気がつきます。単に開けるのではなく次元が増えるというのがより正確です。

私たちは同じものを右目と左目でほんの少し違う角度から見ています。そのことによって、私たちは奥行きを知覚できて、ものを立体的に見ることができます。言葉でも同じ現象が起きます。ある言葉を1つの言語で理解している人よりは、複数の言語でも理解している人のほうが間違いなく奥行きを感じることができるのです。言葉の3D効果と言ってよいでしょう。

わかるようになると話せるようになります。母国語のことを英語でマザー・タングといいますが、直訳すると「母なる舌」。「言葉」をあらわす英語language(ラングエージ)のもととなったのは、「舌」という意味のラテン語lingua。bilingual(バイリンガル)は語源に忠実に訳すと2つの舌ということになりますが、決して「二枚舌」という意味ではありません。2つの舌で表現できるということです。

今ではバイリンガルどころかトリリンガルの人材も増えてきました。例えば日本に来ている中国系の人材の多くは、中国語・英語・日本語が話せます。私たちはそのような人たちと協力し合ったり競い合ったりしていくのです。

　複数の目と複数の舌を持つことが大切。そして、目も舌も借り物で済ますわけにはいきません。そのためには、表面をなでただけでわかったつもりにならず自分の頭で整理してみることが必要です。

　英語を学び始めた頃は、単語帳を作ったはずです。この『MBA単語帳』は、ビジネスで忙しい人たちに代わって、私がつくった単語帳の見本だと思ってください。

　各ワードの解説は、次のような構成になっています。

❶ 英単語
❷ カタカナ読み
❸ 代表的な日本語訳
❹ 言葉の「こころ」
その言葉の真に意味すること。共有すべき本当の意味。
❺ 語源
言葉の生まれを知ることは、発想の根源を知ること。エッセンスを理解すること。その言葉はどのように発展して現在私たちが使っているような意味をもつようになったのか。言葉の歴史と物語を垣間見るところから、言葉のエッセンスがわかる。
❻ 解説
言葉の意味に加えて、ビジネスの現場に欠かせない実務の視点を取り入れた。

▶ **Management**
[マネジメント]

経営・管理・経営者・管理者

● 人が手で何とかすること

● イタリア語でmaneggiareは「馬を手なずけ、調教し、あやつる」こと。ビジネスに応用されたのは16世紀。ラテン語のmanus（手）にルーツを持つ語根man(u)-は「手」。そこからmanner（手法）、manual（手動）、manufacturing（手工業）なども生まれた。人間がいつから人間になったのか、という議論は尽きないが、2足歩行によって前足が手になったときからとする説もある。

● 「マネジメント」はビジネススクールで学ぶ中心的概念です。ビジネススクールのあらゆる科目は、より効率的かつ効果的なマネジメントを行うために用意されているといっても過言ではありません。でも「マネジメントって何？」と改めて尋ねられると、答えに窮する人が多いのも事実です。
　マネジメントとは「管理」である──確かにそのように訳されることは多いのですが、管理はすなわちマネジメントかというと、必ずしもそうではありません。MBA（Master of Business Administration）のAであるアドミニストレーション（Administrationの項参照）も「管理」を意味します。コントロール（Controlの項参照）も「管理」と訳されることがあります。それではマネジメントはアドミニストレーションやコントロールとはどう違うのでしょうか。
　イタリア語でmaneggiareは特に馬を手なずけて上手く乗りこなすことです。フランス語でも馬に関係するこの用語が、ビジネスに応用されたのは16世紀になってから。この辺に、この言葉を理解するヒントがありそうです。
　マネージは経営トップの仕事から日常生活に至るまで、重層的な広がりを持つ言葉です。「整理する」とか「ちゃんとする」といった意味もあります。人が、ものごとの複雑性を目の前にして、それを「自らの手で」何とか乗り越えようとしていくのがマネジメントの

❶ 英単語
❷ カタカナ読み
❸ 代表的な日本語訳
❹ 言葉の「こころ」
❺ 語源
❻ 解説
❼ 用例
❽ 関連語の掲載ページ

まずは語源をたどることによって、言葉の「こころ」を感じていただきます（❺）。解説においては、ビジネススクールで紹介され

本来の意味です。

「ひと」には2つの意味があります。「他人」と「人間」。他人だから簡単には言うことを聞いてくれません。人間だからそれぞれの思いや都合があります。その何とも難しい「ひと」のことを「何とかする」のがマネジメントの持つ意味です。

ピーター・ドラッカー(Peter F. Drucker)は「マネジメントのできる人は、どのような企業においても、最も根本的に必要であり、(にも関わらず)最も手に入れることが難しい資源である」と言っています。本当の意味での「マネジメント」を行える人は極めて稀であり、もしいれば、もたらす価値は極めて高い、ということです。

私がスタンフォード大学のビジネススクールに入学した時、当時(1988年)の学長が挨拶でこう言いました。

"Business School is the place to learn how to drink water from water pump." 「ビジネススクールとは、ウォーターポンプから水を飲む方法を学ぶところである」

ウォーターポンプからは物凄い勢いで到底飲みきれない量の水があふれてきます。その中から自分で飲めるだけの何とか飲める方法を覚えるのがビジネススクールだと言ったのだと思います。ビジネススクールでは、学ぶ量が多く範囲が広いので、学ぶプロセス自体について「セルフ・マネジメント」が要求されます。

この話をしたところ、私のクラスの受講生はこんな興味深いコメントをしてくれました。「『なんとかする』のではなく、時間が経過して『なんとかなっちゃう』場合もありますよね」

確かに。何とかしようとしても、何ともならないものもあれば、何とかなってしまうものもあります。何とかなるものはなるに任せる、何ともならないものを、なんとかしていく、そこをちゃんと整理するのも、マネジメントの醍醐味なのです。

NOTE
I managed to escape from the fire. は「何とか火事から逃げ出した」。manage a horse は「馬を御す」。I will manage it somehow. は「なんとかしておきましょう」。how to manage a difficult boss は「難しい上司のマネジメント法」。The management of the company offered a three percent pay raise to the union. は「同社経営陣は組合に対して3%の賃上げを提示した」で、management は「経営陣」の意味。

関連語 **Administration** ▶ p016, **Business** ▶ p036, **Control** ▶ p058

---

❼ **用例**
言葉は、現実の場面で使えることが大切。どういう言葉と組み合わさるのか、どのような文章の中で使われるのか。具体的な使われ方を示した。

❽ **関連語の掲載ページ**

る枠組みを中心に、私なりの理解を示そうと試みました（❻）。可能な限り現場での経験をベースに実務的な視点を取り入れるようにつとめました。説明的なもの、実務経験に基づくもの、理論を敷衍(ふえん)したもの、エッセイ風のものが混在しており、用語によってそのブレンド具合は異なります。また、具体的にその言葉がどのように使われるかを示すことも大切だと思い、最後に用例をまとめました（❼）。この単語帳の他の箇所で解説した用語については関連語として示しました（❽）。

「そもそも」と「それぞれ」

　語源で始まり用例で終わるようにしたのは、「そもそも」で始まり「それぞれ」で終わるようにしたいという考えに基づいています。

　どこからその言葉が生まれ、どう発展したのか——それを考えるのは、「そもそも」のアプローチといってもよいでしょう。

　ものごとが始まる場所のことを「オリジン」といいます。何かが発する場所。起源、始原、原点、発端。オリジンは語学では「語源」。語源を踏まえて理解するのは、それ自体はオリジナルな方法ではありません。むしろ正統的（オーソドックス）といって良いでしょう。

　言葉の生まれを知ることは、発想の根源を知ること。エッセンスを理解すること。その後その言葉はどのように発展して、現在私たちが使っているような意味をもつようになったのか。言葉の歴史と物語を垣間見るところから、言葉のエッセンスがわかります。辞書には一見ばらばらに見える訳語が載っています。しかし、支流から上流へ、そして湧水地点へと辿っていけば、なぜそのような変化を遂げたのかがわかります。

　たとえば、オリジンという言葉自身のもとを考えてみましょう。語根の"ori-"は「のぼる・始まる」こと。「オリエント」は日の昇る方向、すなわち東。だからオリエント文明は東方文明です。オリジンは太陽がのぼり、知恵が湧き出し、物語が始まるように、ものごとが始まる場所。「そもそも」の起点。オリジナリティーは、科学・芸術に限らずビジネスの世界でも最も大切な価値ですが、「オリジナ

ル」はそもそもの出発点からユニークであること。「オリエンテーション」は最初に方向付けをすること。起点がわかれば、そこから分化した言葉はいっぺんに理解できます。しかも正しく。

　語源に関する学問のことを「エティモロジー」といいます。耳慣れない言葉だと思いますが、「エートス (本質的な特性・精神)」を意味するエティモスと「言葉」を意味するロゴスが組み合わさったもの。語源はまさに「言葉のこころ」なのです。

　だからと言って「そもそも」にばかりこだわっていたのではビジネスのスピード感に合いません。言葉は実際には「使ってなんぼ」のもの。さまざまな現実の場面で使えることが大切です。

　どういう言葉と組み合わさるのか、どのような文章の中で使われるのか──これを私は「それぞれ」のアプローチと呼んでいます。それを用例として示したのがNOTE欄です。本文の解説の中でも実務的な事例や教室での会話を取り入れるように努めました。

腑に落ちてわかる

　「そもそも」と「それぞれ」にこだわったのは、どうせわかるのならば「腑に落ちた理解」をしていただきたいという願望から来ています。腑に落ちるというのは、頭の表面だけで理解した気になるのではなく、ストンと肚に落ちることです。五臓六腑 (実際には脳の原始的な部分) に染みわたることです。

　腑に落ちると思わず膝を打ちます。それを英語ではAha! (アーハー) といいます。それが起きると、ある種の脳内物質が出て気持ちよくなります。もっと気持ちよくなりたくて、もっとワカりたくなります。それが繰り返されて、身についていきます。

　体ごとで理解する感覚に近いと私が理解しているのが、アンダスタンドという言葉です。アンダスタンドは、"under + stand"。「その下に (または近くに) 立つ」こと。目線の高い分析的思考ではなく、体の重心を低くして体でまるごとわかろうとする態度です。

　Do you understand?　──それでは、AからZまで、ここから始めたいと思います。

contents

Prologue はじめに		1
Action [アクション]	手を打つこと	14
Administration [アドミニストレーション]	MBAの「A」	16
Agent [エージェント]	委ねられた主体的推進者	18
Allocation [アロケーション]	限りある資源の最適配分	20
Allowance [アローワンス]	ワケあって許された遊び	22
Appraisal [アプレイザル]	人の業績を値踏みすること	24
Assertiveness [アサーティブネス]	思いを伝える魔法のくすり	26
Asset [アセット]	負債をいつでも返せる自分の宝物	28
Assignment [アサインメント]	サインして仕事を指定すること	30
Behavior [ビヘイビア]	人間らしい振る舞い	32
Bureaucracy [ビューロクラシー]	権限・階層・専門・文書主義	34
Business [ビジネス]	いつも心を配って忙しいこと	36
Capital [キャピタル]	一番大切だがすべてではないもの	38
Career [キャリア]	走ってきた道	40
Commitment [コミットメント]	「やりきります!」の宣言	42
Company [カンパニー]	共にパンを食べる仲間	44
Compensation [コンペンセーション]	労働の対価を量って払うこと	46
Competency [コンピテンシー]	仕事で発揮される競争力	48
Competition [コンペティション]	同じものを求めて共に競い合うこと	50
Complexity [コンプレクシティー]	こんがらがっている状態	52
Concept [コンセプト]	心でつかむもの	54
Confidence [コンフィデンス]	マル秘を共有できる仲間への信	56
Control [コントロール]	チェックして対処する	58
Cost [コスト]	利益との間に立ちはだかるもの	60
Creativity [クリエイティビティー]	新しい価値を生み出すこと	62
Culture [カルチャー]	耕された土壌	64
Customer [カスタマー]	顧みるべき客	66
Delegation [デレゲーション]	送って任せる「分身の術」	68
Design [デザイン]	意を込めて意を引き出す	70
Development [ディベロップメント]	包みを開いて良さを引き出すこと	72

Differentiation	[ディファレンシエーション]	分かるように差をつけること	74
Diversity	[ダイバーシティー]	向いている方向がまったく異なること	76
Domain	[ドメイン]	自分が戦う土俵	78
Education	[エデュケーション]	導き出すこと	80
Elite	[エリート]	選り分けられて残った人	82
Employability	[エンプロイアビリティー]	どこでも通用力	84
Engagement	[エンゲージメント]	互いの固い約束	86
Entrepreneur	[アントレプレヌール]	つかみとる者	88
Equity	[エクイティー]	等しいこと	90
Expert	[エキスパート]	経験を積んだ知恵者	92
Failure	[フェイリャー]	能力不足か意欲不足で目標未達	94
Finance	[ファイナンス]	カネでカタをつけること	96
Force	[フォース]	結果を出す「チカラ」	98
Fractal	[フラクタル]	いくら分けても分けられないもの	100
Function	[ファンクション]	生物のような「うまい働き」	102
Fund	[ファンド]	みなで支え合う底	104
Game	[ゲーム]	人が集まってする楽しみ	106
General	[ジェネラル]	生み出す大もと	108
Global	[グローバル]	多様性と統合性の同居	110
Goal	[ゴール]	自分で決めて目指す到達点	112
Hierarchy	[ヒエラルキー、ハイアラーキー]	ピラミッド型の神官組織	114
Hospitality	[ホスピタリティー]	主が客をもてなすこと	116
Implication	[インプリケーション]	「だから何?」に対する答え	118
Incentive	[インセンティブ]	よくチューニングした刺激策	120
Initiative	[イニシアティブ]	いちばん先を取ること	122
Innovation	[イノベーション]	新しさの中へ	124
Institution	[インスティテューション]	法令を根拠に立っているもの	126
Interest	[インタレスト]	人と人の間にある本質	128
Investment	[インベストメント]	ベストを着ること	130
Judgment	[ジャッジメント]	正義を基準にした判断	132
Knowledge	[ナレッジ]	くっきりと頭でわかっているもの	134
Labo(u)r	[レイバー]	えらいこと	136

Leadership [リーダーシップ]	一歩先を行く人のありかた	138
Learning [ラーニング]	多重フィードバック回路をつくること	140
Line [ライン]	ほうれんそうの線	142
Management [マネジメント]	人が手で何とかすること	144
Market [マーケット]	自由な市場と蚤の市場	146
Matrix [マトリックス]	母なる基盤	148
Membership [メンバーシップ]	ただ乗りしない身内の証	150
Meritocracy [メリトクラシー]	メリットに応じた扱い	152
Mission [ミッション]	伝道すべき使命	154
Motivation [モチベーション]	火のようで蝶のような心の動き	156
Network [ネットワーク]	スモールワールドをつくる網の働き	158
Objective [オブジェクティブ]	投げかける目標	160
Officer [オフィサー]	オフィスで働く人	162
Operation [オペレーション]	現場力の発揮	164
Opportunity [オポチュニティー]	港へ向かってつかむ機会	166
Optimization [オプティマイゼーション]	望ましさで一番にする	168
Organization [オーガニゼーション]	生命でもあり機械でもある組織	170
Planning [プランニング]	青写真づくり	172
Portfolio [ポートフォリオ]	バランスよく組み合わせられた全体	174
Positioning [ポジショニング]	居場所を確保するための陣取り	176
Power [パワー]	意と知によって獲得する「ちから」	178
Price [プライス]	需給と戦略によって決まる価	180
Professional [プロフェッショナル]	看板を掲げて勝負する者	182
Profit [プロフィット]	仕入れて作って売る能力の尺度	184
Promotion [プロモーション]	前へ推し進める活動	186
Questioning [クエスチョニング]	本質を求めて問うこと	188
Recruit [リクルート]	新しい人材を採る活動	190
Relationship [リレーションシップ]	連結と緩衝のありよう	192
Restructuring [リストラクチャリング]	事業構造の作り直し	194
Retention [リテンション]	人を引き付け続けること	196
Role [ロール]	期待に応えて演じる役割	198
Sales [セールス]	数字を狩り集めるなりわい	200

英語	カナ	日本語	頁
Security	[セキュリティー]	心配がいらないこと	202
Service	[サービス]	奉仕・奉公すること	204
Staffing	[スタッフィング]	人材を調達して配置する仕事	206
Stakeholder	[ステークホルダー]	SPECIALな利害関係者たち	208
Strategy	[ストラテジー]	ストラテゴの仕事	210
Structure	[ストラクチャー]	組み上がっていくもの	212
Style	[スタイル]	「こだわり」と「らしさ」の結晶	214
Sustainability	[サステイナビリティー]	下から支え続ける力	216
System	[システム]	部分が合わさって全体が立つもの	218
Tactics	[タクティクス]	気が利く人の対応	220
Talent	[タレント]	お金を増やす者	222
Team	[チーム]	一緒に引いていく仲間	224
Technology	[テクノロジー]	「技」のロジック	226
Title	[タイトル]	椅子と仕事と能力	228
Transformation	[トランスフォーメーション]	形を大きく変貌させること	230
Trust	[トラスト]	真実によってつくられるもの	232
Uncertainty	[アンサーティンティー]	分類不能性	234
Unit	[ユニット]	1つであり、すべてでもあるもの	236
Value	[バリュー]	ビジネスが追求するもの	238
Vision	[ビジョン]	見える人にだけ見えるもの	240
Vocation	[ボケーション]	神の思し召しとしての天職	242
Wisdom	[ウィズダム]	心の賢さ	244
Work	[ワーク]	作品となるまとまった仕事	246
X-culture	[クロスカルチャー]	掛け合わされた文化	248
Yield	[イールド]	生産活動から得られる実り	250
Zone	[ゾーン]	究極に集中できている状態	252

Epilogue おわりに		254
Reference 参考文献		260
Index 索引		264

Action
[アクション]

行為・実行・活動・演技・所作・作動

手を打つこと

動詞のactは「行う」。名詞では「演劇」。演劇の「幕」もアクト(act)で、例えば第1幕は「アクト・ワン」。ラテン語agere(する)の過去分詞actusから派生。ギリシャ語でゲームや競争を意味するagonがその源であるともいわれている。ゲームにおける打ち手がaction。そしてactionは最も能動的(active)な言葉である。

　アクションは実際に何かをすること。しかし「する」といっても色々な言葉があります。例えば「PDCA (Plan-Do-Check-Action) サイクル」において、ドゥーとアクションはどう違うのでしょうか。その答えはPDCAという言葉の中にあります。

　ドゥーはプラン通りに「行う」こと。それに対して、アクションはチェックした結果に対して「手を打つ」ことです。クイック・アクションは素早い動きで対応すること。

　アクションという言葉の本質は「イン・アクション」という連語のなかに見ることもできます。活動中、作動中、実践中、交戦中。「いま〜中」ということです。アクションはその中に入っていけるもの。舞台のうえで演じるのはアクター(役者)。役者は役の中に入っていきます。その動きがアクションです。

　ビジネスの舞台、恋の舞台、人生の舞台など、何かしらの舞台の上に人はみな立っているわけですが、そこでアクションをうまく取ることができれば、良いパフォーマンスができます。

　アクションとセットになる言葉はセオリーです。ビジネスやマネジメントは、詰まるところ実践の問題ですが、一方でそれを理論(セオリー)が支えています。セオリーのもととなった言葉はシアター(劇場)。アクターが演じる場がシアターであるように、アクションの背景にはセオリーがあるのです。

言葉を理解するためには、反対語との関係で考えることも効果的です。「アクションの反対語はパッションです」と言うと、「ん？」と思う人も多いでしょう。行為と情熱が反対語？

　しかし「アクティブ（能動態）は反対語がパッシブ（受動的）です」と言っても異論のある人はいないはず。そこから考えると、アクションの反対語がパッションでも不思議はないはずです。

　パッションは「情熱」や「熱情」ですから、とても能動的な言葉に見えます。しかし、実はパッションの意味は「受苦」。十字架にかけられて磔（はりつけ）にされることです。前のめりな心の様態と思われているパッションは、まさに究極的にパッシブであることです。

　しかし、何をするにしてもパッションだけでは空回りしてしまいます。内なる熱い思いとしてのパッションと1つひとつの具体的打ち手であるアクションが組み合わさって、ものごとを推進していく力が生まれます。パッションを持ってアクションを取っていく人がリーダーです（Leadershipの項参照）。パッションは目に見えるものではありませんから、実際にフォロワーが見ているのはリーダーの一挙手一投足、つまりアクションです。

　私はリーダーのアクションには5つが含まれると考えています。まず、ものごとを「起こす」こと。次に、周りを「巻きこむ」こと。そして、資源と気持ちを「配る」こと。また、常にたゆまず「改める」こと。最後に、大きく「包む」こと。この5つの漢字にはすべて「己（おのれ）」という字が含まれています。アクションとは、世界に対して己がアクティブ（能動的）に働きかけていくこと。そして冷静にチェックしながら勝ちに向けて手を打っていくことです。

　同時に、アクションは演じることでもあります。自ら働きかけつつ「役」の中に入っていくこと。そのことを、アクションという言葉は見事に伝えているのです。

NOTE

course of actionは「今後の行動」「活動指針」。take actionは「行動を取る」。take action against〜は「（何かに）対抗して強い態度で臨む」。take an actionは「（複数の選択肢の中から）選び取る」。actionは「取っていくもの」であり、覚悟をもって「手を打つこと」。action learningは、現実の問題に対する解決策を立案・実行するプロセスで、自分たちの取った行動を振り返り、組織の学習能力を高める方法。

関連語　Behavior ▶ p032, Leadership ▶ p138, Planning ▶ p172, Role ▶ p198

Administration
[アドミニストレーション]

管理・運営・行政・執行

MBAの「A」

administer（治める・仕切る）の名詞形。この言葉の中には "minister（大臣）" が入っている。ministerの中には "mini" が入っている。ministrateは奉仕、ministerは牧師や管財人として奉仕する人。administrationは、政治・行政・ビジネスなど分野ごとに異なるニュアンスを持つ。

　ビジネススクールは、ビジネスとマネジメントを学ぶところ。卒業すればMBAの学位が授与されます。
　MBAはMaster of Business Administrationの略です。ビジネススクールの授業で「それでは皆さんは『アドミ』の達人になろうと思ってここに来たのですか？」と聞くと、誰もが「それは違う」と言います。それでは、MBAの「A」すなわちアドミニストレーションはいったい何を意味するのでしょうか。
　この言葉は政治・行政・ビジネスといった分野ごとに、ずいぶんと異なるニュアンスがあるようです。もともと統治や支配を意味する言葉で、政治や行政の世界では重量級の言葉です。例えばジ・オバマ・アドミニストレーションはオバマ政権。パブリック・アドミニストレーションは行政。自動車会社にとっては国土交通省や経済産業省、金融機関にとっては金融庁、製薬会社にとっては厚生労働省、教育の分野では文部科学省——それらの監督官庁は、ミニどころか「お上(かみ)」でもあります。
　ビジネスの世界ではアドミニストレーションは3文字で切って「アドミ」と省略して使われることもあります。（英語では5文字で切ってadmin.です）。短くなってしまうと、何となく「ショムニ」にも近いニュアンス。「その書類、アドミに回しといて」とか「アドミの仕事ばかり増えて困る」とか。
　政権からアドミまで、アドミニストレーションはずいぶん広い意

味の広がりを持っているようです。それでも共通する点もあります。それは、「サービス」である、ということです。それが、アドミニストレーションという言葉に入っている「ミニ」の意味合いです。「お上」ではなくて「公僕（パブリック・サーバント）」だと言っているわけです（Serviceの項参照）。

　MBAという言葉が最初に生まれたのはハーバード大学ビジネススクール（HBS）、1908年のことです。当時は「ひと・もの・かね」をきちんと管理のできる人材が求められていました。それが「管財」（アドミニストレーション）です。1885年の夏、ハーバード大学のチャールズ・エリオット（Charles Elliot）学長は、経営における組織と原価計算（Costの項参照）の重要性を体験したジョージ・レイトン（George Layton）の小説に影響を受けたといいます。その主張は、鉄道経営は科学だと見なされるべきだということでした。最初の課題は、経営を科学的にきちんとアドミニストレートできる人材の養成だったのです。

　アドミニストレーションという言葉には、決まったことを確実にこなし、管理・運営する、というニュアンスがあります。しかし、ビジネスを取り巻く環境の複雑性と不確実性（Complexity, Uncertaintyの項参照）が高まるとともに、複雑性を少しでも減らすマネジメントや不確実な暗闇で一筋の光を示すリーダーシップ（Management, Leadershipの項参照）がキーワードとして重みを増してきました。それらの重要性が高まるにつれて、アドミニストレーションという言葉はビジネスでは主役の座をあけ渡したのかも知れません。

　でも、広告代理店の電通では「仕切り」ができるかどうかは仕事ができることと同義なのだそうです。決めたことをきちんと仕切っていくアドミニストレーションには、もっと光が当たっても良いと思います。

NOTE

foreign policy of the Barack Obama administrationは「オバマ政権の外交政策」。the administration for protection of laborsは「労働者保護の行政」。administrative authorityは「行政当局」。administration officeは「（大学などの）事務所」。administration costsは「管理・運営にかかるコスト」。

関連語　**Complexity** ▶ p052, **Leadership** ▶ p138, **Management** ▶ p144, **Service** ▶ p204
Uncertainty ▶ p234

Agent
[エージェント]

代理人・仲介者・外交員

委ねられた主体的推進者

ラテン語agere「(きめられた通りに)する」の現在分詞agensから。agentは依頼人に代わって何かを実際に行う「主体者」。それが「推進者」を経て「代理人」の意味に変化した。代理・仲介する人がagentで、それを行う組織がagency。同じ語源から発生したagendaは、「予定通りに行う事項」である。secret agentは「スパイ」。

　CIAの局員はエージェント。野球選手やサッカー選手の移籍にはスポーツ・エージェントが活躍しますし、皆さんが職場を変わるときには転職エージェントのお世話になるかも知れません。
　そんな使われ方をするため、「エージェント」を特殊な存在だと思っている人も多いと思います。試しに「あなたはエージェントですか？」と聞くと「私は違います」と答える人がほとんど。しかし、本当のことを言うと、あなたも私もエージェントです。
　経済学には「プリンシパル＝エージェント理論」と呼ばれるものがあります。プリンシパルは委託者、エージェントは受託者。この二者は「委ねる＝委ねられる」の関係にあります。
　株主は取締役に株価を上げるように期待して経営を委ねる。取締役は役職者に業績を上げるように号令をかけつつ現場を任せる。そして役職者は担当者に「今日もしっかり仕事しろ」と発破をかけて「あとは頼んだ！」。こうして「プリンシプル」と「エージェント」の関係は続いていきます。チェーンのように繋がっていることから、人はある面ではプリンシパルであり同時に別の面ではエージェント。両方の顔を持っています。
　プリンシパルが委ねて任せた通りにエージェントが働けば、ものごとはうまくいきます。けれどもそうは問屋が卸さない。プリンシパルは完全にエージェントの活動を把握できるわけではありません。

そのことをわかっているエージェントは、プリンシパルの目をかすめて自分の利益に合致した行動を取る——そんなことも予想されます。そのような現象を「エージェンシー・スラック」といいます。そして、エージェンシーがプリンシパルの利益に合致しない行動をとってしまうことが「エージェンシー問題」です。

ものごとがうまくいかない理由の多くはここにあります。インセンティブ制度を設計したり、モニターする工夫を考えたり、評価の仕組みを整えたりするのは、エージェンシー問題解決のためです。

組織改革の分野には「チェンジ・エージェント」という言葉があります。変革の推進者です。組織の変革を決定するのはトップですが、任されて組織変革の担い手となるのはエージェントです。

コンピューター科学の分野に目を転じてみると「ソフトウェア・エージェント」という概念があります。エージェントは自ら起動スイッチを入れることはできないのですが、ある程度の自律性を持って任されており、ユーザーの目的のために他のユーザーやソフトウェアなどとやり取りしつつ活動できます。

これらの用法から共通点を抽出してみましょう。まずエージェントは、自らは起動しません。その点においては他律的な存在です。しかしながら、いったん契約が成立して代理として委ねられてスイッチが入ると、その後エージェントは目的達成のための活動の担い手となります。その点においては自律的な存在です。形式的には「代理」であるエージェントですが、いったん委ねられると、自らアクションを起こす「主体的推進者」となるのです。

「代理」は「主体」ではない——そう思うのも無理ありません。しかし理論の助けを借りて考えてみると、主体性を持って活動している私たちはみな誰かの代理人です。仕事をしている人は皆エージェント。エージェンシー問題はみんなの問題なのです。

> **NOTE**
> travel agencyは「旅行代理店」。advertising agencyは「広告代理店」。real estate agencyは「不動産業者」で、典型的な仲介業としてのエージェント。agentに対するprincipalは、物件を任せている売り主と物件を探している買い主の両方。Ninja was a secret agent in feudal Japan.は「忍者は封建時代の日本における秘密諜報員であった」。

関連語 Action ▶ p014, Delegation ▶ p068

Allocation
[アロケーション]

配分・分配・割り当て・割り振り

限りある資源の最適配分

locus(場所)、local(地方)、location(場所)などloc-で始まる言葉は場所に関係する。al-は「〜へ(to)」を表す接頭辞。したがって、al-locationは「特定の場所に位置決めや割り当てをしていくこと」。ラテン語allocareの過去分詞allocatusが英語に入って動詞のallocateとなった。

アロケートは「配分」。もともとの意味は「これはここ、これはここ」と場所を決めていくこと。何を配分するのかというと「限りある資源」です。資源は「ひと・もの・かね」などですが、ここでは「限りある」というところが重要です。

アロケーションは「戦略的意思決定」に関わる言葉です。

ビジネススクールで学んでいる学生の多くは組織の命運を決するような意志決定に関わりたいと考えています。ですから、戦略的意思決定は最も大切なキーワードです。その代表的な定義は"optimal allocation of limited resources"です。すなわち「限りある資源の最適配分」。

限りない資源を持っているのであれば、どうやって競合に勝ちますか。答えは簡単。「全方面にあらゆる資源の最大投入をすること」です。戦略はなくても勝てます。頭を使う必要はありません。

戦略が必要なのは、資源に限りがあるからです。だから「最適配分」を考えなければなりません。優先順位(プライオリティー)をつけて、何を選び何を捨てるかについての意思決定を行わなければならないのです。戦略的意思決定は結局「リソース・アロケーション(資源配分)」なのです。

限りある資源の最も代表的なものが「かね」です。特に、予算には必ず上限があります。それを配分することが「バジェット・アロケーション(予算配分)」です。

Allocation

　アロケーションという言葉は、資産運用の世界でもよく使われます。この場合、限りがあるのは資金。それをどのような資産に割り振るか。国内株式、海外株式、国内債券、海外債券をどのような割合で保有するか。それを決定することを「アセット・アロケーション（資産配分）」といいます（Portfolioの項参照）。

　原価計算においては共通のコストを個別の製品や部門に割り振ります。これを「コスト・アロケーション（原価配賦）」といいますが、これも戦略的意思決定の1つです（Costの項参照）。

　お金のアロケーションは確かに戦略的ですが、日常的な問題でもあります。私たちは普段の生活の中で、財布の中身をうまく配分して、最大の幸福を得ようとしているからです。

　限りある資源は「かね」だけはありません。「ひと」については、そもそも頭数（あたまかず）は有限です。まして能力の高い人材、意欲の高い人材、協調性のある人材は限られており、三拍子揃った人材は「稀少財」であるともいえます。ですから、何を誰にさせるのかはとても重要な戦略的意思決定です。それが「人材のアロケーション」ですが、日本語では「配置」と呼ばれます（Staffingの項参照）。誰をどの場所に置くかは、文字通り「ロケーションを決めていく」ことです。

　人について上限があるのは、頭数だけではありません。それぞれの人の時間は、徹夜をしても1日24時間しかありません。配置された人が何のタスクにどれだけの時間を使うか。「タイム・アロケーション（時間配分）」は戦略的意思決定です。

　人の気持ちにも上限があります。無限に気を遣っていたら、倒れてしまいます。誰に対してどの程度の気持ちを配分するか。それが「気配り」であり「配慮」です。配置と配分と配慮――これらに共通する「配」という漢字のもとは、酒を配ること。「さじ加減」であるアロケーションは、戦略であり、同時にとても人間的なのです。

NOTE

Allocation of time and money is critical to business.は「時間とお金をどう配分するかがビジネスでは決定的に重要です」。allocation of stock options to employeesは「従業員に対する株式オプションの割当」。internal capital allocationは「社内資本の分配」。compulsory allocation of productionは「生産の強制的割当」。

関連語　Asset ▶ p028, Cost ▶ p060, Investment ▶ p130, Optimization ▶ p168
Portfolio ▶ p174, Staffing ▶ p206

Allowance
[アローワンス]

引当金・値引き・協賛金・控除・手当・手加減

ワケあって許された遊び

allowは許し認めること。妨げないこと。その名詞形であるallowanceは「許されたり認められたりしたもの」。あるいは「見逃されたもの」を意味することもある。ただし、allowされるためには理由がなければならない。また、限度も定められなければならない。そのような含意を保ったままビジネスに転用されて、分野ごとに異なる意味が派生していった。

「アローワンスって何？」と尋ねると、部門によってまったく違う答えが返ってくるはずです。

経理の人に聞けば「引当金に決まってます」。経理用語としてのアローワンスは引当金。売掛金の回収不能や退職金の支払いなど将来予測される支払や損失を見越してバランスシートに記載しておきます。会社経営における余裕といってよいでしょう。

営業の人に聞けば「あぁ、値引きのことね」。セールス・アローワンスは値引き。値引きをすれば売りやすい。でも値引きをしすぎると利益を上げることができない。このアローワンスは、「ここまでは値引き額を提示してよい」と営業担当者に対して特別に許された範囲のことだと私は考えています。

販促の人に聞けば「協賛金でしょ」。小売店に自社商品の広告を出してもらった場合に支払う報奨金は広告アローワンス。キャンペーンへの協力に対して支払うのは販促アローワンス。裏金に近いニュアンスのあるリベートと異なり、基準はオープンです。

調達の人に聞けば「不良品に備えて少し多めに買っておくこと」と言うかも知れません。部品や資材を仕入れても一部壊れているものがあるかも知れません。それを見込んでほんの少し余分に仕入れておくことがあります。それがスクラップ・アローワンスで、スクラップ許容度とも言います。余分に買えばその分、利益を押し下げ

てしまいますが、欠品を防ぐことができるのです。

　財務の人は「控除でしょ」と言うはずです。キャピタル・アローワンスは資本控除。自己資本比率を計算する際の控除項目となります。自己株式は、資本の控除項目です。

　人事の人に聞けば「え？ 諸手当でしょう。それ以外の意味ってありましたっけ」と驚くかも知れません。日本の企業では労働費用総額のうち、所定内給与基本給は約45％、それに対して諸手当が約10％となっていますので無視できない金額です。

　時間外手当は法律上の義務ですが、その他の手当は会社が任意に定めたもので、内容はさまざま。役付手当、技能手当、皆勤手当といった職務関連手当、家族手当、住宅手当などの諸手当は今でも多くの組織で採用されており、その種類が多いことは日本の企業の報酬制度の特徴でもあります。

　家族の人数に応じて決まる家族手当などは見直される傾向にあります。その背景には給与の性格が「生活給」から「業績給」にシフトしていることがあります。いずれにせよ、それぞれにもっともらしい理由がついているところがアローワンスのアローワンスたる所以（ゆえん）です。

　このように、アローワンスにはさまざまな意味があります。まるで言葉の種が色々な分野に散らばり落ちて、それぞれに異なる花を咲かせたかのようです。しかし元が同じですから共通点があります。まず「プラスアルファの余裕である」という点。次に「それがあると助かるものである」という点。そして「そこには自ずと上限がある」という点。最後に「何か理由がなければならない」という点。なぜならアローワンスは特例として許可されたものだからです。

　車のハンドルにも遊びが必要であるように、何をするにも常に余裕は必要。個人も同じです。時間や気持ちの上でのアローワンスを持って生活していきたいものです。

NOTE

indication of allowances for bad debts は「貸倒引当金の表示」で会計の文脈での用例。The monthly allowance is a thousand dollars. は「月々の手当ては1000ドルです」で報酬の文脈での用例。without allowances は「一切手加減せずに」でホン気をあらわす表現。

関連語　**Asset** ▶ p028, **Promotion** ▶ p186, **Sales** ▶ p200

Appraisal
[アプレイザル]

評価・査定・考課・値踏み

人の業績を値踏みすること

ラテン語のpretiumは「褒賞」「褒章」あるいは「価値」。同じ言葉が、praise(褒める)、price(値段)、prize(賞)に分かれていった。一方で褒賞を決めたり値づけをしたりするために価値を測ることをappraiseというようになった。末尾に-alのついたappraisalはその名詞形で、人事評価や人事考課を意味する。appreciate(真価を認める)と同様、ラテン語appretiareから派生。

　自分がどう評価されているかは誰しもとても気になるもの。この通信簿のようなものを「パフォーマンス・アプレイザル」といいます。略してPA。「パフォーマンス・エバリュエーション」と呼ぶ企業もあります。こちらは略してPE。どちらでも同じようなものだと言う人もいますが、微妙なニュアンスの違いはあります。

　語源から考えると「アプレイザル」は業績の値踏み。「エバリュエーション」はその人の働きがもたらした本来的価値。「エ」が取れて「バリュエーション」になると、M&Aなどで企業の価値を評価したり本来の企業価値と時価総額を比較すること(Valueの項参照)。

　アプレイザルであれ、エバリュエーションであれ、バリュエーションであれ、評価は極めて難しいもの。書画骨董、不動産あるいは企業価値を評価するにはそれぞれ「その道のプロ」がいます。まして、人が人を評価することは、神をも恐れぬ行為であるとさえ言えるでしょう。だからといって、避けて通ることはできません。

　業績を評価するためには基準が必要です。目標管理制度が導入されている企業では、期初に設定した目標が基準となります。目標がしっかり書かれていなければ評価しようがありません。ですから、目標をどのように表現するかは、目標管理制度の成否、さらには成果主義的報奨制度そのものの成否を左右します(Goalの項参照)。

　業績評価を行う際に考慮に入れるのは、目標の達成度、コンピテ

ンシー(能力)、コミットメント(意欲)、チームワーク(協調性)、あるいは総合的な貢献度。態度や人格は評価項目に含みません。

　評価をする上司の側からは、評価シートの記入欄を埋めるのが辛いという声をよく聞きます。ただ、文書を書くことを通して得られる効果は十分にあります。曖昧だった自分の考えを言語化することができるからです。実際には、評価後のフィードバック・ミーティングが大切です。これがなければ上司とは面と向かって仕事や業績について話し合った経験がない人も結構多いからです。「仕方なく」であっても結構。業績考課という名目で1対1で向かい合って話し合う場を持つこと——それがむしろ本質的に重要なのです。

　業績評価はあくまでも「業績」の評価であり、人柄や性格や人物の評価ではありません。特定の期間の特定の業務のパフォーマンスついて評価するものです。それに対して、長期的・総合的な視点で人を丸ごと評価することを「アセスメント」と呼んで区別します。人材を正確にアセスできるかどうかは、その人材の将来だけでなく企業の命運も決めます。

　「人事の研修に行くときには、それ自体が評価のことがあるから気をつけるように」と言われたことはありませんか。研修が「アセスメント・センター」であった場合、そのアドバイスは的を射ています。アセスメント・センターでは、さまざまに工夫された演習やシミュレーションを通して、管理職のマネジメント能力を開発・教育しつつ同時に査定していきます。さしずめ「品定めセンター」。

　アセスメントは、源氏物語の「雨夜の品定め」にも近い語感です。長い雨の夜に3人の男性がさまざまな女性についてああでもないこうでもないとアセスメントをする話。結論は、「本当に非のうちどころのないような人はめったにいないものだ」というものです。企業におけるアセスメントでも、似た結論になりそうでうす。

> **NOTE**
>
> performance appraisalは「業績評価」、そのためのappraisal interviewは「評価面接」。appraisal of valueは「価値の査定」。The investment was made based on an appraisal by a real estate appraiser.は「その投資は不動産鑑定士による評価をもとに行われた」。

関連語　**Commitment** ▶ p042, **Competency** ▶ p048, **Goal** ▶ p112, **Meritocracy** ▶ p152
Team ▶ p224, **Value** ▶ p238

Assertiveness
[アサーティブネス]

適切な自己主張

思いを伝える魔法のくすり

ラテン語の動詞serereに源を持つsert-は「つなげること」を意味する。asは「〜に」をあらわす接頭辞。したがってassertはもともとは「(自説)につなげる」ことを意味した。転じて「権利を主張する」。その形容詞のassertiveには名詞形が2通りある。1つはassertionで、うまくassertすること。もう1つがassertivenessで、言いたいことを感じよく言えるさま。

　残念ながら「アサーティブネス」という英語にぴったり対応する日本語はありません。意味は、爽やかに自分の思いを表明すること。丁寧ではあるが、はきはきとして言うべきことをきちんと伝えること。相手を尊重しつつ、それでも言うことは言うこと。
　アサーティブネスは「仕事がデキる人」に共通する特徴です。何でもないことのように聞こえますが、実際にそれを行うことは容易ではありません。特に日本人には難しい。日本では「阿吽の呼吸」が大事。「遠慮」のしつけも受けている。そんな日本人は「言いたいことを言う」ことに不慣れです。しかし、救いはアサーティブネスが後天的に獲得可能なものだということ。それを身につけると、自分が受容されやすくなって生きやすくなります。
　アサーティブネスは、アグレッシブでもなくノン・アサーティブでもない、それらの中間の微妙なところで成立します。アグレッシブは積極性が行き過ぎてちょっと攻撃的な感じ。相手の立場や思いへの配慮を欠いて頭ごなしに否定するのは「グリグリ型コミュニケーション」といえます。その前提となっているのは「あなたは間違っている＋私は正しい (You are wrong, I am right.)」です。
　その逆が、ノン・アサーティブ。本当は嫌なのに断れずに引き受け、自分の本音を飲み込んでいく態度を私は「グズグズ型コミュニケーション」と言えるでしょう。一見他人に配慮するタイプの人の

ようですが、自分の気持ちを溜め込んで、いつか爆発してアグレッシブに転化してしまうことも。そのもととなっているのは「あなたは正しい＋私は間違っている (You are right, I am wrong.)」です。

　グリグリ型でもなくグズグズ型でもないのがアサーティブネス。その大前提は、「あなたは正しい＋私も正しい (You are right, I am right.)」。相手の立場や気持ちに配慮しつつ、自分の気持ちや考えを率直に相手に伝えることです。

　松任谷由実の『魔法のくすり』という曲に「欲しいものは欲しいと言ったほうが勝ち」という有名なフレーズがあります（1978年のアルバム『流線形'80』所収）。アサーティブネスの例とも考えられます。率直さと丁寧さをバランスさせると「感じのよい人だ」と評価されるようになります。結果としてビジネスもうまくいき、何より自分が楽になってすべてが好循環に入ります。

　しかし、それができれば苦労はしません。いかにも「言うは易し、行うは難し」です。ただアサーティブネスは後天的に獲得可能なスキルですから、コツをいくつか覚えて日常的に使っていけば身につきます。原理は単純。第1に、努めて「私は」で会話を始めること。これを「I（アイ）コミュニケーション」といいます。Iが省略される日本語では難しいのですが、敢えて「私は」を入れて会話をしてみることです。思いはその人のものですから、誰にも否定できません。それに対して「あなたは」で始めると、喧嘩へと一直線。

　「目的」や「理由」を添えて伝えると、思いが叶う可能性がさらに高まります。理由があればなかなか否定できないからです。理由がない場合には「理由はないのだけど私はこうしてほしい」と言えばよいのです。そしてプラス思考で解決方法を提案すること。「私はこうしてほしい、なぜならば〜。できなければこうしてはどうか」と言ってみること──それは確かに「魔法のくすり」なのです。

> **NOTE**
>
> assertive sentenceは、疑問文でも否定文でもない「平叙文」。show an assertive attitude toward〜は「〜に前向きな態度を見せる」。Assertiveness equals success.は「アサーティブであることは成功に等しい」。assertion trainingは「アサーションのスキルを磨くトレーニング」。

関連語　**Questioning** ▶ p188

Asset
[アセット]

資産・財産・強み

負債をいつでも返せる自分の宝物

setは、ラテン語で「満足な・十分な」を意味するsatisからきている。satisfaction（満足）のsatisと同じ。接頭辞のas-は「～へ」。したがって、as-setはもともと「いつでも負債を返すに十分な地所」を意味した。そこから資産全般を意味する言葉として使われるようになった。古いフランス語のassezから英語となったもの。

　バランスシートの左側は資産の部（アセット）、右側は負債の部（ライアビリティー）と資本の部（エクイティー）です（Equityの項参照）。
　アメリカのビジネススクールで学んでいたときに、ファイナンスの教授がこう言いました。
　「明日にもハルマゲドンが来るのではないかと心配で、夜中に苦しくて眠れないときがある。悶絶して胸をかきむしりたくなるとき、思い出すと良い呪文がある。それはたとえこの世が終わっても『資産＝負債＋自己資本』の公式だけは変わらないということだ」
　バランスシートの左右が釣り合うのは、確かに永遠不滅の真理。資産の部の金額が負債の部の金額を下回ってしまうと「債務超過」となりますから、確かに語源に忠実です。
　資産の項目は、上から現金化しやすい順に並んでいます。一番上にあるのが流動資産（リキッド・アセット）です。現預金・受取手形・売掛金など、普通は1年以内にキャッシュにできるもの。
　その下にあるのが、固定資産。1年以上継続的に保有するアセットで、さらに「有形」か「無形」かで分けられています。有形固定資産は、土地・建物・機械など、形のあるもの。そのうち土地以外は時間とともに価値が減少するので減価償却（デプレシエーション）の対象となります。無形固定資産は形のない資産。さまざまな権利

やのれん代（グッドウィル）が含まれます。

　さて、「人は城、人は石垣」といいます。「資産としての人」という考え方を会計に導入できないものかという試みは長い間行われてきました。しかし、「もの・かね」に加えて「ひと」もバランスシートに直接反映しようとすると大きな問題に直面します。人材は預金や設備と異なり、いつ立ち去ってしまうかわからないからです。

　「資産は人材が生み出す知恵であって、人材そのものが資産ではない。そもそも拘束できないものは、資産とは呼ばない。人材が生み出す知恵を会社に帰属させて、それをうまく使って利益を生み出していく。それが知的資本経営にほかならない」（高橋俊介）

　人材の流動化（フロー化）が進むとなおさら人材を資産計上することは難しくなります。非正社員の割合は増加しましたし、大企業の正社員であっても1つの会社に一生勤務する大前提は崩れたように見えます。こうした流れが加速化するなかで、組織の「コア人材」に限って資産と捉えてはどうかとの議論も出てきました。しかしコア人材もいつ出ていってしまうかわかりません。

　しかし、個人は財布や持ち物に加えて自分自身の能力などを資産価値と考えることはできます。個人にとっての人的資産とは、自分が持っている知識・能力・経験・人脈・評判。それらは一生ついて回る宝物。特にネットワーク時代になった今、豊富で質の高い人脈を有し、その中で高い評判を維持している人は、高い資産価値を持つと考えることができます。それがあれば多少の負債はすぐに返せます。

　ビジネススクールで学び、知識を増やし能力を高めると同時に人脈を広げることは、単に履歴書の価値を高める以上に、そのひと個人の資産価値を上げることに貢献するはず──そのことについて、私はかなり強い確信を持っています。

> **NOTE**
>
> 「金融資産」はfinancial asset。「人的資産」はhuman asset。「資産運用」はasset management。運用を行う際はasset class（資産種別：株式・債券・現預金等）に対してasset allocation（資産配分）を行う。Knowledge is an asset.は直訳すれば「知識は資産である」である。「知は財産なり」と訳すことも可能。

関連語　**Equity ▶ p090, Network ▶ p158**

Assignment
[アサインメント]

割り当て・任命・割り当てられた仕事・宿題・譲渡

サインして仕事を指定すること

ラテン語のsignareは印(サイン)をつけること。signに「〜へ」を表す接頭辞as-がついてas-signとなった。もともとは法律用語で「サインをして権利を譲渡すること」であり、サインした譲渡の証書でもあった。その後、何かを指定すること一般にも使われるようになり、転じてビジネスではタスクを割り振ることを意味する言葉として使われようになった。

欧米企業におけるスタッフィングの基本概念は"Right Person for Right Job"。仕事に対して人材の割り振りを行うことです。「適所に適材を当てはめること」と表現してもよいでしょう。ジョブやポジションが先にあってそこに人を当てはめる(アサインする)考え方です。先にあるのは組織図。何らかの理由でポジションに空きが出るとスタッフィングが行われます。

逆に人に対して仕事の割り振りを行う場合もあります。アサインメントは「君はこの仕事、あなたはこの役目」と、人に業務や役割を割り振ることも意味します。"Right Job for Right Person"で、「適材に適所を当てはめること」といってもよいでしょう。将来の成長を見込んで新しい仕事をアサインすることもあります。「宿題」(アサインメント)は、学生に対するある種の業務の割り振り。このような意味でのアサインメントは「割り振られた業務(あるいは宿題)」です。

「仕事に人をアサインする(適所に適材を)」が正しいのか、「人に仕事をアサインする(適材に適所を)」が正しいのか。「どちらが正しいというわけではなく、同時に起こってしまうんですよ」というのは、多くのプロジェクトのアサインメントを行ってきた、ある会社の事業部長。

「確かにまずプロジェクトありきで、そこに誰がいい、彼がいい、

誰は空いている、彼は忙しいと考えて人を割り当てていきます。でもその通知をするときには、話がいつの間にかひっくり返って、『部下に対して任務をアサインする』になっちゃうんですよね」

アサインメントという言葉には「サイン」が含まれています。主語を「会社側・上司側」と考えれば「アサインメントはこれです」とサインして書類を渡すイメージ。主語を「従業員側・部下側」と考えれば「私はこれをします」と書類にサインするイメージです。

「アサインされる仕事」には会社の命運を決する大きなスケールのものから日常的な業務分担まで様々なものがあります。ことの大小は問わず「責任持ってやり遂げなさい」がアサインメントという言葉の「こころ」。サインには権限の譲渡と責任の引き受けが伴うのです。

アサインメントと混同されやすい言葉にデレゲーション（権限委譲）があります。デレゲーションは遠い場所に派遣する代表が原義で「あとは一切任せた」という感じ（Delegationの項参照）。それに対して「アサインメント」には上司から見える場所で任せるというニュアンスの違いがあります。

具体的なタスクにバラしてアクションに落としこんでいくこと。それがアサインメントをはっきりさせるコツです。そうすれば目標もはっきりして意欲も高まります。ですから、何をすればアサインメントを達成したことになるのかの基準については、事前によく話し合って具体的なイメージを共有しておくことが大切です。

上司に「これやっといて」と言われたときに、アサインメントなのかデレゲーションなのかわからないことがあります。自律的に進めていったら「何を勝手にやっているのか」とか「何故相談しないのか」と言われたり、相談しに行ったら「だから任せると言っただろう」と言われたり。すれ違いを防ぐためには、やっぱり日ごろの話し合いが肝要というのはあまりに常識的な結論でしょうか。

Assignment

NOTE

Mr X was assigned to be the CEO. は、「X氏がCEO（というポジションに）にアサインされた」。a logical assignment to the positionは「さもありなんという任命」。いずれも仕事に対して人をアサインしている例。room assignmentは人に対する「部屋の割り振り」。work assignmentは人に対する「仕事の割り振り」。

関連語　**Action** ▶ p014, **Delegation** ▶ p068, **Positioning** ▶ p176, **Staffing** ▶ p206

Behavior
[ビヘイビア]

行動・挙動・行儀・動き

人間らしい振る舞い

be- は強調のための接頭辞。語根のhaveは文字通り「持っている」、しかも「ある方法で有している」こと。したがってbehaveは「己を持つ」ことが原義。behaviorはbehaveの名詞形で「己を理解し演じること」。そこから-selfを伴って再帰的に使われる際には「行儀よくする」の意味を持つようにもなった。

　「ビヘイビア」は「行動」と訳されますが「行為（アクション）」とはどう違うのでしょうか（Actionの項参照）。
　ビヘイブという言葉は"have"に接頭辞をつけたものです。オックスフォード英語辞典にはビヘイビアとは「自分自身を他者に対して演ずるその仕方」とあります。それを短く言えば「振る舞うこと」。振る舞いは「振りつけ」通りに「舞う」ことですから役を演じることです。そして、それは同時に自分自身を自分らしい方法で"have"することです（Roleの項参照）。
　ビヘイビアは自分をしっかり持って、かつ与えられた振りを舞うこと。それができる前提は、他者の気持ちをよく理解して、それに適合するように自己を演出する能力があることです。"behave 〜 self"は「行儀よくする」ですが、行儀よくするためにはまず自己認知と他者認知が優れていなければなりません。次によく事情を理解したうえでアクション（行為・演技）が取れること。そして自己抑制がきくことです。
　経営学には「ビヘイビア」が後ろにつく重要な連語が少なくとも3つあります。
　1つ目は「アドミニストラティブ・ビヘイビア」。ハーバート・サイモン（Herbert Simon）の経営学の古典です。この本では「ビヘイビア」は合理性に限界がある人間の意思決定に焦点を当てて論じられました。2つ目は「コンシューマー・ビヘイビア」。マーケティン

グ分野の用語です。顧客行動をよく分析して顧客のニーズを掘り起こしていこうという考え方です。3つ目の「オーガニゼーショナル・ビヘイビア」は組織行動論。モチベーションやキャリア開発など、組織において人材がどのように行動するかについての学問です。「ミクロ組織論」とも呼ばれます。

　一方で、「ビヘイビオラル・○○（行動○○学）」という学問領域での研究が活発になっています。まず「ビヘイビオラル・エコノミクス（行動経済学）」。アマルティア・セン（Amartya Sen）が「合理的な愚か者」に関する論文を1970年代に発表し、新古典派経済学の理論の土台となっている「ホモ・エコノミクス」としての人間観について批判したことから始まりました。

　同様の動きはファイナンスの世界でも展開されました。それが「ビヘイビオラル・ファイナンス（行動ファイナンス）」です。それまで数式の世界だったファイナンスに心理学の知見が応用されて新しい世界が切り拓かれました。特に強い影響力があったのはダニエル・カーネマン（Daniel Kahneman）とエイモス・トベルスキー（Amos Tversky）の「プロスペクト理論」（Financeの項参照）です。

　最近になって研究が増えてきたのが「ビヘイビオラル・オペレーションズ・マネジメント」。オペレーションについても合理一辺倒ではなくて「人間」の観点から観察することができるはず。意思決定における認知バイアスに焦点を当てて語られてきたビヘイビア観から1歩進み、社会的交流や文化的縛りとの関係などを含むより広い視野から議論が行われています。

　マネジメントであれ、リーダーシップであれ、単に心の中で思うだけではなく「行動」をするからそれを起こすことができます。人の「あり方」であり、かつ「振る舞い」でもあるビヘイビアは、今後、さらに多くの分野と結合していくと思います。

> **NOTE**
> stock market behaviorは「株式市場の動向」。behavior analysisは「行動分析」。Ethical behavior is required of good business.は「倫理的に行動することは良いビジネスを行うためには必須である」。His erratic behavior makes him unfit for such a high profile position.は「彼の一貫性のない言動は、そのような注目を浴びる地位には相応しくない」。

関連語　**Action ▶ p014, Finance ▶ p096, Operation ▶ p164, Role ▶ p198**

Bureaucracy
[ビューロクラシー]

官僚制・官僚主義・官僚・煩瑣な手続き

権限・階層・専門・文書主義

bureauは大きな机。さらに遡るとburelはオフィスの机にかけた布。机がたくさんある場所ということから、bureauは「オフィス」となり、「支配」をあらわす接尾語-cracyがついてこの言葉ができた。-cracyのもとはギリシャ語の-kratia で、「〜の力」を意味する。例えばdemocracyは「民の力」すなわち「民主主義」。

ビューロクラシーは現在良い意味で使われているとはいえません。形容詞であるビューロクラティックは「官僚的な、官僚制の、官僚主義の」ということですが、辞書にはわざわざ「通例軽蔑」と注記してあったりします。

もとはといえば、官僚制は近代合理主義の1つの粋。マックス・ウェーバー(Max Weber)は、官僚制を「合理的組織」だとみなしました。能率を重視した近代的組織。古い地縁・血縁によるつながりではなく合理的な規則に基づくシステマチックな役割分担。

ビューロクラシーには、原則と呼ばれるものが4つあります。「権限」「階層」「専門」「文書」。ですから、ビューロクラシーを原則に忠実に私訳すれば「合理的権限階層専門文書主義」となります。ウェーバーが生きた時代を考えると、それまでの前近代的な組織と比較して官僚制を高く評価したことは理解できます。

しかし、何ごとも長所が行き過ぎると欠点になるもの。官僚制が本来の目的に対して「逆機能」してしまっていることについて鋭い指摘を行ったのが、ロバート・マートン(Robert K. Merton)でした。マートンは、ウェーバーが指摘した合理的組織であったはずのビューロクラシーが、実際には典型的な非合理的な組織になっていることを分析しました。皮肉たっぷりに「訓練された無能力」とまで言っています。官僚制に対する批判は、次の7つに集約できます。

第1に、規則主義。決まり通りにやらなければならない。一度決

まれば前例を踏襲し続ける。規則にないことは原則としてできない。

第2に、画一主義。一律かつ画一的にものごとを進めなければならない。一律予算カットなどはその好例。

第3に、権威主義。ルールを作りまた運用を任されている官僚に権威があると考える。そして権威には服従するべきだと考える。

第4に、専門主義。自分たちの業務と定められたことや専門とすることだけを行う。他のものが口出しすることを許さない。

第5に、形式主義。何よりも形式要件を満たしていなければならない。実態はともかく形式さえ整っていればよいとなる場合も多い。

第6に、責任回避。先例がない新しいことはしない。「決まりどおりにやっただけ」「前例に従ってやっただけ」と言い訳する。

第7に、書類主義。繁文縟礼（はんぶんじょくれい）ともいわれる。書類作りと保存自体が仕事となり、分厚い書類が好まれる。規則は細かくなり、とかく手続きは煩瑣（はんき）になる。

官僚主義の弊害は企業にもみられます。いわゆる「大企業病」がそれにあたります。組織が大きくなると合理的に管理する必要が生じます。その結果、多かれ少なかれ官僚的になるのはやむを得ないのですが、それにまつわるマイナス面が大きくなるとマートンのいう逆機能が生じてしまいます。

行き過ぎからくるネガティブな面はあるにせよ、官僚（ビューロクラット）が国の行く末に責任を持ち大きな影響力を持っていることは間違いありません。官僚主義はそれまでの前近代的な支配に対して人類が編みだした知恵。本来的には進歩であったというウェーバーの視点はその通りだと思います。無批判に絶賛するのでもなく、盲目的に悪いものと決めつけるのでもなく、本来の長所は何だったかを振りかえり、行き過ぎから来る長所の短所化を防ぐ工夫が必要だと思います。

NOTE

A bureaucracy was established.は「官僚制が確立した」。Bureaucracy creates inefficiency.は「官僚主義が非効率を生み出す」。bureaucracyでは発音に注意。「ロー」を強く発音してビューロクラシー。cracyの付く言葉はすべてその直前の下線部にアクセントがある。たとえばdemocracy（民主主義）はデモークラシー。autocracy（専制政治）はオトークラシー。

関連語　**Function ▶ p102, Hierarchy ▶ p114, Officer ▶ p162, Organization ▶ p170**

Business
[ビジネス]

職業・実業・営業・企業・筋合い

いつも心を配って忙しいこと

語源となった bisig は「心配ごと・配慮・忙しさ」。あることにずっととらわれていることから来る忙しさである。それが名詞をつくる接尾語 -ness を伴って「仕事」の意味に転化し現在使われている様々な意味を持つようになった。同様の含意を持つのが occupation。心を occupy（占有）されている状態である。

　ビジネスは、職業・実業・営業・企業。ずっと忙しく気にかけていること。いつも心を配り、時間を多く配分していることです。つまり、個人として戦略的にリソースの重点配分をしている対象がビジネスということになります（Allocation の項参照）。
　職業には「オキュペーション」を使うこともできます。書類などの職業の記入欄にはこの言葉が書かれています。オキュパイは占有することですから、「占める」という点では似ています。
　私はこの2つの言葉の違いについてこのように考えます。
　「主観的に心を占めている」のがビジネス。
　「客観的に時間を占めている」のがオキュペーション。
　ビジネスは、大切に思っていること。価値観を含みます。それに対してオキュペーションは客観的で醒めた言葉です。1日のうちのほとんどの時間を使っているという事実の話であり、自分にとって大切かどうかといった価値の話ではありません。
　"It is none of your business." は「お前の知ったことか」「お前には関係ない」の意味で、結構キツイ言葉です。同様に "Mind your own business." は「自分のことを気にしてろ」「ほっといてくれ」で喧嘩の常套句です。
　"What's your business here?" は「何をしにここに来たのか？」という意味で用件を尋ねているにすぎませんが、"What's your business?" と訊かれると答えに窮するかも知れません。"What are you?"（あな

たは何ですか）と訊かれて困るのに似ています。

　この質問に対して1番戸惑ってしまうのが、いわゆる「会社員」。「私はサラリーマンです」ではまったく答えになっていません。それは単に「私は月々固定給を受け取る被雇用者です」と言っているに過ぎないからです。「～会社の社員です（I am working for ～）」と答えておく方法もありますが、所属を答えているのみで「何者か」に対する答えとはなっておらず、お茶を濁しているだけです。"What are you? "に対する答えはきっと別のところにあります。多分それを探し続けることがビジネスであり、キャリアだと思います。

　さて、ビジネスは、職業・実業・営業・企業などと訳されますが、共通する漢字は「業」。業には読みに応じて3つの意味がありますが、それらをあわせたものが「ビジネス」であるということも可能です。

　業を「ギョウ」と読む場合、その意味は職業です。法律では「職業とする」の意味で、「業とする」という表現が使われます。ファミリー・ビジネスは「家業」。

　業を「ゴウ」と読むと、仏教用語で行為の意味となります。「自業自得」は、自らの行為の結果は自らが受けるという意味。仏教の意味とは深さのレベルが異なるようにも思いますが、ビジネスにおける「自己責任」に通じるように思います。仏教で「三業」とは、振る舞いの「身業」、言葉の「口業」、意志の「意業」。本書のコンセプトに照らしてみると、なかなか味わい深い言葉です。

　業は「わざ」と訓読みすることもできます。業には、苦労して成し遂げていくものというニュアンスもあります。「また、業を修める」という使いかたをするときには学問や技芸を意味します。その結果が「業績」です。

　職業であり、自己責任に通じ、スキルとパフォーマンスに関係するもの――ビジネスをそう理解することは十分可能だと思います。

> **NOTE**
>
> big businessは「大規模な取引」または「大企業」。business planは「事業計画」。monkey businessは「いんちき」。do business on-lineは「オンラインでビジネスを行う」、do on-line businessは「オンライン・ビジネスを行う」。Some businesses do well in a weak economy. は「不景気でも、業績の良い会社はある」。

関連語　**Allocation** ▶ p020, **Career** ▶ p040, **Competition** ▶ p050, **Sales** ▶ p200
Vocation ▶ p242, **Work** ▶ p246

Capital
[キャピタル]

資本・元手・首都・頭文字・主要な

一番大切だがすべてではないもの

ラテン語でcapitalisは「頭に関する」あるいは「首位にある」。頭(あたま)を意味するcaptからはcaptain(キャプテン・頭(かしら))が生まれた。capitalは最初のもの、基本となるもの、あるいは最も重要なもの。そのことから法律の分野では「極刑に価する」の意味でも使われる。

　「キャピタル」の本来の意味は「一番大切なもの」。国の首都はキャピタル（国会議事堂はキャピトル）。大文字もキャピタル。形容詞として使われる時は「最も重要な」という意味になります。
　ビジネスにおいては元手が大切。だから資本はキャピタルです。大文字で始めて"Capital"と書けば資本家階級。
　「キャピタリズム(capitalism)」は資本主義。その世の中ではキャピタルは確かに根本的に重要ですが、「一番大切なものが一番大切」といっているわけで、変といえば変な言葉です。「一番大切なもの」を意味していたキャピタルが「イコール資本」となった時点でキャピタリズムが成立したといえるかも知れません。株式時価総額は「マーケット・キャピタライゼーション」。金融業界では略して「マーケット・キャップ」と呼びます。
　キャピタリズムは、資本があらゆる活動の基本原理となることです。何にお金を使おうと自由だし、買えば自分のものとなる——私たちはそれを「当たり前」だと考えています。しかしそれは私たちが資本主義という大前提のもとで暮らしているからです。
　そして何事にも光と陰があります。資本主義の光は自由、陰は格差。自由を選んで格差を受け入れるのか。格差の解消を目指して自由を犠牲にするのか。それが近代社会における大きな問いでした。
　資本主義とは、投資家の立場から世界を理解すること。「企業の目的は第一義的に株主の利益を最大化すること」というのはよく聞

くフレーズです。

しかし、この考え方は、「株主の利益を最大化さえすれば何でもよい」つまり「株式の時価総額を最大化さえすればよい」という、行き過ぎた考え方につながってしまいがちです。2008年の世界金融危機を経験して多くの人が思ったのは「やっぱりそれだけではないだろう」ということでした。企業には沢山の利害関係者（Stakeholderの項参照）がいます。2011年の東日本大震災を経て、日本では改めて社会に貢献することの大切さが見直されました。

キャピタルは確かに大事です。しかし、キャピタル「だけ」が大事であるわけではありません。それに、資本主義はあくまでも経済のシステムであって社会や政治のシステムではありません（Systemの項参照）。資本は「大切」ではありますが、「すべて」ではないのです。そんなことを考えるためのヒントとしては、マイケル・ムーア（Michael Moore）監督の『キャピタリズム〜マネーは踊る（Capitalism: A Love Story）』がおすすめです。

キャピタルという言葉は、1960年代から人材マネジメントの分野でも使われるようになりました。「人材」をあらわす一般的な英語はヒューマン・リソースですが、この言葉には、長い間にその価値を減価する、あるいは使い尽くされるものという含意が込められてしまっています。それに対してセオドア・シュルツ（Theodore Schultz）が導入した「ヒューマン・キャピタル」の概念が示したのは、効果的投資を続ければ、人材の価値は増加するというものでした。シュルツは投資対象として人材を捉えたのです。

知識社会化は不可避的に進みます。自分に帰属してリターンが期待できる投資は「知識への投資」だと考える人が多くなっていくのは間違いないでしょう。「人間がキャピタル（一番）である」——そのような意味でのキャピタリズムは、私は悪くないと思います。

NOTE

foreign capital affiliated companyは「外資系企業」。paid-in capitalは「払込資本」、capital structureは「資本構成」。working capitalは「運転資本」で企業の日々の活動のための短期投資と考えることができる。Facebook's market capitalization is now about $70 billion.は「フェイスブックの時価総額は現在では約700億ドルとなっている」。「資本」以外の用例としては、capital Aは「大文字のA」。capital punishmentは「極刑」。

関連語 Asset ▶ p028, Labo(u)r ▶ p136, Stakeholder ▶ p208, System ▶ p218

Career
[キャリア]

経歴・履歴・職業・生涯

走ってきた道

careerという言葉のもととなったラテン語のcararia は「車道」。同じくラテン語のcarrusは「クルマ」。フランス語のcarriereは「競馬場」や「競技場」。その後コースやトラック（行路・足跡）、さらには経歴や遍歴を意味するようになった。現在の「特別な技能を要する職業」といった意味は後に加わったもの。綴りが類似するcarrier（運ぶもの）は親戚にあたる言葉。

　キャリアという言葉はどこから生まれたのか。答えの1つは「クルマ」です。ポルシェの名車「カレラ（Carrera）」は、キャリアのスペイン語。カレラは疾走。競争を勝ち抜きながら人生を走りぬく、その足跡がキャリアというイメージです。

　キャリアがクルマに関係が深いのは、もとをただせばこの言葉が中世のラテン語で「車道」を意味していたことに遡ります。フランス語のキャリエールは「競馬場」や「競技場」。そのコースやトラック（行路・足跡）、そして経歴・遍歴を意味するようになりました。

　車を運転する時には、シフトダウンしたりシフトアップしたりします。ギア比を状況や目的に応じて切り替えていくのが「シフト」。シフトは「切り替え」。「シフト」という言葉は、個人のキャリアを語るときにも使われます。キャリアを転換することは「キャリア・シフト」とも言います。いずれにせよ、「キャリア（career）」は自らドライブしていくクルマなのです。

　それとは異なるもう1つの代表的な見方があります。キャリアを「演劇」として捉える見方です。

　ドナルド・スーパー（Donald Super）が紹介したのが、キャリアを「ライフ・ステージ」と「ライフ・ロール」から見る見方。ステージは演じる舞台、ロールは演じる役割。どちらも演劇用語です。仕事にも人生にもステージとロールがあります。演劇とキャリアは、

実は切っても切れない関係にあるのです。

　さらに、ステージの切り替えどき（幕間）に注目する見方もあります。竹でいえば、まっすぐの部分ではなくて「節」の部分に注目するということです。これが、キャリアの「トランジション（転機）」です。節目をどう乗り切るかがキャリアのマネジメントにとっては大切だということです。

　私自身は、キャリアとは「ルート記号（√）」の形をしたものだと思ってきました。ルート記号には３つの「角」があります。その屈曲点の部分がトランジション、まっすぐな常態の部分がスーパーの言うステージにあたります。

　キャリアは一本調子のものではありません。「いい調子！」と上がったと思えば、急転直下。「これでいよいよ俺も終わりか！」と思えばまた上向き、そのまま行くかと思ったら頭打ち。それでこそキャリアだと思っています。この「ルート記号」は1度で終わるのではなく、何度もつながっていくもの。それが私にとっての「キャリアとは何か」に対する答えです。

　最近では、「ト音記号」のようなものとも言えると感じ始めています。ト音記号は、最初に真ん中から始まります。それが生まれたときの原点。そこを始点に、右回りにぐるっと円を書き、反転して上に突き抜けます。そのまま行くかと思ったらヘアピンカーブで急転直下。それではまったく別の場所にいくのかというとそうではなく、再度自分の原点に戻っていきます。まるで自分の原点を確かめるかのように。そして、さらにそこを力強く突き抜けて、最後にまたちょっと振り返るように自分自身のほうに向かって終わる…。ト音記号は、キャリアの広がり（ディベロップメント）と不動の中心（アンカー）の関係を何ともうまく表しているように思います。

NOTE

career developmentは「キャリア開発」。Career goals are long-term milestones in a person's career path.は「キャリア・ゴールはある人のキャリア・パスにおける長期的なマイルストーンである」。A career anchor is one element in a person's self-concept that he or she will not give up, even in the face of difficult choices.は「キャリア・アンカーは人が持つ自己概念の一要素で、難しい選択の局面においてさえ決してあきらめないもの」。

関連語　**Development** ▶ p072, **Management** ▶ p144, **Role** ▶ p198

Commitment
[コミットメント]

言質・約束・公約・献身・委任

「やりきります！」の宣言

ラテン語のmittereは「送る」。そこから語根mitを含む言葉は送ることに関わる。「一切」を表す接頭辞com-を伴って、commitは一切を送ること。そこから委ねる意味となった。commitは口に出して言い、約束し、しっかりと関わること。あるいは逃げ隠れできない状況に追い込むこと。そこに-mentがつき名詞形に。動詞としてのcommitは「罪を犯す」意味でも使われる。

　コミットメントは主体的関わり。あるいは「私はやります！」と約束し、「やりきります！」と宣言する気持ち。
　日本においてこの言葉は、組織に対する情緒的一体感の意味で語られることが多かったように思います。儒教的な価値観である「忠」に合致するものであったという理由もあるかも知れません。
　それとはまったく異なる意味でこの言葉を導入したのがカルロス・ゴーン（Carlos Ghosn）でした。日産自動車の改革に際して最初に導入したのは「必達の目標」という意味でのコミットメントの概念でした。1999年10月、経営再建計画として「日産リバイバル・プラン」を発表した時に掲げたのが3つのコミットメント。1つでも達成できなければ退陣すると表明し、再生に成功しました。
　強いコミットメントを示すことで、自分にも力が湧き、相手を震え上がらせることもできます。そのため、勝負に出るときには退路を断ち、背水の陣を敷くのです。
　コミットメントは、他に与(くみ)しないことについて旗幟を鮮明にすることでもあります。その反対が「洞ヶ峠(ほら)を決め込む」こと。強いコミットメントは、それ自体評価の対象となります。評価や褒賞（Appraisal, Compensationの項参照）と引き換えにコミットメントを引き出すこともあります。それを見込んで「計算づく」でコミットすることもあります。

コミットメントには、自ら進んで愛着心を持ってコミットする能動的・積極的なものと、他に選択肢が少なくコミットせざるを得ない状況に置かれる受動的・消極的なものがあります。

日本の伝統的な大企業においては、個人と組織の一体化の度合いが強いといわれてきましたが、その背景には労働力の流動性の低さがあります。組織を離れれば選択肢が少ない状況においては、組織にコミットせざるを得ない状況がありました。それに対して欧米においては職務に対するコミットメントが強いといわれてきました。プロフェッショナルとしての誇りにかけて仕事にコミットすることですが、欧米では労働力の流動性が高く、分野を変えると自分に不利となるため、職務にコミットせざるを得ない状況にあると考えることも可能です。

相手に選択肢をなくさせることによってコミットさせることはビジネスを行う上での基本戦略で、「ロック・イン (lock-in)」や「囲い込み」と呼ばれます。例えば、プリンターを買った時点で、その会社のインクカートリッジを買うことにコミットさせられています。「ボトルキープ」もコミットメントをつくり出す仕掛けです。

ジョン・カッツェンバック (Jon R. Katzenbach) は、高業績チームとそうでないチームの差は、メンバー相互のコミットメントの差であることを示しました。組織の活力を高めていくための鍵は、コアとなる最前線の従業員の達成感を高めて、心理的なコミットメントを引き出すこと。コミットメントは互酬的（お互い様）ですから、他のメンバーが強く仕事にコミットしていることがわかれば、「私もやってやろうじゃないの」と目標コミットメントが高まります。そのようなメンバーのいるチームに対してであれば、組織コミットメントも高まります。その好循環のサイクルが回ると、高い業績につながり、さらにコミットメントを引き出していくのです。

> **NOTE**
> You have no sense of commitment at all. 「君にはコミットメントの感覚ってものがまったくないじゃないか」。There cannot be relationships unless there is commitment. は「コミットメントがなければ関係もあり得ない」。statement of commitment and responsibilities は「コミットメントと責任を文言にしたもの」。increase commitment は「コミットメント（のレベル）を上げる」「もっとコミットする」。

関連語 **Appraisal** ▶ p024, **Compensation** ▶ p046, **Engagement** ▶ p086, **Motivation** ▶ p156

Company
[カンパニー]

会社・商会・交際・仲間

共にパンを食べる仲間

接頭辞のcomは「共に」、ラテン語のpanisは「パン」。従って、companyは「共にパンを食べる仲間」を意味する。日本語の類似の表現では「同じ釜のめしを食う仲間」。短縮形は、co.である。古いフランス語でcompagnieは社会や友好関係を示し、英語のcompanion（気のあった仲間）につながる。そのもととなったのはラテン語companioである。

　三井物産の英語名はミツイ・アンド・カンパニー。三菱商事の英語名はミツビシ・コーポレーション。この違いはどこから？
　一般に「〜・アンド・カンパニー」は「〜とその仲間たち」の意味です。ですから、「〜」には人の姓が入ります。三井物産は三井家とその仲間たちというわけです。
　それに対して「コーポレーション」は体を意味する"corp-"からできた言葉で、法人であることを意味します。三菱は人の名前ではありませんから、三菱・アンド・カンパニーとは言わないのです。「人の三井と組織の三菱」といわれますが、社名の英語表記にもそれが表れている気もします。
　アンドがつかなければ、カンパニーを会社名に続けて使うことは可能です。日産自動車はニッサン・モーター・カンパニーで、その後に「リミテッド」がつきます。リミテッドの意味は、株主責任が有限であること。出身金をすべて失うことはあり得てもそれ以上の責任を追求されないことです。
　カンパニーの代わりにコーポレーションやインコーポレーテッド（Inc.と略称）も使われます。定款および関連書類を届け出ると法人格を取得することができて、コーポレーション（事業体）となります。トヨタ・モーターもホンダ・モーターもコーポレーション。事業体には「体」という漢字が含まれていますが、これが"corp"の含

意です。トヨタやホンダのコーポレーションは堂々たる体躯を思わせます。親会社のことを「本体」などといいますが、この辺にも「体」のメタファーは生きています。

コーポレーションの動詞が「インコーポレート」。「法人化されています」ということを示しています。アップルはApple Inc.、グーグルはGoogle Inc.です。フェイスブックもFacebook Inc.です。

コーポレーションであれインコーポレーテッドであれ、事業体は「法人」という1つの人格。負債を抱えてもその責任はその法人自体が負い、株主は出資金以上の責任を追求されることはありませんから「カンパニー・リミテッド」と同じ意味となります。

ちなみに、「カンパニー制度」は和製英語です。社内を事業ごとに分けてあたかも独立企業のように見立てて、それらを「カンパニー」と呼ぶ組織内組織です。各カンパニーはそれぞれに総責任者としてのプレジデントをおき、個別に意志決定を行います。社内的に資本金を割り当て、本社に対して利益配当を行います。権限を思い切って委譲し、独立性の強い複数の企業の集合体のような形で運営し、事業運営は自己完結します。長所は意思決定の自由度とスピードの向上。数多くの名だたる大企業で採用されました。しかし、導入から時が経ち、この制度の弊害も指摘されるようになり、最初に導入したソニーがこの和製英語の制度を中止して話題となりました。カンパニー制度は「同じ釜のめしを食う仲間」という本来の意味からは遠ざかっていたように見えます。

日本で最初に設立された「カンパニー」は、坂本竜馬が明治維新の3年前の1865年、仲間と長崎に設立した貿易商社「亀山社中」。薩摩藩の名義で長州藩のために銃や蒸気船ユニオン号を購入し、翌年の薩長盟約締結へとつなげました。社中は「仲間・結社」。竜馬はカンパニーの持つ本来的な意味をよくわかっていたのでしょう。

> **NOTE**
> a major companyは「大手企業」。中小企業はsmall and medium-sized companyでSMCと略されるが、companyに替えてenterpriseが使われSMEと略されることも多い。a private companyは「個人企業」。a phantom companyは「幽霊会社」。He prepared carefully for the negotiations as the success of the company was at stake.は「会社の成功がかかっていたので交渉の準備は入念に行った」。

関連語　**Business ▶ p036, Institution ▶ p126**

Compensation
[コンペンセーション]

給与・報酬・補償・代償

労働の対価を量って払うこと

ラテン語のpendereは「ぶらさげる」。語根のpend-はぶらさがること。振り子はpendulumで首にさげるのはpendant。昔の秤はぶら下げて重さを量っていたからpendereは「量る」ことも意味する。そこから派生したpensareは量って支払うこと。compensateは同じになるようにバランスを取ること。

働くことに対する対価については、賃金・給料・給与・報酬・報奨などの言葉があり、使われ方やニュアンスが微妙に異なります。英語でもさまざまな呼び方があります。多くの用語があること自体、人生において報酬がいかに主要な位置を占めているかの証左と言えます。それも当然です。生活がかかっているのですから。

出世魚はその名前を成長とともに変えていきます。それにも似てステイタスに応じて受け取るお金の名前が変わっていきます。

「労働」に対する対価は「賃金（ウェイジ）」です。マルクス経済学などではこの言葉が使われます。もう少し広く「支払い」のニュアンスがあるのが「給料（ペイ）」です。ギャンブルで得た利得はペイ・オフ、投資のリターンはペイ・バックですから、ペイの持つニュアンスは「見返り」といって良いでしょう。給料日はペイ・デイ、給与明細はペイ・スリップ、給与支払いはペイ・ロール。給与関連の一般的な用語とも言えますが、やや重みに欠けるも確かです。

変動しない固定的な「俸給」のニュアンスがあるのが「給与（サラリー）」です。良く知られているように、サラリーとはもともと「塩」に関係する言葉。古代ローマの兵士たちに塩を買うようにと報酬を与えたことがもとになっています。日本では「サラリーマン」という和製英語が定着しましたが、この言葉は元来「賃仕事でなく固定給で働く安定した仕事」というステイタス感のある言葉でした。

さまざまな用語を広く包含し、報酬一般を表す中立的な用語が

「コンペンセーション」です。労働に対する埋め合わせをいくらにするか、秤にかけて測って支払ったのがこの言葉の由来です。

ウェイジ、ペイ、コンペンセーション。これらの言葉は基本的に「対価」を意味しています。それに対して「報奨」や「褒美」を意味するリウォードは、仕事をした時間に対してではなくて功績に対する支払いですから、依って立つところが違います。貢献が大きければそれに応じて大きな金額となりますから、時間当たりで計算すると、とんでもないことになることもあります。しかし、もともと時間に対する支払いではないから、それでよいのです。

「リウォード」にはお金以外のものも含まれます。まずは功績や努力や善行を認知すること。それを形にした賞状などが褒章です。そしてそれに見合う昇進・昇格。リウォードは認知の問題です。受け取る金額も重要ですが、「よくやった」の一言を添えることが極めて効果的であることは間違いありません。つまり「お金プラスアルファ」です。

「アウォード」は、リウォードの類義語です。厳しい選考の結果与えられるもので、ズバリ「賞」。功績や勝利に対する「プライズ」とも近いもの。あくまでもメダルや盾や表彰状などの名誉を形にしたものが中心で、それに副賞として金品がつく、という関係になっています。つまりこちらは「名誉プラスアルファ」です。

褒賞はシンボリックなもので、謝礼に「端数」があるのは失礼だとされています。結婚式に端数のお祝いをもっていかないのと似ています。ですから褒賞はキリのよい金額で支払われることが多く、切り上げと切り下げではずいぶんと金額が異なることもしばしばあります（失礼でもよいから切り下げないで欲しいという気持ちはわからないでもありません）。実際にはせっかく丸めた数字も、所得税を差し引かれたりするとまた端数になってしまうのですが。

NOTE

Equity investors were well-compensated for risk.は「株式に投資した人はリスクに十分見合う見返りがあった」で、「埋め合わせ」の意味の用法。The compensation committee has responsibility for reviewing and approving the compensation of the company's CEO and other executive officers.は「報酬委員会は企業のCEOおよび役員の報酬をレビューし承認することについての責任を負っている」。

関連語　**Appraisal ▶ p024, Meritocracy ▶ p152**

Competency
[コンピテンシー]

業務遂行能力

仕事で発揮される競争力

ラテン語のpetereは「走る」。そこから、語根peteは走ること。「共に」をあらわす接頭辞con-がついたcompeteは「共に走る」すなわち「競合」。competentはその形容詞。競うに足る十分な能力があること。その名詞形にはcompetenceとcompetencyがある。組織の中核的能力を指すときには前者が使われ、個人の業務遂行能力を指すときにはどちらでもよいとされる。

　漫画家の中尊寺ゆつ子は2005年に42歳の若さで亡くなりましたが、ビジネスに関する漫画も描いていて、ビジネス用語をわかりやすく解説する天才でした。
　『ていうか経済ってムズカシイじゃないですか』では、コンピテンシーも取り上げています。その漫画の中で、女子社員がコンピテンシーという言葉に対して「わかんなーい」という率直な反応をした後で「コンパ天使？」と勘違いする場面があります。初めてこの言葉を聞いた人の反応は、まぁそんなところかも知れません。
　「コンピテンシー」は、ハイ・パフォーマー、つまり「仕事がデキる」とされている人が、ある特定の仕事の場面で顕在化させている能力。特に行動に焦点を当てたものです（コンパ天使とは、コンパという場面で特別に能力を出す人といえるかも知れません）。
　それは、特定可能(identifiable)で観察可能(observable)でトレーニング可能(trainable)なもの。だからこそ、具体的にマネジメントに応用可能ですし、自己成長の役にも立ちます。
　人の能力をあらわす言葉は、ほかにもいくつかあります。
　アビリティー(ability)は、「可能性としては出来る」ということ。その能力が発揮されているかどうかは必ずしも問われません。「私はできます (I am able to do)」は、必ずしも「私はやっています (I do)」を意味しないのです。しかし、何かを「する」にはまず「でき

る」ようにならなければなりません。やる前の段階、つまり「潜在能力」を示すのがアビリティーです。

キャパシティー(capacity)は、「人間としての大きさや懐の深さとしての能力」をあらわす言葉。人間の包容力から工場の生産能力まで広く意味しますが、共通するのは「容量」。キャパシティーは人間力であり、まさに「器の大きさ」です。

コンピテンシーは、心理学者デイビッド・マクレランド(David McClelland)を中心とする研究グループによって開発された概念です。もともとは外務情報職員の業績の違いに関する調査の結果から見出されました。あくまでも問題となっているのは「可能性」や「人間として」ではなく、「仕事が要求する能力を発揮しているかどうか」です。

会計士としてデキる人が、消防士としてもデキるかどうかはまったくわかりません。その意味では、コンピテンシーは第1に仕事と人のマッチングの問題であり、第2に能力開発の問題です。せっかくの人材(タレント)をそれぞれが一番業績を出せる仕事にうまく「適材適所」でマッチングすることで、またそれぞれの能力をさらに伸ばすことで、組織全体としてはパフォーマンスが上がります。

ただ、コンピテンシーにもいくつかの素朴な疑問は残ります。その1つは、未知の領域にチャレンジする仕事において過去の高業績者の行動特性は参考にできるのか。もう1つは、コンピテンシーを決める前段階であるハイ・パフォーマーを組織自体がちゃんと特定できているのか。そもそも、どのような人を「デキる人」とするのかも大問題です。高業績者の特定を間違ってしまうと、すべてが狂ってしまうのですから。

自分たちの組織の中で「仕事がデキる」とは一体どういうことなのか——それをきちんとわかっておくことは、その組織自体のコンピテンシーであると思います。

> **NOTE**
> competencyはdemonstrateするもの。demonstrate competency in the workplace settingは「職場で求められるコンピテンシーを発揮する」。competency requirementsは「コンピテンシーとして要求されるもの」。コンピテンシーは職場の側が要求してくるもの。a list of the competencies appropriate to the postは「そのポストに対して相応しいコンピテンシーのリスト」。

関連語 **Competition** ▶ p050

Competition
[コンペティション]

競合・競争・競争相手

同じものを求めて共に競い合うこと

前項のcompetencyとルーツは同じ。ラテン語のpetereからきた語根pete（走る）に「共に」を表す接頭辞con-がついて、conpeteとなった。そこからcompetitionは「1つのものを求めて競い合うこと」、つまり「競合」となった。しかしcompeteする相手は、ある意味ではゲーム仲間でもある。相手を殲滅しようと戦っているというニュアンスとは異なる。

　日本人が「ビジネス」に対して持つイメージは、長い間「戦う」ことでした。
　ドリンク剤「リゲイン」のテーマソング「24時間戦えますか」がテレビから流れていたのは1988年。この曲に煽られるかのように、日本はバブル経済のピークに向かって突き進んでいきました。
　「それでは誰と戦っているのですか」と聞けば、「同業他社です」との答えが返ってくるのが普通でした。リゲインの三共にとってのコンペティターは、リポビタンD（ファイト・一発！）やゼナの大正製薬、ユンケルの佐藤製薬など。医薬品メーカーによる栄養ドリンク剤市場というリングで、戦っていたわけです。
　ビジネスにおける競争とは、他社に対する競争優位を得るべく、ポジショニングを巡って戦うことである——それはごく一般的な考え方です。「戦略」と「戦術」にはいずれも「戦」という漢字が入っていますから、漢字圏では戦争を連想する人が多いのは自然です。
　しかし、対応する英語のストラテジーにもタクティクスにも、戦いの意味は直接的には含まれていません（Strategy, Tacticsの項参照）。「競争」は「戦争」ではありません。もう1度「競」という漢字をよく見て下さい。この漢字が示しているのは、2人並んで仲良く走っている姿。英語の「コンピート（compete）」は、同じものを巡って競うことであって、互いに殺しあうことではありません。コンペ

ティターは、同じゴールにどちらが先につくかを競って同じトラックを走る「仲間」でもあるのです。

　競争や競合には「業界」の存在が前提とされています。コンペティションというと業界内の競争としてとらえがちです。同じ業界の「ご同業」は、一見競合しているようですが、少し距離を置いて遠くから眺めてみると利害を共有している面もあります。同じ業界のプレイヤーたちはお互いに同じ船に乗っているともいえるのです。

　船の中で、ライバル同士は確かに競争をしています。一方で、プレイヤーたちは常に同じ船の乗員同士として実は意外とお互いに仲が良く、またお互いに一目置きあっています。

　そこに共通の敵が現れると一致団結します。場合によっては一緒になったりしもします。かつてはライバル同士として競い合っていた企業同士が、環境が厳しくなるとM&Aを通じて同じ看板を掲げることもあります。製薬業界で競合していた第一と三共は合併し、「リゲイン」も「第一三共ヘルスケア」の商品となりました。

　確かにどの業界でも熾烈な競争はあります。同時に健全な競争があること自体がマーケットをつくっているとも言えます。業界とは「秋葉原」のようなもの。多くの店が集まって「秋葉原効果」を演出して、市場全体を拡大することができます。同時にその秋葉原の中で個々の企業は差別化して勝ち残らなければなりません。共同と競争——その両方への目配りが必要なのです。

　共同は「全体の価値創造」の活動、競合は「価値の分配」の活動。その2つのゲームがいつも同時に行われているのです。自分だけ勝っても全体のパイが小さくなったのではゲームに本当に勝ったことになりません。持続的に繁栄するためには、その両方において目的を達成する必要があるのです。

NOTE

fierce competitionは「激しい競争」。competitive advantageは「競争優位」。in competition with〜は「〜と競争して」。The threat of substitutes typically impacts an industry through price competition.は「代替物（サブスティテュート）の脅威は、通常では価格競争を通じて業界にインパクトを与える」。

関連語　**Business** ▶ p036, **Competency** ▶ p048, **Game** ▶ p106, **Positioning** ▶ p176
Strategy ▶ p210, **Tactics** ▶ p220

Complexity
[コンプレクシティー]

複雑性・複雑なもの

こんがらがっている状態

語根のplex-は「編みこむ」や「織りこむ」をあらわすラテン語のplectere、あるいは「重ね合わせる」をあらわすplicareから。「共に」を意味する接頭辞com-と組み合わさって、complexは「相互に編みこまれ織り込まれ重なり合い、容易にはほどいて分解・分析できない様子」をあらわす。複合施設をあらわすこともある。その名詞形がcomplexity。科学では複雑系とも訳される。

　コンプレックスを「劣等感」だと思っている人がいますが、それは間違いです。コンプレックスという言葉は、日本ではしばしば誤って理解されている言葉の代表格。劣等感をあらわす正確な英語は、インフェリオリティー・コンプレックス (inferiority complex)。「劣ったことから来る複雑な気持ち」です。

　コンプレックスの名詞形がコンプレクシティー。もちろん劣等感とは何の関係もありません。一般的には「複雑性」と訳されます。「雑な」というよりも、むしろ相互に編みこまれている状態。互いに関係を及ぼしあっている状態でもあり、こんがらがっている状態でもあります。

　ビジネスの世界では、日に日にコンプレクシティーは増大しています。M&Aは頻繁に起こりますし、グローバル化は速度を増しています。情報通信技術の1つの領域でブレークスルーが起きると、他の領域でのブレークスルーを呼び起こします。それらは相互作用するので、複雑性が複雑性を呼び込み、どんどんコンプレクシティーは増大していきます。

　ものごとが単純なうちは、マネジメントは必要ありません。マネジメントが必要なのは、複雑性が高いからです。こんがらがっている糸をなんとかほぐしてコンプレクシティーを減少しようとする努力がマネジメントだともいえます。

企業の中の個人に目を転じると、昇進してより規模の大きな仕事を任されるほど、業務上のコンプレクシティーは増していきます。決まった商品を決まった地域に販売しているうちは、もっと売ることだけを考えればよいので、ある意味では話は単純。ところが、支店長になると、扱う商品が多様になり、地域の事情もさまざまになってきます。調達・製造・営業・経理といった、互いに関連し合う機能を広くマルチタスクでこなす必要が出て来ます。

「ひと」のマネジメントを行う立場になると、いよいよ複雑性は高まります。人には2つの意味があります。1つは、他人であるということです。他人は言うことを聞かないもの。そしてもう1つは、人間であるということです。人間だから、それぞれに複雑な事情や複雑な感情を持っています。

「組織」のマネジメントに至っては、コンプレクシティーそのものです。組織という漢字を改めて眺めみると「組み合わせ、織ってあるもの」と書いてあります。ですから、組織が複雑なのは当然なのです。

ただでさえ複雑な「仕事」と「ひと」と「組織」。それらが組み合わされて、何とも複雑怪奇な人間模様が織りなされていくわけです。既に述べたように、コンプレクシティーは放っておくと幾何級数的に増加していきます。こちらを解けばあちらが絡みますから、複雑性を解消することは至難の業。文字通り「一筋縄ではいかない」のがコンプレクシティーの本質なのです。

しかし、言葉のもととなった「プレクサス（plexus）」のもう1つの意味は、包まれ抱きしめられること。このことは、度量の大きなリーダーが包みこむことで複雑性が解決されることもあることを示唆していると思います。

> **NOTE**
>
> a complex systemは「複雑系」。confusion resulting from complexityは「ことの複雑さから起こった混乱」。複雑さは常に混乱を引き起こす。an explanation that reduces complexityは「複雑さを減少させる説明」。複雑に見える現象が実は単純なものの組み合わせで起こることが説明されると混乱が減る。複雑さを減少させたいがために、サイエンスが発達し、枠組みや理論ができてきたという面もある。

関連語　**Leadership ▶ p138, Manegement ▶ p144, Uncertainty ▶ p234**

Concept
[コンセプト]

概念・構想・考え

心でつかむもの

「共に」をあらわす接頭語con-に「捉える」をあらわす語根capereが組み合わさって、いくつかのアイディアを心で一緒につかむことをあらわすconceptという意味が生まれた。ラテン語で「抽象・下書き」をあらわすconceptumは、もともと心に念じたもののこと。コンセプトが先にあって、それを伝えるためにこのタームができた。コンセプトは「言葉」と共にある。

　「コンセプトとは何か」という問いは、自家撞着です。なぜならば、コンセプトとは「〜とは何か」ということだからです。コンセプトのコンセプトは、「アブストラクト（抽象的）」で「ジェネラル（一般的）」なアイディア。抽象と一般をあわせると「概」、アイディアは「念」、あわせて「概念」です。

　例えば「線」とは本来コンセプチュアル（概念的）なもので、見えるはずがないもの。しかしそれを私たちは概念として理解できます。また直線も曲線も合わせて線という概念を抽出しています。鉛筆で引いた線は厳密には線ではありません。本当の意味の「線」は概念──だからこそ、「友達と恋人の間」にも線は引けるのです。

　もともと極めて哲学的な「コンセプト」という言葉ですが、ビジネスの場面において使われることが増えました。この言葉が日本で一般に広まったのは1980年代でした。1981年から連載が始まったホイチョイ・プロダクションズの漫画『気まぐれコンセプト』がヒットしたことも、よく使われるようになったきっかけだったかも知れません。

　コンセプトは、特に商品企画や製品開発の場面で頻繁に使われます。計画や意図、あるいは基本的なアイディアを意味します（Planningの項参照）。アイディアは「イデア」ですから「こころ」のこと。それを形にしたのが商品です。つまり、抽象的なアイディア

を具体的な商品に転換していくのが「コンセプトの商品化」です。

　この言葉は、広告や販促の企画を説明する際にも使われます。商品企画やマーケティングの仕事の1つは、商品の訴求点を簡潔な言葉やビジュアルに集約すること。その過程で抽象化と一般化が行われます。そして、絞り込んだターゲットに対してどのようなベネフィットがあるかを明確に示し、納得できる理由を示し、背後にあるストーリーを語ります。それによってモノが「商品」に変わっていくのです。

　ビジネスにおけるコンセプトづくりで難しいのは、抽象的・一般的でありつつ、同時にあいまいであってはならないことです。コンセプトは「端的」なものである必要があります。「エッジ」が効いていなければなりません。端的なものに煎じ詰めて、エッジを尖らせる作業がコンセプトづくりと言うこともできるでしょう。

　iPodの「ミュージックライブラリを持ち歩く」、ウォシュレットの「おしりだって洗ってほしい」──コンセプトは明快。だから心に刺さるのです。

　星野リゾートの星野佳路社長は、旅館やリゾート施設の運営をはじめるとき、そこで働く従業員の議論によって「コンセプト」を決めるそうです。コンセプトを決めることは、自分たちの目指すところをはっきりさせること。「それは何か」を明瞭にすること。だから「何をすればよいか」がわかります。何をして何をしないかの間に「線を引く」ことができるのです。

　コンセプトは心でつかむこと。あるいは現実の切り取り方のこと。無数に散らばる夜空の星から、選んで組み合わせて「星座」をつくり、物語を語ることです。それは、意味によって世界を切り取る作業。そこには切り取る者の視点や発想、あるいは「こころ」のありようが反映されています。コンセプトはそのひと自身なのです。

> **NOTE**
>
> concept chartは「概念図」。keep the original conceptは「もともとのコンセプトを守る」。会計学でdual aspect conceptは「貸借一致の原則」と訳されているが、バランスシートにおいて資産の部と負債・資本の部の合計が必ず等しいという「概念」。concept carは、モーターショーなどで展示されるアイディアを示した車のモデル。We propose a new concept in leisure.は「私たちはレジャーの新しいコンセプトを提案します」。

関連語　**General** ▶ p108, **Line** ▶ p142, **Planning** ▶ p172, **Promotion** ▶ p186

Confidence
[コンフィデンス]

信認・信任・信頼・信用・自信

マル秘を共有できる仲間への信

ラテン語fidereは「信頼する」。そこから、「忠実」をあらわすfidelityという言葉がが生まれた。また、「共に」を意味する接頭辞con-を伴って「信頼」を意味するconfidentia というラテン語となり「信認・信任」を意味するconfidenceとなった。形容詞のconfidentialは「信任が厚い」という原義から、「機密の」「秘密の」につながっていった。

　「信」をあらわす主要な英語は3つあります。「トラスト」「コンフィデンス」「クレジット」。無理に日本語に対応させれば、それぞれ信頼・信任・信用。3つの言葉の間には微妙な違いがあります。

　第1に、実績との関係。トラストは過去の実績がなくても信じること。クレジットは過去の実績に基づいて信じること。コンフィデンスはその中間です。

　第2に、対象との関係。トラストは人に関すること。クレジットは特にお金に関すること。この点からは、コンフィデンスはややトラスト寄り、つまり主として人に対する信任です。

　第3に、自分との関係。トラストとクレジットには「自信」の意味はありません。コンフィデンスのみが、セルフ・コンフィデンスという形であっても単独であっても「自信」を意味します。

　第4に、秘密との関係。トラストとクレジットは、秘密とは関係ありません。コンフィデンスのみ、形容詞のコンフィデンシャルになると不思議なことに「秘密の」という意味になります。このあたりに、コンフィデンスを理解する秘密の鍵がありそうです。

　会社にはたくさんの「マル秘」があります。新商品の情報、M&Aの情報、全社戦略の情報。特に人事部では、ほとんどの書類はマル秘です。ですから、コピーをとるとき、メールを送るときは最大限の気を使います。マル秘書類とは「ごく限定されたメンバー間のみ

でしか共有されない」はずのものです。

　ところがその内容があちこちでバレています。「ここだけの話だけど」「あなただけに話すんだけど」と、あちこちで共有されるからです。背後にあるメッセージは「あなたはソトに対してこの情報と私が言ったということをバラさないという信頼を持っています」。裏返して言えば、マル秘情報の交換を通して「あなたをウチ（仲間）だと思っています」と確認することに使っているのです。誰を仲間だと本音で思っているかのリトマス試験紙は、それぞれが持つマル秘情報。「君を信用している」「君は仲間だ」といくら口で言われても、コンフィデンシャルな情報を共有してもらえないのであれば結局その程度ということです。

　ロザベス・モス・カンター（Rosabeth Moss Kanter）はコンフィデンスにはいくつかのレベルがあると言っています。それをヒントに私なりの解釈で整理し直してみると、中心を同じくする大きさの違う輪が4つ重なった絵が描けます。

　まず中心に自分についての信任。これが自信です。その外側に内部の人に対しての信任の輪。つまり相互信頼です。さらに外側に内部のシステムに対しての信任。そのさらに外側に外部に対しての信任。コンフィデンスは、自分という中心から外部に向かって輪が重層的に広がっていく性質を持っているのかも知れません。だからコンフィデンスだけが「自信」を意味したり、秘密を通して「内輪」がどこまでかを確認することができたりするのだと考えられます。

　カンターは、コンフィデンスが組織に勝ちぐせ（winning streaks）を与えると書いています。コンフィデンスは仲間の証（あかし）。「内輪」がぎゅっと「一丸」となることで「勝ち」を取ることができます。勝ちを取れば内輪がさらに固い一丸となり、勝ちが勝ちを呼びます。それがこの言葉にcon-（共に）がついている理由だと思うのです。

> **NOTE**
> ten ways to get a boost of confidenceは「自信を高めるための10の方法」。boostという言葉と一緒に使う場合、confidenceは「自信」を意味することが多い。guidelines for confidentiality of data filesは「データファイルの秘匿性に関するガイドライン」。pass a vote of no confidenceは「不信任案を可決する」。内閣に対する信任はtrustやcreditではなくconfidenceを使う。

関連語　Trust ▶ p232

Control
[コントロール]

管理・監督・統制・制御

チェックして対処する

接頭辞contra-は「〜に対して」、語根rollは「巻いたもの」すなわち現在の「帳簿」。そこからcontrolは「帳簿に対してチェックする」という意味となった。financial controller（イギリス英語ではcomptroller）は財務経理の責任者を指す。contra-は「逆に」、rollは「回す」も意味するため、強い力で巻いて「支配する」ニュアンスもある。

　「管理」をあらわす言葉には「マネジメント」や「アドミニストレーション」と並んで「コントロール」があります。

　野球のピッチャーにとって、コントロールは命。企業の経営においても、戦略を遂行するためには隅々までコントロールが必要です。感情を一定の範囲に抑えることができる「大人」であることを「セルフ・コントロールが効いている」といいます。

　しかし、人はみなマネージされてもコントロールされたくないと言います。コントロールは、するのは良いけれど、されるのは嫌。その違いはどこから来るのでしょうか。

　マネジメント用語には「コン（〜と共に）」で始まる言葉が沢山あります。カンパニー、コミュニケーション、コミットメント、コンペティション…。組織の本質は協働や協業ですから、それは自然なことでしょう。しかしコントロールは、「コン」で始まる言葉ではありません。コン＋トロールではなくて、コントラ＋ロール。「コントラ」は「〜に対して」を示す接頭語。コントラスト（対照・対比）やコントラディクション（反駁）という言葉と同類です。

　マネジメントの世界で「コントロール」という場合、目標値に「対して」ものごとを進める。例えば、計画に「対して」進捗を管理する、あるいは正常値の範囲に「対して」異常値がないかウォッチするといったように。帳簿としてのロール（巻紙）に「対して」常に目配り

するのがコントロールの原義だからです。

　飛行場の「コントロール・タワー(管制塔)」は、コントロールの典型的なイメージです。モニターに次々と入ってくる情報。それを整理して、目標値と照らし合わせて冷静に指示を出す。

　一方「コントロールされる」という形で使うと「無理強いされる」といったニュアンスとなります。自分がコントロール「される」のは真っ平ごめんだと皆が口を揃えて言うのはそのためです。

　組織論では、1人で管理しきれる範囲のことを「スパン・オブ・コントロール(統制の範囲)」といいます。目配りすることができる範囲という意味で、組織階層の深さ(デプス・オブ・ヒエラルキー)と反比例する関係にあります(Hierarchyの項参照)。管理・統制の範囲を広げれば、階層を浅くすることはできます。しかし、余りにも責任の範囲が増え部下の数が増えると、目が行き届かなくなります。目配り・気配りできるスパン・オブ・コントロールを一定範囲内に留めようとすれば、階層は深くならざるを得ません。

　ある範囲の中で統制するのが管理職です。管理職は鵜飼の鵜匠に似ています。文字通り綱(ライン)の数だけ鵜をコントロールしているわけです(Lineの項参照)。コントロールは一方で「支配」でもありますが、同時に綱の手触りによって情報を巧みにフィードバック制御しているのです。

　「帳簿でチェックする」という語源が直接残っているのが「フィナンシャル・コントロール」。経理部・財務部です。数多くの数値によって経営の状態をモニターをしながら戦略の実行を支えるコントロール・センターです。ただし、「鵜匠に操られている」かのような印象を従業員に与えてしまうと不人気になってしまうことは必至。しっかりコントロールしつつ、そのような印象を持たれないための工夫と配慮、つまり「インプレッション・コントロール」が必要です。

> **NOTE**
>
> financial control は「財務管理」。internal control over financial reportingは「財務報告に関する内部統制」。in control は「制御できている状態」。lose controlは「コントロールを失う」。out of controlは「制御不能」あるいは「暴走中」。Due to increase in size, the whole company is out of control.は「規模が大きくなって、会社全体が管理困難となっている」。

関連語　**Administration** ▶ p016, **Hierarchy** ▶ p114, **Learning** ▶ p140, **Line** ▶ p142
Management ▶ p144

Cost
[コスト]

費用・経費・原価・犠牲

利益との間に立ちはだかるもの

st-がつく言葉は「立つ」ことに関係する。「共に」を意味する接頭辞con-と、「立つ」を意味する語根stareが組み合わさって、もととなったラテン語constareという言葉となる。これが変化してcostとなった。その意味は「立ちはだかるもの」。費用もそのような性質を持つものの1つ。

　コストは「費用」。会計においては「原価」の訳が使われます。広く「犠牲」という意味でも使われます。ビジネスにおけるもっとも基本的な式は「売上－コスト＝利益」。コストさえなければ売上＝利益となるわけですから、コストは売上と利益の間に立ちはだかっているものと考えることができます。
　どの商品が儲かっており、どの商品が赤字なのか。それがわからなければ、どの商品にもっと力を入れて、どの商品は撤退するのかといった経営の意思決定をすることができません。コストを把握しなければ、売値をどの辺に設定するのが妥当かもわかりません（Priceの項参照）。
　そのような経営上の意志決定のために、原価計算（コスト・アカウンティング）が行われます。原価は、商品を作ったりサービスを提供したりするために使ったものすべてを含みます。
　コストには、直接的なものと間接的なものがあります。
　直接原価（ダイレクト・コスト）は「このために使いました」と特定できるものです。製品と直接的に紐づけられているもの。部品や素材などの材料費がそれに該当します。
　間接原価（インダイレクト・コスト）は、どれを作ったり売ったりするためにかかったものか、明確には特定できないものです。全体的にかかっているコストといってもよいでしょう。わかりやすい例としては、光熱費や設備・機械など。

全体にかかっているからといって間接原価を別扱いにしたのでは、ある商品が儲かっているのかに対する答えは出ません。その点をはっきりさせるために、間接原価については何らかの方法で割り振りが行われます。それが「配賦(はいふ)」です。英語ではコスト・アロケーション（Allocationの項参照）。配賦は売上高、材料費、人数、稼動時間など測ることのできる指標に応じて行います。コスト・アロケーションを部門やプロジェクトごとに行えば「この部門（あるいはプロジェクト）は儲かっているのか」が明確になります。その結果が部門長やプロジェクト・リーダーの評価に影響を及ぼすのであれば、基準次第で人々の行動が変わってしまうことも考えられます。

　コストには、さらに見えないものもあります。「オポチュニティー・コスト」です。一般には「機会費用」、会計の世界では「機会原価」と訳されます（Opportunityの項参照）。オポチュニティー・コストは実際に発生した費用ではありません。何かを選択することは他のものを選択しないことですが、利益が多いものを選ばなかったためにみすみす利益機会を逃してしまったことを、コストと捉えるのです。ベストの選択をしない限りオポチュニティー・コストは発生します。経営上の意思決定は「選択肢から選ぶ」こと。直接的には見えないオポチュニティー・コストも把握することによって、健全な意思決定ができるのです。

　さて、コストの中でも最もインパクトの大きいものは「人件費」です。確かに、給与や福利厚生費は会社から見れば経費です。しかし、教育をはじめとして人にかかるお金は、コスト（費用）というよりもインベストメント（投資）でもあります。新入社員に払う給料にいたっては、実質的には丸ごと投資の意味を持つといってよいでしょう（Investment, Capitalの項参照）。単にコストと割り切れないところが、ヒューマン・ビーイングなのです。

NOTE

cost of livingは「生活費」。cost of equipmentは「設備費」。costは動詞としても使われる。The new product development will cost twice as much as originally planned. は「新製品の開発には、当初の予定の2倍コストがかかるだろう」。広く「犠牲」を意味する用法としては、I will finish the job by noon at all costs. は「なんとしてもその仕事は正午までに仕上げてみせる」。

関連語　**Allocation** ▶ p020, **Capital** ▶ p038, **Incentive** ▶ p120, **Investment** ▶ p130
Opportunity ▶ p166, **Price** ▶ p180, **Profit** ▶ p184

Creativity
[クリエイティビティー]

創造性・創造力

新しい価値を生み出すこと

creativeのもととなったラテン語は「創る」を意味するcreareと「生じる」を意味するcrescere。そこからcreate は「創りだす・生まれ出ずる・産み育てる」こと。creationは「創造」、creativityは「創造性」、recreationは「再び生まれること」。語根c re (sc) - は育って大きくなっていくこと。crescendoは「だんだん音を大きくすること」、crescentは「だんだん大きくなる三日月」。

　創造性とは一体何か。それは永遠に収束しない問いの1つです。答えは、創造性を発揮したと思える事例の数だけあり、その解釈も人それぞれに違い、また新たに生まれ続けます。

　合理性の網だけでは捕まえることのできないものが創造性なのだとすれば、補足不可能性は、創造性の原理的な本質の一部といえるのかも知れません。しかしながら、ビジネスは時間との勝負。永遠に議論しているわけにはいきません。ビジネス上の応用を考えると「創造性は果たしてマネージ可能なのか」というテーマに絞り込めば、実務に応用可能な解らしきものが見つかるかも知れません。

　直感的には、創造性という言葉は少なくとも漢字で表される「管理」（特にアドミニストレーションやコントロール）とは相性が良くなさそうに思えます。クリエイティビティーは「管理」の対象にはなりにくい個人の資質であるかのように言われてきました。

　確かに「創造性」は、目標管理における指標とはなり難く、数値にも置き換えにくいものです。むしろ「管理」すればするほどクリエイティビティーは逃げ水のように姿を消したり、あるいは萎えてしまったりするように思えます。

　しかし、「生産」という、見慣れた漢字をもう1度よく見てみると、「生・産」とは文字通り生み出し・産み出すこととわかります。クリエイティビティーも、「生み出し・産み出す」こと。少なくとも言

葉の上からは、漢字で表される「生・産・性」に1番近いといえるのです。

それならば、マネジメントやディベロップメントとの親和性はそれなりに高いかも知れません。控えめに言っても、その可能性がありそうです。

創造は、「産み、育て、創り、造る」こと。実際に創造性が発揮されて新しい商品が産み出され、それが業績に大いに寄与したいくつかのケースをみると、創造性を触発する方法として、4つの対になる8つの要因を挙げることができそうです。

1番目のペアは「見つけ」と「気づき」。創造性はゼロから創り出すことではありません。既に存在するものの中から今までなかった価値を見つけ、気づくことは創造性です。組み合わせることは、既に有るものから今までに無いものを創り出すための有効な方法です。

2番目のペアは「そろえ」と「ずらし」。方向性を揃えることでとんでもない力が発揮されてジャンプすることがあります。一方で、意識的に「枠ずらし（リフレーミング）」を行って新たな観点から見ることによって、新たな価値を発見することができます。

3番目のペアは「遊び」と「縛り」。余裕がなければ創造性を発揮することはできません。3Mでは業務のうち15％を本来業務以外に宛てるルールがあります。一方で最も縛りがキツいときに追い込まれて素晴らしいアイディアが出るという事例も数多くあります。

4番目のペアは「努力」と「ひらめき」。創造性は何もせずに訪れるものではありません。むしろ、地道な活動の継続と蓄積の土壌の上に咲く一輪の花。トーマス・エジソン（Thomas Edison）は「天才とは99％の汗（パースピレーション）と1％のインスピレーションである」といいました。遠回りに見えても、汗をかくことが、結局はひらめきを得て創造性を発揮するための近道なのかも知れません。

NOTE

creative solutionは「創造的な解決法」。creative powerは「創作力」。creative thinkingは「創造的な考え方」。Clients often ask us for a creative idea.は「クライアントはしばしば創造的なアイディアを求めてくる」。five ways to improve creativity and productivityは「創造性と生産性を高める5つの方法」。

関連語　**Administration** ▶ p016, **Control** ▶ p058, **Development** ▶ p072, **Management** ▶ p144

Culture
[カルチャー]

文化・教養・栽培

耕された土壌

cultivateやagricultureに含まれる語根cult-は「耕す」。もととなったラテン語のcolereは、「耕す」ことから「定住する」あるいは「研鑽する」といった意味の広がりを持つようになった。「土地を耕して作物を育てる」という意味と、「精神を耕して文化や共用を育む」という2つの意味が、言葉の始まりからあった。-tureは「のもの」。「強烈な新興宗教」のcultとは親戚関係にある。

　「企業文化」や「組織文化」は教室でも飲み屋でもよく議論されるテーマです。最初に「カルチャー」そのものについて考察します。
　カルチャーには、文化人類学者エドワード・タイラー（Edward Tyler）による「知識、信念、芸術、道徳、法律、習慣など人間が社会のメンバーとして獲得した能力や慣習の複合的全体」という広い定義があります。もっと一般的な使い方としては、カルチャー・スクールのように「教養を涵養すること」を意味したり、あるいは「美術・音楽・文学…」に限定したりする用法もあります。挙句の果ては、石田純一の「不倫は文化だ！」という迷解釈もあります。
　カルチャーの意味が拡大されたのは16世紀初頭から。当時は「人間の育成」の意味で使われ、18世紀の終わりまで啓蒙主義者によって「開花」または「洗練」の一般的過程として使われました。
　その後カルチャーは「異なる国民の特定の諸文化」として規定されるようになり、19世紀になると「民族文化」という言葉が使われるようになりました。ここでのカルチャーの意味は「ある国民や時代や集団に特徴的にみられる特定の生活様式」。「企業カルチャー」はこの流れの中にあります。
　文化が異なる組織においては仕事の進め方が他の組織とは異なります。逆に言えば、特定の組織における暗黙の「ものごとの進め方」の総称が「組織カルチャー」です。

エドガー・シャイン（Edgar Schein）は、組織文化とは「その構成員が共有する意味のシステムで、これによってその組織が他の組織から区別されるもの」であると定義しています。組織文化とは、その組織にとっての認識と意味の体系であるといえるでしょう。組織文化はメンバーの価値観、思考スタイル、行動様式の形成に強い影響を及ぼすもの。シャインは3つのレベルを示しました。

1つは「アーティファクツ」と呼ばれるもの。直接目にしたり耳にしたりすることのできるものです。それより1段階深いレベルにあるのは「標榜されている価値観」と呼ばれるもの。なぜその戦略が実行されているのか、なぜこの目標が設定されているのか、なぜこのような経営哲学が存在しているのか――それに対する答えです。たとえば、価値観、方針、倫理観、ビジョンなど。そして、最も深いレベルにあるのは「地下に潜む基本的仮定（ベーシック・アサンプション）」です。無意識の当たり前。当然そうだと思っていることです。

-tureは「～されるもの」の意味。ストラクチャー（構造）は「構されたもの」、クリーチャー（人間）は「創られたもの」、リタラチャーは「書かれたもの」、ピクチャーは「描かれたもの」。ですから、カルチャーは「耕されたもの」です。組織の「あたりまえ」は、まさに耕された「土壌」といえるでしょう。

「企業文化」は一朝一夕につくることができるものではありません。日常の些細な一挙手一投足の積み重ねです。その企業独特のパターンの繰り返しの結果として、織物の絵柄のように形作られていったのがカルチャーです。

その柄は、普段は意識されないままその企業のコンテクストを創っていきます。そして、そのうえでコミュニケーションが行われ、戦略が練られていくのです。不倫を文化と見るのかどうかも、そこで決まるのだと思います。

NOTE

bridge the culture gap between two culturesは「2つの文化の間にあるカルチャー・ギャップの橋渡しをする」。形容詞を使ってcultural gapでもよい。cultural adaptabilityは「異文化に対する適応性」。The company has a unique business culture.は「その会社はユニークなビジネス・カルチャーを持っている」。In Japanese culture, silence is golden.は「日本文化では沈黙は金」。

関連語　**Style** ▶ p214, **Structure** ▶ p212, **System** ▶ p218, **Work** ▶ p246

Customer
[カスタマー]

顧客・お客様・得意先・取引先

顧みるべき客

customは「習慣・慣習」。それに人をあらわす-erがついたcustomerは、イギリスで買い手（buyer）の意味となった。customのもととなったラテン語consuescereは接頭辞com-と「慣れる」を意味するsuescereから。それがconsuetumenとなった。その言葉が古フランス語のcostume（コスチューム）となり、イギリスではcustomとなった。

「明日という字は明るい日と書くのね」。そんな歌詞の歌がありました。アン真理子という歌手が自ら作詞して歌った『悲しみは駈け足でやってくる』。

この歌がヒットしていた1969年は、翌年の大阪万博に向かって奇跡の高度経済成長のど真ん中。同年のGNP（国民総生産）成長率は名目18.6%、実質12.1%。完全失業率は1.1%。

カスタマーの数はどんどん増え続けていました。そんな時には新規顧客を増やすことがてっとり早い成長の原動力でした。

ところがこの曲のヒットから4年後のオイルショックを機に時代は変わります。「顧客」とは何かを改めて考える必要が出てきました。歌をもじると「顧客という字は顧みる客と書くのね」。顧客とは顧みられるべきものであることが再認識されました。

「カスタマー」の意味するところを英語から考えてみましょう。そのヒントはカスタマーに含まれている「カスタム」という字です。

カスタムは「慣習・風習・習慣」。それらに加え、カスタムには、それ自体「ご愛顧」や「お引き立て」の意味があります。ご愛顧・お引き立てとは、いつも同じところで買うこと。それをカスタムにしていること。カスタマーはお引き立ていただいているお得意先。あるいは「ご愛顧」をいただいているお客様──このことからカスタマーは本来、「既存客」のことだとわかります。しかも、リピーター。

カスタマーという言葉は、いろいろな形容詞との組み合わせで使われます。ポテンシャル・カスタマーは「見込み客」や「潜在顧客」。トライアル・カスタマーは「試しに使っている客」。オケージョナル・カスタマーは「たまにお客さんになってくれる人」。それに対してロイヤル・カスタマーは「忠誠心の高い上客」です。

　営業の現場では「これはいけそう」という売り込み先を「ホット客」、その手前の段階を「ウォーム客」と呼んだりすることもあります。ホット客をいくつ持っているかどうかが、明日という字が「明るい日」になるかどうかを決めます。

　数字を追いかけている営業の第一線では、どうしてもホット客とウォーム客ばかりを追いかけがち。いったん売り上げができたら「釣った魚にえさはやらない」という態度も取ってしまいがちです。「それではだめです」というのがカスタマー・サティスファクション（顧客満足）の重視の考え方です。

　顧客満足を高めていく地道な努力がカスタマー・ロイヤルティーを高めます。その基盤にあるのがホスピタリティーに基づくサービスです（Hospitality, Serviceの項参照）。さらに深いところにあるのがスムーズなオペレーション（Operationの項参照）です。

　ウォームからホットへ。そしてオケージョナルを経てロイヤルへ。その1つひとつの階段を上がるためには相当な努力と工夫を要します。顧客のロイヤルティーを保ちつづけるカスタマー・リテンションも決して楽ではありません（Retentionの項参照）。

　アン真理子の歌の2番は「若いという字は苦しい字に似てるわ」。若いという字は巫女（みこ）が髪を振り乱して踊る姿からの会意（かいい）文字。苦しいという字は草冠の下に古いと書いて草の苦味から。単に似ているだけでお互いに関係はないようですが、顧客を獲得し続ける苦しさを通して企業は若さを保つともいえると思います。

> **NOTE**
>
> customer serviceは「顧客サービス」。customer satisfactionは「顧客満足」。customer loyaltyは「顧客忠誠心」。It's necessary to make the web page easier for customers to use.は「ホームページは、顧客が使いやすいように構築することが必要である」。I'm happy to say that most of our customers learn about us from word-of-mouth.は「多くの顧客が、口コミで当社のことを知ってくれるのは嬉しい」。

関連語　**Hospitality** ▶ p116, **Operation** ▶ p164, **Positioning** ▶ p176, **Retention** ▶ p196
Sales ▶ p200, **Service** ▶ p204

＞ # Delegation
[デレゲーション]

代表派遣・代表団・権限委譲・委任

送って任せる「分身の術」

語根のleg-は「任じて送ること」を意味するラテン語legareから。特に「代表として」の含意がある。接頭辞のde-は「向こうへ」。delegationはこうした歴史から、そのまま「代表団・代表派遣」を表すこともある。通信手段の無かった時代はいったん送ってしまうと権限を与えざるを得なかった。経営用語として使われるときには「仕事を委任し権限を委譲すること」となった。

　1人でできる仕事はたかが知れています。1日に使える時間は睡眠を一切しなくても24時間しかありません。ですから、いかに人をうまく使うかが、生産性を決定づけます。
　権限を他者に委譲するデレゲーションは「分身の術」ともいえます。上に立つ者がその仕事とそれに伴う権限を上手く委譲し、それを受けた人がさらに下に委譲する。その輪がつながり広がっていくと、組織は個人では到底出せない力を発揮します。
　しかしながらが、デレゲーションは口で言うほど容易ではありません。権限委譲ができない理由として次のような本音を聞きます。
　その1:「私が、この仕事を自分でやりたい」
　その2:「部下なんかより、自分のほうがうまくできる」
　その3:「細かい点まで、自分のやり方で通したい」
　その4:「自分がやらなかったら、きっとうまくいかない」
　もしそんな風に思っているのでは、未来永劫デレゲートはできないでしょう。その1の大きな欠陥は、自分がマネジャーであることを忘れていることです。その2の背後に隠れているのは、自分を部下と比較して無意識に競ってしまっていることです。その3の問題点は、自分のスタイルだけで貫き通したいと思ってしまっていることです。その4の弱点は、自分の能力に対する過大評価があることです。
　デレゲートできないということは組織力を発揮することができな

いということです。敵が「分身の術」で攻めて来たら負けるに決まっています。1人ですべてを背負いこんでシャカリキになって頑張った結果、待ち受けている当人への評価はこのようなもの。

「個人としては優秀なんだが、組織人としてはねぇ…」。

デレゲーションは、組織のレベルでも使われます。特に中枢に集中しがちな意思決定権を現場に委譲していくことです。任せれば現場にやる気があふれていいことばかり…そんなふうに思えますが、実際にはこんなぼやきがよく聞こえてきます。

「委譲されても結局、権限は増えず責任ばかり増えてしまった…」。

デレゲーションの本来の意味は「遠くへ代表団を派遣する」こと。いったんデレゲートしたら、四の五の言わず任せきり、どう応援し支援するかを考えるのがマネジャーの仕事です。

「任せ切る」という意味のデレゲーションの反対語は2つの方向で考えられます。1つは委譲したと言いつつ細々したところまで口を出す「マイクロ・マネジメント」。逆の意味の反対語は後のフォローが一切無い「丸投げ」。どちらも改善の余地がありそうです。

「任せる」には範囲があります。デレゲートする上で何よりも大切なことは、範囲を明確にすること。任されたほうが「全権委任」と大きく解釈してしまえば、行き過ぎも生じます。限定的に解釈してしまえば「任せたのに」ということになるでしょう。どこまでデレゲートしているのかは、事前に確認しておくことが肝なのです。

別の意味での反対語にあたるのはレレゲーション（relegation）。聞き慣れない言葉かも知れないですが、送っていた代表に「おまえはもうだめ、戻って (re-) 来い」ということ。「左遷」です。

マネジャーは自分自身デレゲートされてその職にあります。きちんとデレゲートできないマネジャーは、頭文字のDがRに変わって自分がレレゲートされてしまうということにもなりかねません。

NOTE

delegation of authorityは「権限委譲」。delegation of powers は「授権」。provisions for delegationは「委任規定」。The delegation departed.は「代表団は出発した」。Japan's delegation for the London Olympicsは「ロンドン・オリンピックの日本選手団」。The CEO delegated the CFO to attend the negotiation.は「CEOはその交渉にCFOを代理で出席させた」。

関連語　Assignment ▶ p030, Management ▶ p144, Power ▶ p178

Design
[デザイン]

設計・立案・予定・意匠

意を込めて意を引き出す

語根はsignareで「サインをすること」。「外へ」をあらわす接頭辞de-を伴ってラテン語designareとなり、中世のフランス語を経て英語となった。サインの意味は、現在では他の言葉designate（指名・選定）のほうにより濃くあらわれている。「設計」や「意匠」として使われているdesignはsignareがより比喩的に使われたもの。

　「デザイン」という英語のなかには「サイン (sign)」が入っています。サインは記号。動詞では署名することです。デザインは自分の思いを形に表現していくこと。そして、「これが自分の思いです」とサインをすることです。そのような語源を持つ「デザイン」には、ビジネスの文脈では大きく分けて3つの使い方があります。1つ目は「意匠」、2つ目は「設計」、3つ目は「戦略」に関係します。

　まず、スタイリングという意味でのデザイン（意匠）、(Styleの項参照)。インダストリアル・デザイン（工業意匠）とも呼ばれます。意匠にもやはり「意」という漢字が入っています。レンダリングやデザイン図面を書くことは「デザイン作業」といわれます。デザイナーの多くは美大の出身者。意を込めた作品は、たとえサインが入っていなくても気持ちの上では「サイン入り」です。

　しかし、私が尊敬するデザイナーによると、アートならともかく商品の場合は自分の意図を込めすぎると、かえって良いデザインにはならないことが多いのだそうです。むしろ、商品に語らせることが大切。「一目でそれとわかる商品」。ホンダでは、そのことを「パッと見てグー」といいます。「見ればそれとわかる」こと。自分の「意」を込めるというよりも、商品自体の持つ「意」を引き出すことが大切ということなのでしょう。

　次に、設計という意味でのデザイン。要素技術をどう盛り込むか、

全体としてのパッケージングをどうするかなど設計には色々な意図が入ります。どんなときに「設計が良い」と言われるのでしょうか。

その商品を作るうえで、何を考えていたのか、それを実現するためにどんな選択肢を検討したのか、そしてなぜそれを選んだのか――それらがきちんと説明でき示すことができるときです。つまり、意志は何で、意図は何で、意味は何か、納得のいく説明ができること。そのためには、「意」がはっきりしていなければ、話になりません。

最後に、経営戦略における使い方です。第二次世界大戦後、戦略という言葉が使われ出した当初、戦略は「デザイン」であると考えられました。ヘンリー・ミンツバーグ (Henry Mintzberg) は『戦略サファリ』においてそれをデザイン学派と呼びました。デザイン学派の前提条件は、戦略とは意図された構想であること。世界は理解できるものであり、自分が意思決定すれば世界を変えることができる――そう信じている人たちの戦略観です。

デザイン学派においては、CEOが唯一の戦略家。戦略とはトップの立場からのみ見渡せる「大局観」。戦略は社長の頭の中にあるのです。皆さんの会社の社長さんがもし「俺が『戦略』だ！」なんて冗談半分でも言われているのなら、無意識のうちにデザイン学派のものの見方をしていることになります。

ちなみに、今でもよく使われるSWOT分析はデザイン学派の産物です。この学派は今日の戦略論の発展の基礎を提供しました。

デザイン学派の弱みは、柔軟性に欠けることです。デザインは本来自由なもの。しかしながら設計変更は実際には大変な労力を要します。まして戦略においてはトップの「意」がこもっているだけに方針転換は困難。そうすると、企業が環境に適応できなくなる危険性も大いにはらんでいるのです。柔よく剛を制す。ある程度のフレクシビリティーを持つデザインが一番強いのかも知れません。

> **NOTE**
>
> computer-aided design (CAD) は「コンピュータを利用した設計」。interior design は「内装設計、インテリア・デザイン」。The unique design was the product's key selling point. は「その製品の主な売りは、ユニークなデザインだ」。The prototype of the new product is poorly designed. は「その製品の試作品のデザインは貧相だ」。

関連語　**Planning** ▶ p172, **Strategy** ▶ p210, **Style** ▶ p214

Development
[ディベロップメント]

開発・発展・展開・育成・発達

包みを開いて良さを引き出すこと

語根のvel-は「包む」「くるむ」「覆う」を意味するラテン語の動詞velareがルーツ。「元に戻す」という意味のdesをあらわす接頭辞のde-と組み合わさって「包みを広げて解く」意味となる。包みを開けて、もともとある良いものを引き出すのが含意。「発見」を表すdiscoverがcoverを取る意味であることとも似る。逆に「中に包む」はenvelop。その名詞は「封筒」のenvelope。

　人の成長を側面から支援するのが「ディベロップメント」です。ビジネスの中でも最も人間的な活動ということもできるでしょう。
　ディベロップの対象は、人材・リーダーシップ・キャリア・組織など。人材は「開発」されたあと「発達」「達成」し「成熟」します。組織とキャリアは「開発」され「発展」し「展開」します。
　ここで何か気づきませんか。これらは「漢字しりとり」になっているのです。まさにこの感じ——しりとりしながら木が枝を伸ばすように広がっていくことが、ディベロップメントです。
　この2つのしりとりの根っこにあるのが「開」です。ディベロップの反対語はエンベロップで、その名詞形がエンベロープ（封筒）。ディベロップとは封を開けて、包みを解いてあげること。その人が本来持っている良さを見つけて引き出して伸ばしてあげることです。
　「発」には2つの意味があります。「始めること」（発進）と「見つけること」（発見）。発見され発進するのはもともと中にあったもの。ディベロップできるものは、もともとその人が持っていたものでしかあり得ません。それを誰かが「開けて・開いて」「見つけて・始めて」あげることによってディベロップは始まります。
　ディベロップメントは「発散」。それに対してマネジメントは「収束」。このことは、肥料をやり、水をやり、良い枝を伸ばしつつ、必要に応じて間引いたり枝を剪定（せんてい）したりする庭木の手入れとそっく

りです。この2つは互いに牽制しつつも、補いあっています。

「組織開発」は、第2次世界大戦の終戦直後からの長い歴史を持つ伝統ある分野です。移民の国であり個人主義の文化を背景に持つアメリカでは、ある程度意識的に「組織」に手を加えたり水や肥料をやったりする必要があったのではないかとも考えられます。

日本では「組織改革」という言葉が頻繁に使われます。組織改革には、どちらかといえば大きな1回きりの大転換であるかのようなニュアンスがありますが、本来「組織開発」は植物の水やりのように定常業務として継続的に行うべき仕事です。少しずつの変化でも、蓄積すると大きな変化となります。そのことが環境に対する適合性を高め、結果として継続性のある競争優位の源泉となり、本当の意味での差別化要因となるのです。

人材のディベロップメントを仕事として行っているのが人材開発部。かつては教育課と呼ばれ人事部の1つの課であることが多かったのですが、最近では人材開発部と名を変えて地位は上昇し、伝統的な人事部と肩を並べるようになりました。その責任者は最高学習責任者（CLO）とも呼ばれます。

組織にとって従業員の育成は家族にとっての子供の育成と同じくらい本質的であり「コア中のコア」。ディベロップメントを真剣に行っているかどうかは、その企業が真剣に「ひとづくり」に取り組んでいるかどうかの指標であると私は思っています。

ディベロップメントはマネジメントとセットです。育みつつ管理すること、管理しつつ育むこと。生命はカオスの淵のぎりぎりのところに生まれます。発散と収束が微妙なバランスを取るところに「生」が生まれます。「もっと伸ばす」ディベロップメントと「きちんとする」マネジメントのバランスを取ることは、およそ命あるものとつき合うときに必須である――私は、そう思います。

> **NOTE**
>
> development bank は「開発銀行」、developing countries は「開発途上国」。muscular development は「筋肉の発達」。career development は「キャリアの展開・開発」。leadership development は「リーダーシップの開発・育成」。research and development は R&D と略され、「研究・開発」のこと。

関連語　**Management** ▶ p144

Differentiation
[ディファレンシエーション]

差別化・差異化・微分

分かるように差をつけること

接頭辞di-は「遠くへ」。語根ferは「運ぶ」。もとのラテン語はferre。そこから「遠くへ運ぶ」を意味するdifferができ、その延長線上に「違い」を意味するdifferenceが生まれた。「違いをつける」ことはdifferentiate。名詞のdifferentiationは一般的には「差異化」だが、生物では「分化」、数学では「微分」。経営用語としては「差別化」の訳語が定着している。

　戦略論の大家であるマイケル・ポーター（Michael Porter）の人気が高い理由の1つは、ズバッと言い切るところにあります。曰く、競争に打ち勝つ基本戦略には3つしかない。コスト・リーダーシップ戦略、差別化戦略、さもなければ集中戦略である——。「差別化」は、戦略論におけるキーワードです。
　マーケティングの大御所フィリップ・コトラー（Philip Kotler）においても「差別化」はキーワード。ポジショニングにより差別化を行い、製品により差別化を行い、外観などで物理的な差別化を行い、ブランドで差別化を行い、リレーションシップで差別化を行います。
　この背景には、違うことは良いことであり、むしろ違いがなければならないというアメリカ文化の影響があったのかも知れません。人と違うことが良しとされなかった日本においては、「差別化」という言葉はなおさら革新的な意味を持っていたように思います。
　時速数百キロの飛行機や新幹線に乗っていても、同じ速度で走り続けている限り、「速い」とは感知できません（もしそれを感じることができてしまうのであれば、1日1回転する地球の自転にすら目が回るはずです）。車のアクセルをぐっと踏み込んでドライバーズシートにぐっと背中が押しつけられて「G」を感じる時に、はじめて「速い！」と実感します。人が感知出来るのは「差」だけです。
　差に着目することは、数学でいえば「微分」。人が速さを感じる

センサーは速度を微分した加速度についてのみ働くのです。

トヨタにおける「カイゼン」も、ある種の微分であると私は理解しています。昨日と同じことをしていたのでは仕事をしたとはみなされない。仕事をするということは、前よりどれだけカイゼンしたかである…。これはつまり加速度で仕事を測っていることになります。「速度」で仕事をしている企業とはあっという間に差がついてしまい、その差は永久に拡がっていきます。トヨタの真の強さは、この仕事の「微分化」ともいえる姿勢にあると私は思っています。

言葉にとっては「差異」が大切。たとえば「男」という単独の言葉では、何も意味することができません。他の言葉（この場合「女」）との差があって初めてそれが何かを意味することが可能。あるいは「男性」や「雄」とはどう違うのか。微妙なニュアンスの違いを積み重ねていって初めて私たちは「それが何か」がわかります。わかるとは、分かり、解り、判ること。違いを理解することなのです。

似たものとの微妙な差異を重ねていく過程で「意味」が立ち現れます。言葉を理解する方法は、似た言葉との守備範囲やニュアンスの違いを理解し、微妙な差異を積み重ねていくことです。「分かる」「解る」「判る」も微妙に違います。ディファレンス（違い）の同義語には、ディスクリミネーション（区別）やディスティングウィッシュ（区分）があります。これらは微妙に、しかし本質的に異なります。

微分をあらわす数学の記号"d"はディファレンシエーションの頭文字。ついでに言うと関数の"f"はファンクションの頭文字。虚数の"i"はイマジナリー・ナンバーの頭文字。日本の学校教育では「ごちゃごちゃ言わずにとにかく覚えろ」という態度ですが、それぞれ「差異のd」「機能のf」「想像のi」と分かれば、「なるほど」と理解できます。

そして「差異(d)」であり「機能(f)」であり「想像の産物(i)」であるもの——それこそ言葉なのです。

> **NOTE**
> achieve product differentiationは「商品差別化を実現する」。competitive differentiation through product innovationは「プロダクト・イノベーションによる競争力のある差別化」。discontinue product which has little product differentiationは「製品差別化がほとんどない商品をやめる」。cell differentiation in the developing embryoは「発育中の胚における細胞の分化」。how to develop yourselfは「あなた自身を成長させる方法」。

関連語　**Cost** ▶ p060, **Function** ▶ p102, **Innovation** ▶ p124, **Positioning** ▶ p176
Relationship ▶ p192, **Strategy** ▶ p210

Diversity
[ダイバーシティー]

多様性・相違性

向いている方向がまったく異なること

語根vert-のもとは、「回る・変える」を意味するラテン語のvertere。「離れて」を意味する接頭辞di-を伴って、diverseは「それぞれがあちこち違うほうを向くこと」。その名詞がdiversity。vert-を含む英語には、avert（回避する）、controvert（反駁する）、convert（改宗させる）などがあるが、「回」「反」「改」の漢字の中に語源vertereの含意は明瞭に残っている。

「バラエティーは人生のスパイス」——これはアメリカ人の好む言葉です。何ごともオプションから自分で選び取っていくというのは、アメリカ人が幼稚園児の頃から鍛えられている思考方法です。おやつ1つとっても、数多くの選択肢の中から自分の意志で選ばなければなりません。「全員がビスケット」の日本とは好対照です。

職場での「人材の多様性」について議論するときには、バラエティーは使わず「ダイバーシティー」を使います。この2つの言葉は何がどう違うのでしょうか。

友人のアメリカ人に聞いてみたところ、こんな答えでした。

「バラエティーはそれほど違わないものが色々あること。好みに応じてって感じ。ダイバーシティーのほうは根っこから違うこと」

バラエティーは「色々」といっても「色合いが違う」程度。それに対してダイバーシティーは「生きる原理が違う」「文化的大前提が違う」など、根本から異なる——そんな感じの言葉であるようです。「さまざま」のあり方も、またさまざまである、ということです。

ダイバーシティーの考え方はアメリカ発のもの。当初は弱者救済のニュアンスがありました。特に女性や人種的マイノリティーが採用や昇進で受けていた不利な取り扱いを正していこうという話でした。ダイバーシティーの議論をする際の「違い」は、性別や人種だけではありません。年齢・経歴・宗教・性的嗜好性・障害の度合い。

あらゆる「多様性」を積極的に尊重し、それぞれの能力をフル活用することこそが重要であるという認識は年々強くなっています。この背景には、外部的な要因と内部的な要因があります。

外部的な要因としては、アメリカ社会のダイバーシティーが挙げられます。会社は社会を写す鏡。社会の多様性が高ければ多様性のある企業ほど受け容れられやすいという事情が考えられます。

内部的な要因としては、多様性のある組織こそが画期的な商品を開発したり新しいアイディアを生み出したりできるということがあります。また、多様性の高い組織のほうが環境変化に対して強いことが確認されてきたことも理由だと思います。

テレビの番組や映画には、社会の持つ大前提が無意識に反映されます。『ウルトラマン』(1966年放映開始)の「科学特捜隊」では、メンバー6人に対して女性はフジ・アキコ隊員1人。1975年から始まった『秘密戦隊ゴレンジャー』でも5人の組織に対して女性はモモレンジャー1人のみ。現在であれば、ロクレンジャーにして男女半々、うち1人ずつは日本人以外、といった配慮をするに違いありません。映画の007も、1995年の『ゴールデンアイ』からは英国情報部上司の「M」はジュディ・デンチ扮する女性です。

ダイバーシティーに対して企業はどのような反応をするでしょうか。違いを受け容れようと努力するかも知れません。消化不良を起こすこともあるでしょう。でも、ビジネスのグローバル化が急速に進む中で企業が変化対応力を高めていくためには、従業員が違いを楽しみ、違いの中から互いに学びあうことしかないと思います。

ダイバーシティーは世界中のトレンドですが、何ごとにも例外はあります。ダイバーシティーなんて要らないといっている文化圏もあります。そのような例外自身をダイバーシティーとして認めるべきなのかどうか——これは実に難しいパラドックスです。

> **NOTE**
>
> diversity of opinionは「意見の多様性」。take diversity into accountは「ダイバーシティーを考慮に入れる」。diverse possibilitiesは「さまざまな可能性」。Great diversity of species of our planet is under threat.は「私たちの地球の種の豊かな多様性が危機に晒されている」。

関連語　**Culture** ▶ p064, **Global** ▶ p110, **X-culture** ▶ p248

Domain
[ドメイン]

領土・分野・範囲・ビジネス領域

自分が戦う土俵

ラテン語のdominium は「財産」。皆でそれを共有するとcondominiumとなり「共同住宅」を意味する。dominusは「領主」や「主人」。そこから、「支配（力）」や「統治（力）」を意味するdominionという言葉が生まれた。語根のdom-には「自ら支配できる場所」の含意がある。そこからdomainは「支配や統治の及ぶ範囲」。転じて「自ら規定する活動の分野や領域」をあらわす。

　ドムは「わが家」。ドメスティックは「わが国の」。ですから、ドメインは、一般的な用法としては「自国の領土」。そこから比喩的に、「自分の領域・範囲・分野」などを意味します。自分たちにとっての「ホーム・グラウンド」です。

　ビジネスの用法では、「企業ドメイン」と「事業ドメイン」があります。国の領域が決まるところに国境があるように、ドメインを決めることは「自」と「他」の間に線を引くことです。

　「企業ドメイン」は、企業がビジネスを行う領域のことです。つまり「私たちはここで戦う」という事業領域を定めて線を引くこと。裏を返せば「ここでは戦わない」という領域を同時に定めていることになります。単なる現状の記述ではなく「目指す世界」を含むものです。これから優位性を築き上げるための「自分が戦う土俵」を決めることです。「事業ドメイン」も、基本的には同様です。自分たちのビジネスは、どの顧客に対して、どのような価値を提供していくことであるかについて、線引きを行うことです。

　なぜドメインの設定が必要なのでしょうか。それは、土俵があってこそ方針が決まるからです。ドメインを定めることは、それ自体戦略的意思決定。そして、他の戦略的意思決定を行う上での前提となります。戦いの場を決めた後で初めて、経営資源の集中的な投下をどこに行うかを決めることができるからです。ドメインが明確で

あれば、無意味な多角化に走ることを避けることもできます。結果として将来へ向けての展開の方向を明確に示すことができます。ドメインを経営者と社員が了解し合えば、ベクトルが揃って強い推進力が生まれます。

　ドメインを決める際には、次の3つを考慮する必要があります。

　第1に、市場・顧客・ニーズの側との整合性です。そのドメインに市場規模は十分あるのか、今後伸びるのか、顧客はどのようなニーズを持っているのかといったことです。

　第2に、自社の強みとの整合性です。そのドメインでは「自社ならでは」の強みを活かすことができるのか、社内外で「自社らしい」と思ってもらえるのか、「自社が強い」とされている要素技術、既存の製品・サービス、築いたネットワークなどが活かせるのか。そのような闘いに対する明確な答えを用意しておくことです。

　第3に、競合他社との関係です。素晴らしいドメインであっても、もし競合他社と完全にカブっているのであれば見直しが必要かも知れません。ドメインの設定は差別化戦略でもあるからです。

　事業ドメインを設定する際には考慮すべきことがあります。まず、間口の広さ。広すぎて曖昧なものは意味がありませんし、さりとて設定が狭すぎれば戦略的自由度を奪ってしまうことになります。次に、時間軸。今いる領域を記述するのでは自己肯定になってしまいます。近未来にどう展開したいのか、方向を示す適切な広がりを持つことが大切です。最後は、現実性。ドメインは未来を含むといっても単なる理想や夢ではありません。現実を踏まえながら「あることができる・ありたい・あるべき」の3つが満たされるように描くことが必要です。

　ドメインは、自分で決める土俵です。そして「私は何者か」に対する回答なのです。

NOTE

Without knowledge of business domain, it is difficult to understand the business goals and requirements. は「ビジネスのどの分野で勝負するかがわかっていなければ何が目標で何が必要かわからない」。We hope to develop the business domain of high-end products. は「私たちとしては高級製品の事業ドメインを伸ばしていきたいと思っている」。江戸時代の藩にはdomainの訳をあてる。Choshu Domainは「長州藩」。

関連語 **Business** ▶ p036, **Customer** ▶ p066, **Differentiation** ▶ p074, **Line** ▶ p142
Market ▶ p146, **Network** ▶ p158, **Strategy** ▶ p210, **Value** ▶ p238

Education
[エデュケーション]

教育・学校教育・育成

導き出すこと

ラテン語のducereは「導く」。そこから語根のduc-/duct-ができ、接頭辞との組み合わせで重要な用語群を作り出している。conductorは「指揮棒で演奏者を共に導く人」。producerは「プロダクトを創るべく前に向かって導く人」。educatorは「外に向かって資質を導き出す人」。inductionは「個別から一般的結論を導出する帰納法」。deductonはその逆の「演繹法」。

「教育」を表す英語にはエデュケーション、スクーリング、トレーニング、ティーチングなどがあります。それらはどう違うのでしょうか。なぜ日本企業では「教育訓練」という言い方をするのに、英語ではトレーニングを使い、エデュケーションを使わないのでしょうか。

「トレーニング」のもとは引きずることで、「トレイン」つまり列車と同根です。列車は牽引する機関車だけが動力を持ちます。客車や貨車は引っ張られているだけで、レールの上を外れないようについて行くことだけが求められます。それがトレーニングの含意です。

「エデュケーション」は「人材が既に持っている才能を外へと導き出す」ことです。その意味では「もともともっているものを開花させる」という意味のディベロップメントと近いともいえます。しかし、ディベロップメントが職場などさまざまな場で行われるのに対してエデュケーションは基本的に「スクールでの教育」。教育は「学校」という、ある種の特殊な場所で行われることがその本質です。

スクールの元となった「スコラ」はもともと「暇」のこと。その後、哲学の「スコラ派」ができ、学校とも学派とも訳される「スクール」ができました。それを行うことが「スクーリング」です。

英語の感覚では「忙しい」ビジネス(Businessの項参照)を行っている企業は「暇な」スクールではありません。学校を想起させるエ

デュケーションを使わないのはそれが理由かも知れません。それに対して、日本では企業はある種の学びの場でもあると考えられており、「教育」はさまざまな場で行われることを前提としています。「企業教育」という言葉に違和感がないのはそのためでしょう。

小塩隆志は、かつての日本企業は人的資本の蓄積装置として機能してきたとして、次のように指摘しています。

「日本企業が従業員に蓄積させる人的資本は、あくまでも自社にとって役立つ企業特殊的 (firm-specific) なもので、従業員が転職すればその価値が急速に低下するようなものだった。日本企業は、その意味では、なかなか効率的な教育機関だった。そして、日本企業が教育機関としてきちんと機能していたからこそ、大学生は遊ばせていてもなんら問題はなかったともいえる」

なかなか痛烈です。が、過去を振り返れば当たっていると言わざるを得ません。企業の「変わらないDNA」、つまりスタイルやカルチャーを伝えていくのは、企業における教育の1つの重要な機能でした。それは今後どうなっていくのでしょうか。

人材が企業を移ることも珍しくなくなると、人的資本の内容はより一般的で汎用的なものに変わります。そうすると「教育にかけた費用がどこまで収益を生み出すかという、人的資本論的な発想で教育需要が決定される」(小塩隆志) ことになります。戦力の高い人材に投資して活用してこそ企業の競争優位性は高まります。人的資本を尊重することは、即ち人材育成投資なのです (Capitalの項参照)。

そのような投資の典型はMBA教育。教育にかけたコストを上回るリターンがあることを証明する必要があります。リターンは給与が上がる仕事の機会だけではなく、ネットワークなどの目に見えないものを含んでいますが、それらを含めて「元を取れるかどうか」が問われるのは間違いありません。

> **NOTE**
> elementary educationは「初等教育」。primary educationとも言う。humane educationは「人格教育」。education assistanceは「教育支援」であるが実際には奨学金(scholarship, financial aid)の別称であることが多い。The education that is necessary to work in an industry is called technical education. は「産業で働くために必要な教育はテクニカル・エデュケーションと呼ばれる」。

関連語 **Business** ▶ p036, **Capital** ▶ p038, **Culture** ▶ p064, **Network** ▶ p158, **Style** ▶ p214

Elite
[エリート]

精鋭・選ばれた者

選り分けられて残った人

eligereは「選ぶ」を意味するラテン語。「選挙」のelectionも、「選ばれた者」を意味するeliteも、この語源から生まれた。選別の基準は、時代や地域によって異なる。あるときには身分や血統、あるときには学歴。近代社会では知的エリートという文脈で多用され、学歴や資格に関連して使われることが多い。

　エリートという言葉は、どうもあまり良い印象をもたれていないようです。「選ばれし者？　エラそう」「特権階級。嫌なやつ」「ナチスの選民思想を思い出しますね」。

　エリートのもとの意味は「選り分けること」。厳しい選抜とハイレベルな特殊専門教育によって何度もふるいにかけられた「選りすぐり」です。エリートは特訓を受けますが、まずはその特訓に資するかどうかが試験によって選ばれます。そして特訓自体も選別の過程です。「人は平等である」という思想の反対側に位置しているかのような言葉。ほとんどの人はエリートでないという事実を考えると、この言葉が敬遠されるのもある程度は仕方ないかも知れません。

　日本では、エリートの概念は教育の文脈に限定して使われてきました。日本の大学入試は身分や出身によらず成績だけで選別する制度でしたから、エリートは「秀才」と同義になりました。

　それに対してアメリカでは、「パワーの行使について独占的な影響力があるのは、経済・政治・軍事の3つのパワー・エリートだ」という表現にみられるように、より広い文脈で用いられます。フランスでも、エリートは教育のみと直接関係する言葉ではなく、「支配的ポジションにある層」を意味します。

　エリートの「選別」そのものが悪いとはいえません。企業の場合は、シニア・マネジメントの椅子の数は限られており、全員を昇進させるわけにはいかないからです。

エリートは「精鋭」でもあります。言葉をほんの少し変えるだけで印象は変わります。アメリカの企業ではエリートが名前を変えて再登場しました。それが「ハイポ (high-po または hipo)」です。これは、ハイ・ポテンシャルズの略で、成長する可能性が高いとみなされ、将来を嘱望される若手の人材のこと。集中的に投資を受けて経験を積んでいく選抜組です。

それではエリートとハイポの違いは何なのでしょうか。エリートは「選ばれし者」。選ばれ終わった者です。つまり「決定済み・現在完了形・見直しなし」。それに対して、ハイポが意味するのは「これから大きく伸びる可能性」。「未決定・未来形・見直しあり」です。人間の器量としてのポテンシャルを認めて組織の将来を託したい、という希望的なニュアンスを持つ言葉です。

一方、選ぶこと自体についても新しい概念で整理されました。エリートは「早期選抜」されていましたが、ハイポは「早期発見」されます。そしてハイポの名簿と評価は定期的に更新されます。

企業では、いかに若手のハイポを早いうちから探し出していくかは経営の重要なテーマとなっています。ハイポには、他の部署、海外オフィス、あるいは子会社のトップなどさまざまな仕事を与えて視野を広くさせていきます。日本の会社が行っているジョブ・ローテーションと本質的に変わるところがないようにも見えます。ただ日本の人事異動が全員を対象とするのに対して、欧米のグローバル企業ではハイポを中心とする点が異なります。

ハイポには次々と大きなチャンスが訪れますから、結果としてエリートになっていく可能性はとても高いのです。しかし、ハイポは未来形の選抜。そこが、過去形や現在完了形の選抜であるエリートとの大きな違いです。

NOTE

the elite of society は「社会の名士」。power elite は国家・軍部・企業などで権力を握り社会の支配的な地位にいる者。specially trained elite unit of the United States Army は「アメリカ陸軍のうち特訓を受けた精鋭部隊」。On the whole, the elite are not sensitive to criticism. は「総じてエリートと呼ばれる人たちは批判に対して鈍感である」。

関連語 **Education** ▶ p080, **Meritocracy** ▶ p152, **Power** ▶ p178, **Title** ▶ p228

Employability
[エンプロイアビリティー]

雇用される能力

どこでも通用力

個人の能力に関する比較的最近の用語。「雇用する」を意味するemployにableがつくと、従業員が「他の組織でも雇用されうる」ことを意味する。employabilityはその名詞形である。「どこでも通用する能力」である。従業員側の能力であるemployabilityの対概念は、企業組織側の能力であるemploymentabilityで、「優秀な人材を雇用できる能力」を意味する。

　エンプロイアビリティーという言葉は、直訳すれば「雇用され得る能力」のことです。「社外でも通用する力」「労働市場でのマーケットバリューを維持する力」を意味します。1990年代に欧米を中心に使われるようになり、日本にもほどなく輸入されました。
　「あなたは従業員のエンプロイアビリティーを高めてあげたいですか？」と企業の幹部に聞くと「それは困る。辞められてしまうと困るから」。そう答える人に「あなたは自分のエンプロイアビリティーを高めたいですか」と聞くと「もちろんです」。
　伝統的に日本の大企業は、雇用を何とか守ろうと努力してきました。しかし、世界的な不況の中で経営環境が不透明さを増して雇用を守ることが難しくなると、急に「社員には自立性・自律性が大切です」と言うようになりました。日本において、エンプロイアビリティーという言葉は、そのような文脈で使われるようになったという経緯があります。いよいよ企業がリストラクチャリングを進める必要が迫った時に、「会社は社員の人生の面倒を丸ごと見ることはもう出来ません、自立して下さい」というメッセージだったのです（Restructuringの項参照）。
　エンプロイアビリティーは、それまでの人事制度全体の底流にあった従業員の囲い込みとはまったく逆のコンセプトです。しかし、外部でも求められる人材に仕立て上げれば、即人材の流出につなが

るのではないか——それは当然懸念される問題点です。人材流出を招くとわかっていながら教育投資を会社主導で行う必要はないという意見が出るのはむしろ自然です。

しかしながら、実際には「エンプロイアビリティーを高めてくれる企業」と「高めてくれない企業」のどちらに社員は留まろうとするでしょうか？

エンプロイアビリティーをつけさせてくれる企業で働き続けると、他社でも通用する力（＝社外価値）は日に日に高まっていきます。それを感じている人材は、その企業を去ろうとするでしょうか。答えはノーです。その会社での日々の経験によって能力と価値を高めていくことができると知っている従業員は、その組織で成長できる限りにおいては、もっと留まろうとします。

また、エンプロイアビリティーを与えることのできる企業からの人材の供給は、上記の理屈上、多くないことになります。数の上で希少性があるため、いよいよ価値が増していきます。

企業にとって、どれだけ有能な人材を引き止めておくことができるか、つまり定着率を健康なレベルで保つことは重要な課題です。定着といっても、本音を言えば有能な人材だけでのリテンション（Retentionの項参照）で良いのですが、どうすれば各企業はそれを高く保つことができるでしょうか。

その答えは、「エンプロイアビリティーのパラドックス」の中にあります。他社にいつでも行ける社外価値を高めてくれる組織であればあるほど、むしろ従業員は定着する。しかも、知識社会において必要とされる有能な人材に限って企業が人材の囲い込みを行うのではなく、エンプロイアビリティーを高めることによるリテンションを図っていけば、企業にとっても成長を望む個人にとっても真にwin-winの状態になると私は思います。

NOTE

employability of university graduatesは「学卒者がどの程度就職できるか」。a range of employability skillsは「就職できるためのさまざまな能力」。three steps to enhancing your employabilityは「あなたのエンプロイアビリティーを高めるための3つのステップ」。The employability profiles list the skills you need to develop.は「エンプリアビリティー・プロファイルには、あなたが開発する必要のあるスキルがリストされている」。

関連語　**Market** ▶ p146, **Restructuring** ▶ p194, **Retention** ▶ p196, **Value** ▶ p238

Engagement
[エンゲージメント]

約束・契約・婚約・雇用・交戦

互いの固い約束

接頭辞en-は「すること」、gageは「固い約束」あるいは「約束のしるし」。古いフランス語ではengageは「約束のもとにあること」を意味した。そこから、engageは「お互いに固い約束を交わす」ことを意味する英語となった。受け身表現のengagedは「婚約している」状態も表すが、「予定が入っている」意味ともなる。「先約」はprior engagement。

　エンゲージメントは、「互いの固い約束」。日本で、この言葉の最も一般的な用例は婚約の時に交わすエンゲージメント・リングでしょう。

　21世紀に入ってから、この言葉はマネジメントの分野でもよく使われるようになりました。「組織に対する愛着心」と訳される場合もありますが、少しニュアンスが異なります。愛着心は片思い。個人が組織に持つ忠誠心も一方的。それに対して、エンゲージメントの本質は、固い約束を「互いに交わし合うこと」。個人が組織のゴール達成に向けて努力をすることと、組織が個人の自己実現に向けて支援することが、相互に「嚙み合うこと」です。

　エンゲージメントの本質は「互酬性」。「互」という漢字は、2つのものがきちんと嚙み合っている様子をあらわしていますが、まさにそのような関係がこの言葉のこころ。ですから、この言葉が仕事と結婚の両方の場面で使われるのは自然です。同時に2人の相手と結婚することはないし、2つの会社に就職することもありません。排外的で独占的。その代わりに互酬的です。

　それに加えて、エンゲージメントに込められている気持ちは「愛情の証(あかし)」です。エンゲージメント(互)のためには証拠を積み重ねていく必要があります。相互に努力し、それを証明し続けることが必要です。

最近では経済成長著しいインドのマネジメントも注目されるようになりました。インド式経営での中心的な概念が「ホリスティック・エンゲージメント」。ホリスティックは「全体的」あるいは「全人的」ということです。「従業員と組織が相互に全体として強く関わり合い、そのこと自体が全体性を構成している状態」と考えることができます。

ただし、全体のためには個人が犠牲になってよいとする全体主義とはまったく異なります。個人の側からは全人格的に会社に関わり、会社の側は組織をあげて個人に関わる——それが、ホリスティック・エンゲージメントの真の意味です。

繰り返しになりますが、エンゲージメントの本質は「互」。社員は企業に貢献を誓うと同時に、企業は社員を支援し貢献に報いることを誓い、それを実行します。その過程で企業と社員が相互に信頼関係の絆で結ばれていきます。

エンゲージメントが成立している状況では、従業員は「もっと職場を良くしたい」という自発的な貢献意欲が生まれると共に「もっと成長したい」という前向きな気持ちが高まります。そうすると従業員にフリー・ライドしたいという欲求はなくなり「協力することでその両方を実現したい」という意欲が生まれます。エンゲージメントは内発的モチベーションを飛躍的に高めると考えられるのです。

コミットメントは、熱い志であると同時にゲーム論的にも説明できる醒めた側面があります（Commitmentの項参照）。それに対してエンゲージメントは、あくまでも背後に情愛を持つ固い約束を基本としており、ゲーム論的なものではありません。むしろ宗教的ですらあります。エンゲージメントが高まると従業員のモチベーションが非常に高くなるのは、この情愛や信頼をベースとした相互性が理由であると考えられます。

NOTE

I am afraid I may not be able to attend the meeting due to a previous engagement with one of my customers. は「申し訳ないのですが顧客との先約がありまして会議に出席できないのです」。previous engagementは「先約」。dinner engagementは「夕食の約束」。break off an engagementは「解約する（または破談にする）」。ただし、a military engagementは「武力衝突」の意味になるので注意が必要。

関連語　**Commitment ▶ p042, Game ▶ p106, Trust ▶ p232**

Entrepreneur
[アントレプレヌール]

起業家・企業家

つかみとる者

19世紀にフランス語のentrepreneurから借りてきた英語。ラテン語のprehendereは「つかむ」こと。「間の」を意味するentreを伴って変化したentreprendreは「中に入って自らつかみ請け負う者」。それが「興行主」を経て「大企業でマネジメントを託された企業家」となり、今では「起業家」となった。企業や事業を意味するenterpriseも同根。

　アントレプレヌールは「起業家」。因習的な考えに縛られることなく、リスクを恐れず新しい事業を興す人。新しい世界を切り拓く人。古くはトーマス・エジソン（Thomas Edison）から、グーグルの2人の創業者セルゲイ・ブリン（Sergey Brin）とラリー・ペイジ（Larry Page）まで、まったく新しいアイディアで世界を変えてきた人たち。私の記憶では、日本ではアントレプレヌールという言葉は1990年代の後半、特にITを中心として起業がブームになったときから盛んに使われ出しました。

　アントレプレヌールは、ベンチャー起業家を含みますが同義ではありません。当初は「起業家」ではなくて「企業家」でした。もともとは「中に入ってつかむ者」。さまざまな危険にもかかわらず、財産と命を賭して世界から商品を買いつけて母国に運んだ仲買人。

　ですから、企業の創業者であってもアントレプレヌールでない人もいますし、大企業にいてもアントレプレヌールシップを持つ人はいます。この言葉が真に意味するのは、ベンチャー企業の創業者であれ、大企業の経営者であれ、「リスクを取ってビジョンを持って企業や社会に変革をもたらす者」ということです。

　アントレプレヌールシップは、「起業家精神」。リスクを恐れず世界を変えていこうとする起業家のあり方。あるいはそのスピリットです。

戦略論の大御所ヘンリー・ミンツバーグ（Henry Mintzberg）は、『戦略サファリ』で戦略を10の学派に分類しました。「アントレプレヌール学派」はその中の1つ。この学派にとって、戦略は従来のように戦略の専門家によって分析され提言されるのではなく、ビジョンにあふれるリーダーが作り出すもの。戦略は、外部環境や市場の動向にかかわりなく、アントレプレヌール自身の中にあるとする立場です。

ベンクト・カーレフ（Bengt Karlof）はアントレプレヌール的リーダーによるストラテジーは次のようなものだと説明しています。

「戦略策定は、企業家的リーダーの胸三寸で描かれる半意図的行為である。体験と洞察によって会社の進路についてのシナリオが作成可能になる。ビジョンは、個々の決定を下し、計画をつくり、行動に移していく上での母胎となる。形式にとらわれず個人の色合いが創造性と柔軟性につながる」

優れたリーダーの卓越した人間的能力、特に方向性を見極め指し示すビジョンこそが決定的であるというのです。ビジョンは、分析よりも直感など深遠な能力に依存します（Visionの項参照）。ビジョナリー・リーダーであるアントレプレヌールは、物事を新たなパースペクティブから見るだけでなく、「見せる」ことができます。イマジネーションが豊富なだけでなく、それを「伝える」能力があるのです。

ミンツバーグ自身、戦略論の研究者の中ではアントレプレヌール的であったと私は思います。ミンツバーグは2003年のフィナンシャル・タイムズにおいて、「偉大なるマネジメントの偶像破壊者」と呼ばれました。ミンツバーグは、既存のグル（強い影響力を持つ指導者）たちによる戦略論を相対化してみせました。それが「偶像破壊」と呼ばれる所以（ゆえん）です。ただし、今ではミンツバーグ自身がグル。歴史とは、そういうものかも知れません。

> **NOTE**
>
> My dream is to become a successful entrepreneur. は「起業家として成功するのが私の夢です」。The entrepreneurial spirit isn't just about money. は「起業家のスピリットは必ずしもお金についてばかりではない」。How can I think like an entrepreneur? は「起業家のようにものを考えるにはどうしたらよいか？」。

関連語　**Innovation** ▶ p124, **Strategy** ▶ p210, **Vision** ▶ p240

Equity
[エクイティー]

株式・資本の部・公平・公正

等しいこと

語根equ-は、「等しい」を意味するラテン語aequalisをルーツとする。最も端的な例はequal。equinoxは昼夜の時間が等しい「春分の日」と「秋分の日」。equatorは北極からと南極からの距離が等しい「赤道」。equilibriumは「平衡」。一般用語としてのequityは「公平」あるいは「公正」。反対語の「不平等」はinequity。「公平な」はequitable。

　株式には3つの英語があります。エクイティーとシェアとストック。意味は重なり合っていますが、微妙にニュアンスが異なり、それぞれ株式の持つ3つの顔を示しています。

　エクイティーは「公平・平等」。1株の権利はみな同じであるということを示しています。バランスシートで「資産の部」から「負債の部」を引いた残りつまり「資本の部」を表す英語でもあります。「エクイティー・キャピタル」は自己資本。

　シェアは「割合・分有」。マーケット・シェアやシェア・ハウスと同じ。株式を持つ割合に応じて会社を保有していることをあらわします。「アーニング・パー・シェア（EPS）」は1株あたり利益。

　ストックは「在庫・蓄積」。フローと対比される概念です。株券そのものも意味するストックは、会社の資産に対する持ち分ですが、同時に自分の資産であることを示しています。できればすくすく育ってほしい「株」です。「ストック・オプション」は、会社のメンバーが、前もって決められた価格で自社株式を購入できる権利です。

　エクイティーは、人材マネジメントの分野でも使われる言葉です。エクイティー理論は、数あるモチベーション理論の中の1つで、人間のモチベーションは「他の人と比べて公平である（と認識される）かどうか」に大きく依存していることを示しています。

　エクイティー理論はジョン・ステイシー・アダムス（John

Stacey Adams）らによって提唱されました。この理論では、インプットとアウトカムを想定します。「こんなに○○したのに、この程度の□□か！」という構文において、○○に入るものがインプット、□□に入るのがアウトカムです。

典型的なインプットは、配分した時間や努力あるいは資源です。コミットメント（Commitmentの項参照）、ハードワーク、一所懸命さ、柔軟な対応、我慢、犠牲、情熱、信頼——そのようなものもインプットです。それに対して、アウトカムは、給与、報酬、福利厚生、使える経費、刺激、認知、評判、褒め言葉、感謝など。

人間はインプットとアウトカムのバランスを考えます。そして、アウトカムが十分でないと感じたらどうするでしょうか。もっとアウトカムをもらえるようにさらに努力しますか。多くの人は、インプットを減らすことを考えるのです。「バカらしくてやってられない！」。そう感じてしまうとモチベーションは急激に下がります。

しかも、人間はいちいち他人と比較します。自分のアウトカムとインプットの比率と、他人のアウトカムとインプットの比率を比較して、前者より後者のほうがずっと高かったらどう感じるでしょう。他人のほうが自分よりずっと「上手くやっている」ことがわかったらどんな気がするでしょう。「やってられない！」と思うはず。

すると、どのようにしますか。きっとインプットを減らして気持ちのバランスを取ろうとするでしょう。エクイティー（公平性）の認識を持ち「あほらしさ」から逃れるために、自分のインプットを小さくして調整するのです。それほど熱心には仕事をしなくなったり、比較の対象を変えたり、会社を辞めて比較されることからリタイアしたり。それほどまでして、人間は自分のインプットとアウトカムの比率と、他人のそれとがほぼイコールになるようにするのです。人間は、エクイティーには実に敏感なのです。

NOTE

equity investmentは「株式投資」。issuance of preferred equityは「優先株の発行」。brand equityは「ブランドが持つ資産価値」。The basic concept underlying a balance sheet is simple: total assets equal total liabilities plus equity.は「貸借対照表の背後にある基本的概念は単純。資産の部は負債の部と資本の部の合計に等しい」。The highest equality is equity. (Victor Hugo)は「最高の公平性は公正性」(ビクトル・ユーゴー)。

関連語　**Asset** ▶ p028, **Commitment** ▶ p042, **Motivation** ▶ p156

Expert
[エキスパート]

熟練者・達人・上級者

経験を積んだ知恵者

ラテン語peritusは「経験がある」の意味。それに接頭辞のex-(外へ)がついて、expertは「やってみる」の意味となった。そこから「経験」を意味するexperienceという言葉ができた。専門的技術はexpertise。職業経験を積んで、ある分野における専門家となった人がexpertである。specialistが専門分野を念頭に置いているのに対してexpertの含意は経験者。

　「エキスパート」はある分野の熟達者。スペシャリストとは少し違います。専門性や能力もさることながら、「経験」がフォーカスされているからです。多くの情報と知識を蓄積しています。

　経営は総合力。ですから広い知見が求められます。しかしながら、私たちは同時に何らかの分野のエキスパートでもありたいもの。なぜならば、造詣の深いエキスパートは知識によってパワーを持ち、知恵により実行できるからです（Knowledge, Wisdomの項参照）。

　しかしならが、熟達者も間違うことがあります。あるいは経験があるがゆえに間違った判断をしてしまうこともあります。

　経験者が正しいのかどうかについて考えるときに、よく思い出すことがあります。それは、30年前に就職先を決めるときに、学生であった私が自動車会社のリクルーターの先輩にした質問です。

　質問その1：「なぜ車はセダンなんですか。四角い車のほうが空間を有効利用できるのではないかと思うんですけど」。それに対する答えは「だから素人は困るなぁ。車はセダンに決まってるよ」。

　質問その2：「なぜシェアのグラフには軽自動車が入っていないのですか」。それに対する答えは「だから素人は困っちゃうよね。軽自動車なんか、車じゃないよ」。

　質問その3：「将来電気自動車の時代は来ないんでしょうか」。それに対する答えは「だから素人は困るんだよなぁ。あのね、君。車

の本質は内燃機関なの」。

　その後、自動車業界で何が起ったか、今何が起りつつあるか。皆さん、よくご存知の通りです。同じような議論は、他の業界でも行われていたはずです。今では当たり前になったことの多くが、はじめはバカにされました。「宅配便なんか」「発泡酒なんか」「格安航空なんか」…。

　エキスパートは情報や知識を豊富にもっています。しかし、懐の深いエキスパートであれば素人（しろうと）の意見にも耳を傾けるはず。それにはいくつか理由があります。まず、エキスパートにとっての真理は、自分の領域という「部分」にとっての真理でしかないということです。次に、明るいところ（知っている領域）にいると、暗いところがかえって見えなくなってしまいます。さらに、熟練者は、自分が所属する領域の常識と価値観を前提に判断しており、それに気がつかないことがあることです。また、熟練者は経験に基づいて「想定」をして、その範囲内であれば理論が成立すると主張しがちです。

　世界が1つのシステムとしてのつながりを強めてしまった以上、自分が豊富な経験を持つ領域の外で起こった「まさか」が、自分のごく近いところに瞬く間に波及する可能性が高まっています。エキスパートは、専門内・領域内・条件内・想定内など「枠内」のことについてはとても詳しいのですが、専門外・領域外・条件外・想定外など「枠外」のことについては弱いのです。

　「○○なんか」と否定しておきながら、実際に変化が起こると、「まさか」そんなことが起きるとは想定していなかったと解説するのは、知識を自己弁護のために使っているだけ。むしろ、発想をやわらかくし、ポテンシャル・カスタマーである「素人さん」と対話し、そこから柔軟にヒントをつかんでいくことこそが、本物のエキスパートの使命ではないでしょうか。

NOTE

She is an expert chess player.は「彼女は（長い経験のある）チェスの上級者だ」。expert evidenceは「鑑定」。expert witnessは「（専門家の）証人・証言」。The expert has developed an expertise.は「そのエキスパートは専門能力を高めてきた」。I have my area of expertise.は「私にも得意なものはある」。

関連語　**Customer** ▶ p066, **Failure** ▶ p094, **Knowledge** ▶ p134, **Power** ▶ p178
Professional ▶ p182, **Wisdom** ▶ p244

Failure
[フェイリャー]

失敗・落第・怠慢・不履行

能力不足か意欲不足で目標未達

failは「落ちること」、あるいは「しくじること」。そのもととなったラテン語のfallereは、もともとは騙すことであったが、後に失敗することに変化した。failを名詞として使うことは可能であるが「失敗」という意味の名詞はfailureである。「ミス」はmistake、「どじ」はblunder、「大失態」はfiasco。失敗の要因、レベルおよびニュアンスの違いに応じた多くの類似語がある。

2011年3月の福島第一原子力発電所の事故は、世界を震撼させる巨大な規模の「失敗」となってしまいました。それに対して関係者が発した「想定外」というコメントは、世間の強い反発を受けました。なぜでしょう。

マネジメントを行う理由は、ビジネスにおいて成功するためです。あるいは、失敗を極力少なくすることです。しかし、人間は失敗を繰り返してしまいます。そして1つの失敗が次の失敗へと重なり、収拾がつかない事態へと発展することがあります。

「失敗は成功の母」――そのことは、世界中で多くの人たちが理解している真実です。失敗からこそ私たちは多くを学べるはずです（Learningの項参照）。しかし、現実には私たちはせっかくの「母」から学べないでいます。特に組織において失敗という名の母から学ぶことが難しい理由は、大きく2つあるのではないかと思います。

第1の理由は、「失敗」の定義が曖昧だということです。第2の理由は、「失敗」の原因を何に（あるいは誰に）帰するかについては、さまざまな解釈が入る余地があり、下手に断言すると信頼関係を壊してしまうからです。「失敗であった」ことを認めることさえ解釈の余地を残すのですから、「それがなぜ起こったか」まして「誰がそれを起こしたか」となると特定するのはとても難しいことです。つまり失敗の議論の仕方について失敗をしてしまうと、それがさらに深

刻な事態を引き起こしてしまいかねないのです。

　フェイリャーは、失敗をあらわす英語のうちでは筆頭格です。「しくじり」とも訳されます。「不合格」を意味し、学生には最も恐れられている言葉 "fail（しくじる・やりそこなう）" の名詞形です。

　これらの使い方からわかるのは、フェイリャーが意味するのは「最低限の水準に達しない」こと。「目標未達」に近いといえるかも知れません。その背後には「目的に対して正しい意図を持って試みたけれども結果が伴わなかった」という言外の意味があります。失敗の原因は、能力が足りないか、意欲が足りないかのいずれかまたは両方です。

　それに対して、「ミス」のついた言葉群（mistake, misfortune など）は、ミスをおかしたので失敗した、ツイていなかったので失敗したという含意があります。「うっかり」していたり、「ツイていない」ことがあったりすることが原因であることを "mis-" という言い方で表現しているのです。"mis-" という言葉が暗に示しているのは「その失敗は、能力や意欲の問題ではない」ということです。

　「想定外」のコメントは、「運が悪かった（misfortune）だけだ」と言っていたように聞こえました。そして言外に「私たちの能力・意欲の問題ではなかった」と言っていたわけです。世間が反発したのはそれを敏感に察知したためではないでしょうか。

　能力・意欲が共に十分で、かつ少なからず運の良い状態が重なって初めて、いくばくかの「成功」はもたらされます。そして、人間は成功したときには自分の能力・意欲が原因であるとし、失敗したときには運のせいにするものです。しかし、失敗は誰にもあるもの。むしろ運で説明するのではなく、失敗という母から何を学ぶべきかを虚心坦懐に考えることが、能力と意欲を高めて次の失敗の可能性を減らすのだと思います。

> **NOTE**
>
> Failure is the mother of success. は「失敗は成功の母」。Successful people love to talk about failure. は「成功した人は喜んで失敗談を話す」。Failure means ruin. は「失敗すると破滅だ」。As a teacher, he is a complete failure. は「彼は教師としてはまるでだめだ」。He tends to attribute failure to external causes. は「彼は失敗の原因を外に求めがちだ」。power failure は「停電」。

関連語　**Competency** ▶ p048, **Goal** ▶ p112, **Learning** ▶ p140, **Motivation** ▶ p156
Trust ▶ p232

Finance
[ファイナンス]

金融・財務・財政・融資・資金調達

カネでカタをつけること

ラテン語finireは「終わること」。finisは「終わり」や「境界」をあらわすと共に、支払いの終わり（セトルメント）もあらわす。そこから、フランスでは「借金を終わりにする」という意味となり、その意味が英語に持ち込まれた。イギリスでは産業革命が起こった頃から「お金のマネジメント」という意味で使われるようになった。

「ファイナンスという言葉は、終わりで始まっている」
　謎かけのような表現で始めてみましたが、英語で書けば「financeという言葉はfinで始まっている」ということです。
　ファイナンスは「ファイナルにする」こと。古フランス語ではお金で事件を「終わりにする」ことの意味で使われました。カネでカタをつけること——それがファイナンスでした。
　辞書をひくと、ファイナンスの訳語として最初に出てくるのは「（特に公的な）財政、財務」。パブリック・ファイナンスは「国家財政」のことです。
　企業におけるファイナンスには、鏡合わせの2つの意味があります。金融機関側から見れば「融資する」こと。事業会社側から見れば「資金調達する」こと。
　金融機関側から見た「融資」については何を担保に貸し出しをするかによって分類できます。通常はその企業の信用度そのものが担保になります。それに対して、特定の資産を担保とするのが「アセット・ファイナンス」。特定のプロジェクトが生み出す利益を担保とするのが「プロジェクト・ファイナンス」です。担保価値の見立てと見極めが銀行の仕事です。
　事業会社側から見た資金調達は大きく2つに分かれます。借金（デット）として調達するデット・ファイナンスは「間接金融」。銀

行から融資を受けることがその典型的ですが、社債を発行するのも借金ですからこのカテゴリーです。自己資本（エクイティー）として調達するエクイティー・ファイナンスは「直接金融」。新株を発行することがその典型です。

　どちらの形でファイナンスを行うにせよ、企業が利益を出して活動を継続するためには、煎じ詰めていうと、「集めてきたお金のコスト」と「それを使って得たリターン」を比較して後者が前者を上回っていることが必要です。

　ファイナンスは経営者が行う戦略的意思決定の典型的なもの。「ファイナル・アンサー」を迫られるディシジョン・メイキングの連続です。経営者は、まず何のビジネスをどの程度の規模で行うのかを決意します。次に、そのために必要な資金をどのような方法で調達するかを判断します。そして、活動として何に投資するかを決断します。最後に、活動によって生み出された収益をどのような方法で分配するかを決定します。借金については利息を払いますが、株式については配当で払ってもよいし、成長のために内部留保としてもよいわけです。

　とても合理的なプロセスに見えますが、それに疑問を投げつけたのがダニエル・カーネマン（Daniel Kahneman）とエイモス・トベルスキー（Amos Tversky）でした。「プロスペクト理論」（1979年）と呼ばれるその理論の背景にあるのは、「人々は常に合理的に行動するとは限らない」という観察。

　人間は合理的な意思決定をしようとするし、その「つもり」なのですが、実際にはそうでもない。ファイナル・アンサーの裏にあるのは、不合理極まりない「人間」の心理。そこから説き起こそうとする「行動ファイナンス」（Behaviorの項参照）は、カネでカタをつけるファイナンスの世界を活き活きとした人間的なものにしたのです。

NOTE

campaign finance billは「選挙資金法」。finance companyは「金融会社」。refinance mortgageは「住宅ローンを借り換えする」。The company is facing severe financial problems.は「その会社は、深刻な財務問題に直面している」。With the weak economy, companies have found it difficult to get financing.は「不景気のために、最近、企業は融資を受けるのが難しい」。

関連語 　**Asset** ▶ p028, **Behavior** ▶ p032, **Equity** ▶ p090, **Profit** ▶ p184, **Yield** ▶ p250

Force
[フォース]

力・強さ・勢い・支配力・軍隊

結果を出す「チカラ」

fort- は「強いこと」。音楽のフォルテ。そのルーツはラテン語で「強い」を意味するfortis。そこから、effort（努力）やfortitude（不屈）などの言葉が生まれた。またそこから派生したラテン語fortiaがもととなって「力」や「武力」をあらわすforceが生まれた。force 人 to doで、「無理強いしてでもさせること」を意味する。powerより直接的で物理的で強制力のある「チカラ」である。

　組織は外部からのチカラに晒され、内部のチカラ関係で動きます。外部から加わるチカラについて、マイケル・ポーター（Michael Porter）は、「ファイブ・フォース」と呼ばれる業界構造分析の枠組を示しました。5つのチカラとは、業界内のライバル関係、新規参入の脅威、代替品の脅威、顧客の交渉力、供給者の交渉力。

　組織の内側で働くチカラに着目し、それが組織を構成する主たる要素だと考えたのが、チェスター・バーナード（Chester I. Barnard）でした。経営学の古典である『経営者の役割』（1938年）において、バーナードは「組織とは何か」を語るときに必ず引き合いに出される公式組織の定義を示しています。それは次のようなものです。

　「2人またはそれ以上の人間の意識的に調整された行動または諸力の体系（a system of consciously coordinated activities or forces of two or more persons.）」

　「この定義はとても大切なものだから、是非覚えてください」と言った後で、「組織の定義は？」と聞くとほとんどの学生は、「えーっと、2人またはそれ以上の…何でしたっけ？」と詰まってしまいます。覚えられないのは、英文を解釈する際に後ろから訳すことに問題があります。原文で頭から訳すと、重要度の順に理解できます。

　その1：組織は（そもそも）「システム」である

　その2：（その）重要な構成要素は「活動」ないし「チカラ」である

その3：活動とチカラは「調整（コーディネート）」されている
その4：その調整は無意識的ではなく「意識的」なものである
その5：ちなみにその活動やチカラは2人以上の人たちによる

バーナードは「組織」を考える際に、「ひと」という要素をあえて排除した顔の見えない「活動やチカラのシステム」として捉えました。そして組織は「物理学で用いられるような『重力の場』または『電磁場』に類似した1つの『概念的な構成体』である」と述べています。組織をフォースが働き合う場だと見たのです。

バーナードは、コーディネーションが上手く働くとき、単にそれぞれの努力を合わせたものではない、質的・量的に凌駕するものか、あるいはまったく新しいものが作り出されると言います。そして、そこに「組織」の本質を見ているのです。組織の本質的なエレメントを「チカラ」であるとしたこの見方は、動的（ダイナミック）アプローチであるといっても良いでしょう。

ここで物理学という言葉が出てきますが、その中の1つの分野が「力学」。「チカラ」は1つの学問体系を形作るほど大きなテーマです。物理学での「力」は "F"。フォースの頭文字です。基本的な式は、

仕事量（W） ＝ チカラの大きさ（F） × 移動距離（d）

力学から見ても、「チカラ」は「仕事（work）」と関係しているのです。「仕事」のもとは「チカラ」であり、それがものを動かします。物理の世界では「仕事」をしたほうはエネルギーを失い、してもらった方に移ります。そのエネルギーの移動が「仕事」なのです。

加える力がなければ仕事にはならない。動かそうとしているものが動かなければ、仕事量はゼロ。

「だって一生懸命やったんですぅ」という抗弁に対して「それは仕事ではない！」と一喝するマネジャーは、力学における仕事量の定義をよく理解しているということになるでしょう。

NOTE

magnetic forceは「磁力」。attractive forceは「引力」。turning forceは「回転力」。irresistible forceは「不可抗力」。driving forceは「推進力」。motive forceは「原動力」。with full forceは「全力で」。ただしair forceは空の力ではなくて「空軍」。force someone to do 〜と動詞として使えば「無理やり〜をさせる」。This law still remains in force.は「この法律は今でも有効である」。

関連語 **Organization** ▶ p170, **Power** ▶ p178, **System** ▶ p218, **Work** ▶ p246

Fractal
[フラクタル]

自己相似性をもつ、自己相似図形

いくら分けても分けられないもの

fragileは「こわれやすい」。fractionは「破片・断片」。これらの言葉は、ラテン語で「壊す」を意味するfrangereに由来する。frangereの現在完了形fractusがfractalの語源となった。fractalはいくら断片にこわしても、全体が断片の中に立ち現れる図形。ブノワ・マンデルブロー（Benoit Mandelbrot）のが1977年に提案した用語である。

　どんなに大きなスケールで見ても、自分と同じものが出てくる。小さなスケールに変えても、やっぱり自分と同じものが出てくる。このように、自分の部分がまた自分となる構造が、フラクタルです。「自己相似」と訳されます。
　フラクタルな図形は特別なものではありません。自然界には沢山存在します。しだの葉、雪の結晶、リアス式海岸線、人間の肺や脳。経済では株価の動き。自然はフラクタルに満ちています。
　これ以上の詳細な説明は科学書にゆだねるとして、ここから先は経営における「フラクタルっぽいもの」の話です。
　まず、社会と会社の関係。この2つが同じ漢字をひっくり返してできているのは、偶然とはいえ会社が社会におけるミニ社会であることをよくあらわしています。人口構成がピラミッド型でしかも経済が成長していたときには、会社もピラミッド型が当たり前。しかし、人口構成の急速な変化もあり、世の中がピラミッド型社会ではなくなってくるとどうでしょうか。ピラミッド型組織と年功序列的処遇を組み合わせるのは難しいのがわかります。
　かつては、企業同士もピラミッド的な関係を構成していました。親会社、子会社、孫会社。あるいは下請け、孫請け、そのまた下。従来の「系列」に代わる新しい取引関係が模索されているのは、大きなスケールでの社会の変化と軌を一にしているように見えます。

企業集団→企業→社内カンパニーというのも、フラクタル的。テレビコマーシャルで使われる「この樹なんの樹」と呼ばれる樹は「日立の樹」。歴代の日立の樹の中には、1つの大樹に見えて実際には複数の木が寄り添って大樹のように見えているものもあり、日本の伝統的企業とグループ企業の関係を象徴的にあらわしています。

　さらに、企業組織の中の部門→部→課→係といった関係もフラクタルっぽいと思われます。乱暴な比喩ですが、人間が器官→細胞…と、どんどん細分化できることも同様です。もちろん厳密な意味でのフラクタルとは異なりますが「何となくフラクタル」です。

　こうしたありようは先人たちも直感的に理解していたようです。例えば密教のマンダラ（曼荼羅）は、仏や菩薩などを縦横に並べて、宇宙を表現した絵図。宇宙の中には小宇宙、その中にはまた小宇宙があり、全体としてみれば宇宙が自分自身を繰り返しています。

　フラクタルは「次元」に関わる概念です。例えば、x^nを微分するとnx^{n-1}となり、n次元から(n-1)次元に1つ次元が下がります。フラクタルな図形は、あくまでも素人説明ですが、自分を微分してもまた自分が出てくるため、微分が効かないこともといえます。

　全体は部分のうちに宿っており、逆に部分は全体を宿している——それがフラクタルな図形の特徴です。「神は細部に宿る」のは、もしかするとここに理由があるかも知れません。

　分析とは、分けて明晰にすること。科学は、複雑なものを部分に分けて理解しようとすることです。ところがフラクタルな図形では、部分に分けるという通常の分析手法ではうまくいきません。フラクタルは、「ワカらない全体」を「ワカる部分」へと要素還元する近代科学の限界も示唆しています。同時に、部分を理解することで全体がまるごとわかる——自分の仕事をしっかりすれば、大きなスケールでの経営もできる——そんな可能性も示唆しているのです。

> NOTE
>
> Koch curve is one of the most famous fractals.は「コッホ曲線はもっとも有名なフラクタル図形である」。フラクタルはここでは名詞として使われる。形容詞として使われる例としてはfractal structureは「フラクタル構造」、fractal geometryは「フラクタル幾何学」、fractal theoryは「フラクタル理論」、fractal dimensionは「フラクタル次元」。fractal codingは「フラクタルの概念を使って画像や音声をコード化する手法」。

関連語　**Company** ▶ p044, **Hierarchy** ▶ p114

Function
[ファンクション]

機能・役割・関数

生物のような「うまい働き」

「うまく作用する」ことを意味するラテン語fungiの変化形であるfunctionemを語源として、中世フランス語のfunctionという言葉ができ、それが近代英語に導入された。「目的に対してきちんとした働きをする」の意味。数学での関数（古くは函数）はfunction。中国語でfunを「ハン」と発音して、これに「函」の漢字を当てたとされている。

　パソコンの「F（ファンクション）」キーには機能が割り当てられています。「役に立つ」こと——それがファンクションです。
　数学の関数の$f(x)$のfも、ファンクションの頭文字。"functio"という言葉を数学で初めて使ったのはライプニッツであるといわれています。かつては「函数」の漢字をあてていました。「函」は箱。ブラックボックスにxを入れるとyという結果が出るなら、$y=f(x)$です。目的に適う結果を出すこと——それがファンクションです。
　ファンクションは機能。「機」は仕掛け・仕組み・からくり・働き。「能」はできること。「能」があり、それが「機」によって活かされていけば、ものごとは合理的に進みます。役に立ちながら合理的に仕事をすること——それがファンクションです。
　組織における部署は通常ファンクションで分けられています。企画・研究・開発・製造・調達・営業・販売・財務・人事…。多くの機能を持つ組織をマルチ・ファンクショナル組織とも言います。それらの部署は、機能的に分業し合いながら目的を果たしています。「メンバーが分業しながら、全体として組織全体の目的に資すること」。それがファンクショナル組織です。
　小規模なうちは未分化だったものも、大規模な組織になると複雑に機能分化していきます。そのことは、生物の進化にも似ています。機能分化するのは、分業するためです。なぜ分業が有効なのでしょ

うか。企業においては「ラーニング・カーブ（学習曲線）」で説明できると私は考えます。ものごとを反復して経験する回数が増えると、1回ごとに要する労働時間は減少します。累積の生産数が倍になると、1回の作業時間はおおむね8割で済むようになると経験的に言われています。分業して作業が単純化すれば、どんどんコストが安くなるのです。

それでは、なぜ究極まで細かく分けて分担しないのでしょうか。それは細かく分かれすぎると、調整コストが高くなり、また単純すぎる仕事ではモチベーションを保てないからです。組織の細分化の程度は、未分化と極端な細分化の間の最適なところに決まるのだと思います（Optimizationの項参照）。

機能の「機」は機械の「機」ですからファンクションという言葉にはメカっぽい印象を持つ人も多いかも知れません。しかし、この言葉はオーガニックなものにも関係が深いのです。その証拠が「有機化学（オーガニック・ケミストリー）」という言葉。

化学者にとって最初の分かれ目は、「有機化学」か「無機化学」のどちらを選ぶかということだそうです。有機・無機の違いは、文字通り、ファンクション（機）があるかどうかの違いです。

生物は有機化合物の働きによって、生命を持つことができます。有機化合物の性質を決めるものが「官能基」です。やや唐突で場違いな感じのするこの言葉は、英語ではファンクショナル・グループといいます。同種の官能基を持つ化合物は似た機能を持っています。

ファンクションしているとは、生物のようにうまく働くこと。役に立ち、結果を出し、合理的に仕事を進めること。分業しながら組織の維持と発展という目的に資すること。仕事ができるとは、要するに組織の中できちんと役割を演じてファンクションすることなのです（Roleの項参照）。

NOTE

You need to make sure you understand main functions found in every business operation. は「ビジネスの各オペレーションにおいて見られる主要な機能についてよく確認しておく必要がある」。functionは動詞としても使われる。The Diet is not fully functioning. は「国会は機能を十分に果たしていない」。 trigonometric functionは「三角関数」。function roomはさまざまな用途に使える「多機能室」。

関連語　**Cost** ▶ p060, **Learning** ▶ p140, **Optimization** ▶ p168, **Organization** ▶ p170
Role ▶ p198

Fund
[ファンド]

基金

みなで支え合う底

ラテン語のfundus は「底」や「基」の意味。そこから、fundは18世紀には「基金」の意味で使われるようになった。この言葉はfundamental（基礎的な）と通低している。基礎化粧品のfaundationも同様。底にあって支えるのがファンドである。

　みなで力を合わせて底を支えあうものがファンドです。だから漢字でも「基金」と書きます。ファンドは大きな共通財布です。仲間と旅行に行くときに最初に1人3万円ずつお金を供出し合って封筒に入れ、そこから交通費や食事代をまとめて支出する。そうすると、毎回割り勘にしなくてすみます。これはもっとも単純なファンドといえます。

　NPOなどが活動資金をあちこちから集めることを「ファンド・レイジング」といいます。資金を募ってファンドを立ち上げて活動の原資としていくのです。企業にスポンサーをお願いしたり、募金を集めたり、サポーター制度をつくったり、チャリティー・イベントを行ったり、国の補助金を取りにいったり——ありとあらゆる方法で資金を集める活動です。レイジングは「上げる」ことですから「底上げ」には近いですが、「上げ底」ではありません。

　投資ファンドにおいては、1人ひとりの投資額は小さくても、数多くの人が互いに底を支えあえば（＝資金を出し合えば）、大きな資金のプールができます。そうすれば、適切なポートフォリオを組んで分散投資をすることができます（Portfolioの項参照）。プロとして投資先を選定してくれる人が「ファンド・マネジャー」です。

　巨額の資産の運用をする金融機関のことを「機関投資家（インスティテューショナル・インベスター）」といいます。ひと口に機関投資家といっても色々な種類があります。

もっとも典型的なファンドは、公募の投資信託。英語ではミューチュアル・ファンドです。ミューチュアルは「お互い」。数多くの人から投資を募る一般的な公募の投資信託では、投資家を守るために何に投資してよいかなどについて細かいルールがあり、情報開示もきちんと行わなければなりません。機関投資家である運用会社に対しては、運用報酬や信託報酬が支払われます。

目端が効く肉食系が「ヘッジ・ファンド」です。ヘッジ・ファンドは「私募投信」の一種です。私募とは、少数（日本の場合50人未満）の投資家を対象にすることです。その代わりに投資の最低額はとても高額です（たとえば1億円以上など）。公募投信と異なり、私募であるヘッジ・ファンドは縛りのない運用が可能です。例えば、積極的に空売りを仕掛けたり、かなりリスクの高いものに投資したりするなど。

それに対して、大きくてゆったりと歩く象のイメージがあるのが「ペンション・ファンド（年金基金）」です。従業員の年金原資をプールして一括で運用するファンドです。年金ファンドは退職したOBやOGに対して確実に年金を支払わなければなりません。ですから、普通は保守的な運用方針を持っています。

年金ファンドは資産規模が大きいため市場に対して大きなインパクトがあります。同時に市場の動きが企業業績に影響を与えます。例えば売上高に匹敵するほどの年金基金積立金をもつ企業の場合、本業で10％稼いでも年金の運用で積立金の評価額が10％下がってしまうと穴埋めせざるを得ません。すべての利益が吹っ飛んでしまう計算になります。アメリカの自動車会社のGM（ゼネラル・モーターズ）が破綻した理由の1つは年金債務でした。

会社としても個人としてもしっかり戦略的に対処していかなければ、「つけ」は後で回ってくるのです。

> **NOTE**
>
> mutual fundは「投資信託」。trust fundは「信託ファンド」。hedge fundは「ヘッジファンド」。The CEO is very reluctant to fund this project.は「CEOはこのプロジェクトに資金を提供することにまったく乗り気ではない」。It was discovered that the company was operating a multi-million dollar off-book slush fund.は「その会社は、数百万ドルの帳簿外の不正資金を運用していたことが判明した」。

関連語　**Institution ▶ p126, Investment ▶ p130, Portfolio ▶ p174**

Game
[ゲーム]

勝負・競技・試合

人が集まってする楽しみ

古英語でgamenやgomenは「スポーツ」や「楽しみ」を意味した。厳密には解明されていないものの古ゲルマン語には「楽しみ」を意味するgamen、またゴート語には「参加する」「共同する」ことを意味するgamenという言葉があった。さらにそのもととなったのはmann すなわち「ひと」である。人が集まったものがゲームであるという説には説得性がある。

　ビジネスはゲームなのでしょうか。この問いに対しては「そうである」とする人と「そうでない」という人に二分されるようです。どう思いますか？
　ビジネスとゲームの関係を考えるうえではゲーム理論を紹介する方法があると思いますが、ここでは「役割理論」から説明します。
　役割理論の嚆矢であるミード(George Herbert Mead)は、『精神・自我・社会』(1934年)において、「プレー」と「ゲーム」の2項対立を示しました。ロール・テーキングの説明を行うために使った事例が、子供の「プレー(ごっこ遊び)」と「ゲーム」でした(Roleの項参照)。
　子供たちがごっこ遊びをしているときに、プレーヤーである子供たちが楽しんでいることは「役割演技」そのものです。プレーの背後には、書かれていないシナリオがあります。ごっこ遊びにおいてはそのシナリオを理解して、上手く演じ切らなければなりません。そこには一見勝ち負けはありません。
　それに対して「ゲーム」には勝敗がつきもの。プレーヤーはルールに従ってフェアに戦うことが期待されます。ゲームにおいては、「勝負に勝ってなんぼ」です。
　それではプレーとゲームは単に対立しているかというと、そうではありません。むしろ、互いに交じり合っています。
　プレーについて考えてみると、誰が「お母さん役」を取るかで静

かな戦いがあるかも知れません。また上手く演じなければ仲間はずれになったりしますから、別のレベルの勝ち負けもあります。つまり「演技という名のゲーム」を行っていると考えることもできます。

一方ゲームについては、守備なら守備という自分の役割をきちんとプレイしなければなりません。ゲームには「フェア・プレー」の精神が必要です。

さらに、ロール・プレイング・ゲーム（RPG）は、プレーとゲームが渾然一体となったものです。

ミードが役割をプレーとゲームから分析した視点はそのまま職場の分析にも使うことができます。職場においても、やはりプレーの要素とゲームの要素は対立しつつ相互に補いあって同居しています。

業界における競合は「ビジネス・ゲーム」です。勝つためには「ゲーム・プラン」を練ります。職場では「パワー・ゲーム」が繰り広げられています（Powerの項参照）。「ビジネスはゲームである」と答えた人はこの意味において正しいのです。真剣勝負ではあっても命までは取られない――その意味でもゲームです。

一方で、仕事のできる人は、自分の役割がよくわかっています。部長になれば部長らしく「振る舞う」ことができ、緊急時には緊急時に必要なように「立ち回る」ことができます（Behaviorの項参照）。そして役割が「板について」いきます（「板」は舞台のことです）。「ビジネスはゲームではない（＝プレーである）」と答えた人は、この意味において正しいということになります。

ビジネスにおいてゲームとプレーは単純な2項対立ではなく、相互に補い合いながら共存しているのです。組織と組織の間、あるいは組織における個人と個人の間のいずれにおいても、一方で競争があり（Competitionの項参照）、一方で役割演技があります。そして、どちらもゲームでありどちらもプレーなのです。

NOTE

game theoryは「ゲーム理論」。複数のプレーヤーの意思決定が相互に影響を与え合う関係についての理論。game changerは「試合の流れを一気に変える選手」。転じて「状況を大きく塗り変える人物・技術・出来事」。Is Life a Game?は「人生はゲームだろうか」。そうだとも言えるし、そうでないとも言える。

関連語 **Behavior ▶ p032, Competition ▶ p050, Power ▶ p178, Role ▶ p198**

General
[ジェネラル]

全体・大将・総合・一般

生み出す大もと

「生む」「発生する」を意味するラテン語 generare が語源。gene（遺伝子）、gender（性別）、genesis（起源）、generation（世代）、generous（寛大な）など、gen- を語根に持つ言葉は「生み出す」ことに関係する。allergen（アレルゲン）など -gen が言葉の後につく場合も同じ。gen は種全体に関すること。「源」であり「元」であり「原」である。動詞の generalize は「一般化する」。

ジェネラルという言葉は、「一般的」とか「総合的」と訳されることもあります。しかし、もしジェネラルが一般であり総合でもあれば、一般職も総合職も両方ジェネラル職になってしまいます。少し整理してみる必要がありそうです。

ローテーションしながら組織全体のことに通じる人はジェネラリストと呼ばれ、スペシャリストと対置されます。その意味では総合職はジェネラル職と訳してよさそうです。

しかし、カタカナのジェネラルに対して英語の general はとても重みがあるものです。終戦後日本を一定期間統治した総司令官ダグラス・マッカーサー（Douglas MacArthur）の肩書きはジェネラルでした。「総帥」あるいは「元帥」です。その意味では総合職の全員をジェネラルと呼ぶことには少し躊躇してしまいます。

以下、ジェネラルが頭につく7つの言葉を並べてみます。その中から、ジェネラルという言葉が共通して持つ意味を抽出してください。そのような方法が「一般化（generalization）」ですから。

ジェネラル・マネジャーは、日本では「部長」相当。ただし、専門的部署であっても部門長のことはとりあえずジェネラル・マネジャーと呼んでいる会社も多いです。

ジェネラル・マネジメントは、戦略・マーケティング・ファイナンス・人材マネジメントなどの知識を総動員して戦略を立て、組織

をまとめる総合的管理を意味します。

　ジェネラル・スタッフは「参謀本部」。プロイセンの総帥であったカール・フォン・クラウセビッツ (Carl von Clausewitz) が著わした『戦争論』(1832年) にその源流を持つといわれます。

　ジェネラル・ヘッドクオーターは「総司令部」。GHQ と略されます。終戦直後の 1945 年に、連合軍総司令部としてアメリカ政府が設置した対日占領政策の実施機関で、日比谷に置かれました。

　ジェネラル・プラクティスは、病院での「一般診療」あるいは「全科診療」。最初にそこで全体的な診察を受けた後、専門医の診療を受けることになります。

　ジェネラル・レジャーは、簿記の用語で「総勘定元帳」。略して「元帳」とも。すべての取引を記録するもので、その点においては仕訳帳と同じですが、発生日順に記入していく仕分帳と異なり、分類された勘定科目ごとに記録していくもの。つまりその後の会計の大元となるものです。

　ジェネラル・パートナーは、ベンチャー・キャピタルがファンドを組成する際に業務執行を担当する「無限責任組合員」。それに対して「有限責任組合員」はリミテッド・パートナー。ここでジェネラルはリミテッドと対比的に使われていますが、その一方でジェネラルもリミテッドもどちらもパートを担うパートナー。「パート (部分)」でありつつ「ジェネラル (全体)」という不思議な言葉です。

　以上、ジェネラルは統合的に全体を括ることですが、「広く浅く」を意味するものではありません。「源・元・原」である "gen-" は、ものごとを生み出す大もと。「そもそも」に関わるこの言葉には、深さの含意もあります。ある時には意識して間口を広げたり、別の時にはどこかを深く掘り下げたりしながら、私たちはほんもののジェネラルに近づいていけるのだと思います。

> **NOTE**
>
> secretary-general は「事務総長」「幹事長」。The general feeling is against the current prime minister. は「現在の首相は、一般の人々のウケがよくない」。general merchandise store は「小売の量販店」で GMS と略される。General knowledge is common sense. は「一般的知識は常識である」。

関連語　**Management** ▶ p144, **Strategy** ▶ p210

Global
[グローバル]

地球的・全球的

多様性と統合性の同居

globeは「地球」。ラテン語で「球」や「丸い固まり」を意味するglobusに由来する。その形容詞がglobal。これを中国語で「全球的」と表記するのは語源に忠実であるといえる。マーシャル・マクルーハン（Marshall McLuhan）がglobal villageの用語を使ったのは1960年。世界が小さくなって1つの村になることのたとえとしてこの表現を使った。

　グローバル化は、社会や経済全体が不可避的に「ボーダレス化」し、通信・交通などの発達に伴い世界が「フラット化」していく社会の本質的な変化を背景にもつ長期的トレンドです。
　ボーダーは「国境」。ボーダレス化は大前研一の言葉で、ビジネスが国境を越えて広がった結果、国境がなくなったようになっている状態です。フラットは「平らなこと」。世界のフラット化は、トーマス・フリードマンの言葉で、20世紀には新興国（＝下）と呼ばれていた国々が国際競争力を得て、先進国（＝上）から仕事を奪う一方で、知識やアイディアが起きる場所については上も下もなくなっていく状態です。
　日本企業の本格的な海外進出は1970年代に始まり、1980年代には製造業を中心とする製造拠点の海外展開が本格化し、それに伴って部品・素材産業の海外展開が加速しました。近年の最も大きな変化は、経営のグローバル化があらゆる業種・規模の企業に共通する課題となったことです。
　それに伴い、「グローバル人材」は近年、人事・人材開発の分野で最も活発に議論されているテーマになっています。2010年6月にファーストリテイリングと楽天が英語の社内公用語化を相次いで発表したことも、大きな変化の波が訪れたことを認識させました。
　それにしては「グローバル人材」が何であるかについての認識は

ずいぶん曖昧です。それは日本語の「グローバル」には、相反する2つの意味があるからです。

1つは、「多様性」の側面にスポットライトを当てた定義です。その場合、グローバルという言葉は「インターナショナル」「マルチナショナル」「トランスナショナル」としばしば同義語的に使われます。

もう1つは、「統合」の側面にスポットライトを当てた定義です。「1つのかたまり」としての語源に忠実なイメージです。その場合のグローバルとは、統合度は高いがローカル適応度は低い状態として捉えられます。そして、インターナショナルなどとはむしろ対比的に使われます。

まとめてみると、グローバルという言葉は、一方では世界に拡散していく「多様性」の意味を持ち、他方では世界が1つに収束していく「統合性」を意味するのです。

ナショナルもグローバルも、原義は「1つ」である点では同じです。ただし、ナショナルが「『もともと』1つ」という意味でのルーツの同一性と解釈できるのに対して、グローバルは「『これから』1つ」になるという意味での「方向性の同一性」。「1つ」については同じでも「元」か「先」かという点で反対側に位置しているのです。

グローバル化の進展とは、異なる社会や文化にどんどん晒されていくこと。それに対応するには「文化的適応性（カルチュラル・アダプタビリティー）」の高さが求められます（X-cultureの項参照）。そのためには、企業や自己のバリューやビジョンを正確に伝える必要があり、確立した自己とコミュニケーション力が重要となります。「グローバル人材」とは、この一見パラドキシカルな「多様性」と「統合性」を共に体現できる人材であると考えることもできるのでしょう。しかし、そんなスーパーマンがそれほど簡単に見つかるとは思えません。だから各社とも苦労しているのです。

NOTE

> global economyは「世界経済」。global warmingは「世界温暖化」。the globalization of the automobile industryは「自動車産業のグローバル化」。from a global perspectiveは「グローバルな視点から」。global financial market turmoilは「グローバルな金融市場の混乱」。how global financial regulation should be conductedは「グローバルな金融のレギュレーションはいかにあるべきか」。

関連語 **Value** ▶ p238, **Vision** ▶ p240, **X-culture** ▶ p248

Goal
[ゴール]

目標・目的・目的地・行き先・得点

自分で決めて目指す到達点

goalがかつて意味していたのは「境界」。古い英語で「障壁」を意味するgalが語源ではないかとされている。すなわち、goalとはそれより先には行けない場所。そこから「戦いの終点」を意味するようになった。また、スポーツでは球を蹴りこむ場所となり、それによって得られる「得点」の意味でも使われるようになった。それらが比喩的に使われて「目標」となった。

ゴールがなければ人間は走ることができません。なぜならば、ゴールとはそこに向かって走っていく、まさにその到達点だからです。

ゴールが見えていればヤル気が掻き立てられます。逆にゴールが曖昧だと、どこに向かって走り出せばよいのかわかりません。ゴールが納得できないものだと、足が萎えてしまいます。

仕事を進めるうえで目標を立てることを、英語では「ゴール・セッティング」といいます。その際の指針の定番は「目標の書き方はスマート（SMART）に」。目標設定はS・M・A・R・Tという5つの文字で始まる言葉をガイドラインにすると良いということです。1981年にジョージ・ドーラン（George Doran）が発表した論文がもとになり実務家の間で取り入れられていきました。

Sはスペシフィック（具体的な）。誰が読んでもわかるように、平易な言葉で、正確にかつ具体的に表現すること。

Mはメジャラブル（測定可能な）。進捗や達成度合いを客観的に判断するため、測定できる目標を可能な限り定量的に入れること。

Aはアチーバブル（達成可能な）。単なる願望とならないように、実現可能で背伸びをしたら届くものを設定すること。

Rには4つの解釈があります。1つめはリザルト・オリエンテッド（成果重視の）で、結果を重視したものであること。2つめはレスポンシブル（責任を持てる）で、自分やチームの努力の結果達成

できるものであること。3つ目はリレーテッド（職務に関連する）で、部門や会社の目標と整合しているものであること。4つ目はリアリスティック（現実的）で、努力する気になれるものであること。

　最後のTはタイム・バウンド（期限を示した）で、「いつまでに」という達成期限（タイム・フレーム）が明示されていることです。

　「SMART」は目標がちゃんと書かれているかどうかをチェックするためのリストであり、実践的な枠組みですから、例えば「R」をどの解釈とするかはさほど大きな問題ではなく、組織の実状に合ったものを選べばよいと思います。このリストを使う利点は、誰にとっても難しいゴール・セッティングを、ある程度適格に、かつわりと速くできることです。

　「SMART」に書く目的は、ゴールを少しでも具体的なものにすることです。そうすると納得性が高まって、モチベーションが湧きます。このゴールの「具体性」と「納得性」の関係を調べるために、日本・アメリカ・イギリスにおいて人事部・営業部・経理財務部・情報部から100人ずつに回答してもらうという調査を行いました。

　「目標は具体的だ」と「目標は納得できるものである」についての1200人の答えの平均値は、予想通り日本人は全般的に控えめ、アメリカ人が積極的、イギリス人はその中間的でした。しかし、目標の具体性の認識と納得性の認識の間には、国の違いを超えてとても強い正の相関がありました。

　ゴールは他人に示されるのでなく、自ら立てたもののほうが、はるかに意欲につながります。例えば「勉強しよう」と思っていたときに親から「勉強しなさい」と言われると一気にヤル気が萎えたという経験は誰にもあるはず。上司（あるいは親）は、あくまでも本人がゴール設定することを傍からアシストするという姿勢が大切です。

　ゴールはその人のものなのですから。

> **NOTE**
>
> Exceeding the expectations of every customer is the goal of each employee at our company.は「1人ひとりの顧客の期待を上回ることは、私たちの会社の1人ひとりの従業員のゴールである」。goal lineは「サッカーやラグビーなどのゴールを示す境界線」あるいは「トラック競技の決勝線」。how to attain your goalsは「ゴールの獲得のしかた」。goalを「達成する」という意味の動詞はattainのほかobtain, achieve, reachなど。

関連語　**Appraisal** ▶ p024, **Objective** ▶ p160

Hierarchy
[ヒエラルキー、ハイアラーキー]

階層制・階層組織

ピラミッド型の神官組織

エジプトの象形文字であるhieroglyphを使うのがギリシャ語のhierarkhes すなわち「聖職者」「神官」。そのルールがhierarkhia。この言葉に「支配者」を意味する語根-archがついたのがhierarchyである。-archのつく言葉としては、monarchy「専制君主支配（1人支配）」やanarchy「支配のない無政府状態（無支配）」がある。

　一般に階層のある組織のことを英語ではヒエラルキーといいます。発音はハイアラーキーです。

　組織に階層が多ければ、形態はピラミッド型となります。ピラミッドは、エジプト語からギリシャ語を経て英語になったもの。数学では「角錐」を意味します。

　トップから中間管理職を経て末端のスタッフへと広がるピラミッド型組織の特徴は、トップが意思決定をして指示を下し、スタッフが機動的に動くことです。軍隊に代表される、頭が手足を率いる上位下達の組織ですが、見方を変えれば組み立て体操のように下が上を支えている図式と捉えることもできます。いずれにせよ「上」と「下」があり、それが階層になっていることがこの言葉の本質です。

　「ヒエラルキー」も古代エジプト発祥の言葉。その意味ではピラミッドと一脈通じるところがあるのは確かです。しかし、ピラミッド型が組織を外から見た形態を示しているのに対して、ヒエラルキーのほうは中身を示しています。ポイントは「文字を扱う神官の組織」であるということ。その意味では、文書主義を意味するビューロクラシーに通じるところもあります（Bureaucracyの項参照）。

　ヒエラルキー組織の第1の長所は、意思決定が一元的に行われ、調整コストが安いこと。そのため業務を効率的に行うことができます。第2の長所は階層が深い分、1人ひとりのマネジャーの「スパ

ン・オブ・コントロール（コントロールすべき範囲）」が一定の範囲に収まっていることです（Controleの項参照）。また隠れた長所として、階層が多いので細かいピッチで昇進させることもできます。「組織の階段を上る」イメージです（Promotionの項参照）。

　しかし、気がついてみれば日本社会の年齢構成は逆ピラミッド型。右肩上がりの経済成長が終わり、会社組織だけがピラミッド構造を維持することは困難になりました。不況期に採用を絞ったため若手が少なくて裾がすぼんだ年齢構成となっている会社も沢山あります。部長より部下のほうが少ない「かなづち型」の会社さえあるそうです。本当に「ピラミッド」の形をした組織はいまや稀です。

　企業の組織構造は社会構造や産業構造を反映します。また組織は戦略を反映します。社会構造・事業環境・競争戦略が時代の変遷とともに変化するのに従い、適切な組織形態も変化していきます。

　「良いものを安く大量に」のプロダクト・アウトの時には、作ることが至上命題でしたから、生産・営業を効率的に運営する必要がありました。しかし、現在求められているのは顧客の声を聞き、迅速に答えていくこと。階層の深いピラミッド型組織は大きな戦艦のようなものですから、それには不向きなのです。同時に、ITの飛躍的進歩により、コミュニケーションのコストが下がりました。文字を扱う特権階級の組織であったヒエラルキーの構造が「いま」に合わなくなっているのは、ある意味では当然です。

　組織図を逆に書いたのが「逆さまのピラミッド」です。顧客に一番近いスタッフの1人ひとりが意志決定していく迅速さの重要性をあらわしたのです。逆さまのピラミッドでは、スタッフの1人ひとりが一番上にいて顧客の声を聞き、顧客に発信します。管理職はそれを支え調整する人。トップマネジメントはピラミッドを一番下から支えるのです。

> **NOTE**
>
> hierarchy based on ageは「年齢によって決まる序列」。Respecting hierarchy is an important culture in Japan.は「上下関係を尊重するのは日本の大切な文化だ」。very rigid hierarchy in the governmental institutionsは「政府機関にみられるとても厳格な階級制度」。This is the hierarchy used by the imperial court.は「これが朝廷における序列です」。

関連語　**Bureaucracy ▶ p034, Control ▶ p058, Custmer ▶ p066, Function ▶ p102
Promotion ▶ p186**

Hospitality
[ホスピタリティー]

もてなし・厚遇・歓待

主が客をもてなすこと

hospitality は host(もてなす側)や hospital (病院)と同根。語根の hospit- の語源はラテン語の hospes で、この言葉は「主人」も「客人」もあらわす。動詞の hospitare は「客をもてなす」。hospitalitem は「客に対するもてなし」。それが古フランス語の hospitalité となって現在の英語となった。

　ホテルやレストランなどは「ホスピタリティー産業」と呼ばれることがあります。もちろん「早い！安い！」で勝負しているところもありますが、ここでは「感じの良さ」で勝負しているタイプのビジネスを想定しています。ホスピタリティーがあって「いい感じ」を受けると、人はお金を払います。しかも、かなりの。
　「ホスピタリティー」に対応する日本語としては「おもてなし」が一番近いでしょう。ホスピタリティーとサービスは似ているようで異なります。サービスという言葉は「サーバント」につながるもの(Service の項参照)。つまり「主従関係」における「従」の側から発想した言葉です。それに対して「おもてなし」はもてなす側が行うこと。つまり「主」の側に視点があります。ホスピタリティーであれ、おもてなしであれ、本来は報酬を期待して行うことではありません。これらの言葉は、相手に喜びを与えることに価値を見出している点において、共通しています。
　「おもてなし」にはいくつかの段階があります。まず、基本的に無礼や失礼がないこと。「マイナスがない」ということと言ってもよいでしょう。次に、準備が行き届いていること。スムーズにもてなすためには、さまざまな状況を想定して相応の準備を行うことが必要です。さらに、実際の接遇の「本番」においては、痒いところに手が届くこと。その基本は「相手のことを思う」ことです。最後に、期待をはるかに上回ること。それらを超えた感動があること。これ

らが満たされると顧客からの謝礼の気持ちが返ってきます。それが利益の源泉となります。

ホスピタリティー産業に従事していない人にとっても「感じの良さ」はビジネスで成功する秘訣です。自分が「感じがいいなぁ」と思っているときには、たいてい他の人もそう思っているもの。意見は割れません。「感じのいい人」は、営業や顧客サービスで成功するのは当然。また社内においても、ものごとがスムーズに進みます。

「いい感じ」と形容するときにはどんな英語が使えるでしょうか。例えば「チャーミング」は「とても感じが良い」ですが、同時に「ほれぼれするほど魅力的な」という意味もあって本人の魅力を表す言葉です。カインド（優しい）やウォーム（温かい）も悪くはないのですが、感じ良さのある部分のみをあらわしているような気がします。

グレイシャスという言葉もあります。丁重で親切で「いい感じ」。しかもこの言葉は「主」が「従」に持つ気持ちですから、ホスピタリティーと構造的には近いようにも思えます。ビッキー・ベベノア（Vickie Bevenour）によれば、グレイシャスとは「気が利いて、人に優しく、礼儀正しく、そのことが魅力とも趣味のよさともなっているもの」。「感じの良さ」が因数分解されたような説明です。

「おもてなし」を説いた千利休の言葉に「利休の茶の7則」と呼ばれるものがあります。しめくくりの言葉は「相客に心せよ」。

おもてなしは、相手の気持ちに気づいて気配りをすること。相手がしてほしくないサービスやしてほしくないときのサービスは「要らないお世話」。ケアは相手を思うこと。確かに、自分のことばかり考えている人は「感じが良い」とは言われません。

ホスピタリティー、おもてなし、感じの良さ。これらのに共通する言葉のこころは、主が客を招くにあたり客に心することなのではないかと思います。

NOTE

the rites of hospitalityは「来客に対するおもてなしの儀礼」。show hospitality toward guestsはもてなす側からの用例で「客に対するおもてなしの気持ちを示す」。 receive a warm hospitalityはもてなされた側からの用例で「おもてなしを受ける」。I would like to express my deepest appreciation for your kind hospitality.は「大変なおもてなしをいただき、本当に有難うございました」。

関連語　Operation ▶ p164, Service ▶ p204

Implication
[インプリケーション]

意義・内包・含意

「だから何?」に対する答え

「中に」を意味する接頭辞im-と「折り曲げる」ことである語根plicareを組み合わせた言葉で、「中にたたんで重ねてあるもの」が原義。「内包」や「包含」を意味する。一般用語としては「含み」すなわち裏の意味を示唆する。「暗黙の」を意味するimplicitとは語根を共有し、近い関係にある。

　マネジメント・インプリケーションは、経営上の意義。企画部や経営コンサルティング・ファームが提案をする際に価値が提供できているかを判断する重要な基準です。

　中に折り曲げたものがインプリケーション。ですからこの言葉の辞書的な意味は「内包」となります。そのことから「含み」や「裏の(つまり本当の)意味」にもなります。インプリケーションは「要するにどうすればよいのか」に対する答えであり、それがあれば「よしわかった、ではこの手を打とう」となります。

　インプリケーションを得るためには、まずインフォメーションを集めなければなりません。中に(in-)形作る(form)ものである「情報」は、もともと明治時代の陸軍省の文章にみられる「敵情報知」という言葉の略語。最初のうちは諜報に近い意味だったとの説もあります。古い辞書には「消息」の訳語もあります。

　不確実性のもとで意思決定を行い、戦略を立案するためには、集めたインフォメーションを読み取る能力が試されます。経営コンサルティング会社での若いコンサルタントの仕事は一にも二にも情報を集めて分析を行うことです。

　単なるデータの寄せ集めは情報ではありません。インフォメーションが経営の判断材料にはなるためには付加価値がつく必要があります。例えば30%という情報については、「30%しかない」場合と「30%もある」場合では意味が違います。「ついに30%に達した」と

「とうとう30％になってしまった」では打ち手が異なります（Actionの項参照）。データがインフォメーションとなるためには、競合相手や目標、過去の実績との「比較」が問題です。

　しかし、単なるインフォメーションだけではまだ十分ではありません。企画部のスタッフや若いコンサルタントが「はぁはぁ」いいながらデータを集め、「ひぃひぃ」言いながら何十枚ものグラフを書き終えて、1日の終わりに「ふぅ」と一息つきつつ上司に報告すると、「へぇ、色々やったね。で、そのマネジメント・インプリケーションは何？」と聞かれてしまいます。「その分析は経営上、何の意義があるのか？」ということですが、もっと端的にいうと、「だから何？（So what?）」ということです。それに対して「ほぅ」が出れば、「インプリケーションがあった」ということになります。それがなければ、せっかくたくさん書いたグラフもゴミ箱行きです。

　客観的なインフォメーションから意思決定のための「実」を取り出し、「だから何？」に答えること。それが、企画部や経営コンサルティング・ファームがもたらすことのできる価値だと私は思います。そして、「へぇ」と「ほぅ」の間には、分析の技術だけでは対応できない質的な飛躍（クオンタム・リープ）があるのです。

　ビジネススクールで書く実務的なペーパーやプレゼンテーションでも同様のことが起こります。ファクトにもとづいてロジカルにファインディングス（発見したこと）を記述するのですが、決まって「それで？」と聞かれます。その答えとなるのが「実務的応用可能性」と呼ばれる論文の最後の部分です。

　「要するにどうすればよいのか」と聞かれたときに端的に答えを伝えて経営上の意義を示してはじめて「たいへんよくできました」の花丸を得ることができるのです。

NOTE

> management implicationは意思決定者の観点から見て、何をすればよいかがわかること。Business school research is best to have practical business implication.「ビジネススクールでの調査研究は実務的なビジネスインプリケーションがあるとベスト」。要するに、実務においてどう応用可能かということである。The expectation was spread by implication. は「期待は暗黙のうちに広がっていった」。

関連語　**Action** ▶ p014, **Competition** ▶ p050, **Uncertainty** ▶ p234

Incentive
[インセンティブ]

奨励金・報奨金・誘因・刺激

よくチューニングした刺激策

incentiveは、「歌う」を意味するラテン語canereに由来する語根centに、「中へ」を意味する接頭辞in-がついた言葉。語根を共有する言葉にaccentがある。cantata（声楽曲）やcantabile（歌うように）は同根。そこからincentiveには「チューニング」の含意があり、そこから「さらに働くように仕向ける刺激策」などの意味で使われるようになった。

　インセンティブは、経済学ではとても重要でかつ広い概念です。人の行動に影響を与えるものはすべてインセンティブと言えますので、この単語帳の他の多くの項目と関係しています。

　例えば、広い意味での報酬制度によって人の行動は変わります（Compensationの項参照）。業績評価の項目が何であるかも行動に影響を及ぼします（Appraisalの項参照）。昇進がかかっていれば人はさらに努力するでしょう（Promotionの項参照）。共通費の配賦(はいふ)の方法にもマネジャーたちは敏感です（Costの項参照）。

　この項では、少し絞って営業部門の個人に対して払われるセールス・インセンティブに焦点を当ててみます。この最もダイレクトな種類のインセンティブは、意欲を引き出すために貢献度に応じて与えられもので、「販売奨励金」とも「報奨金」とも呼ばれます。しばしば「馬の鼻面にぶら下げたにんじん」にも例えられます。

　この種の奨励金は合理的なものに見えますが、しばしば非合理的な結果に終わることがあります。事例を4つ列挙してみます。

　第1は「コスト倒れの奨励金」です。奨励金は1度もらってしまうと「慣れ」の効果が出てきます。さらに刺激を与えようとすると、どんどん水準が切り上がってしまいます。また、何度インセンティブをかけても同じ人がもらうだけで、「どうせもらえない」と思っている人の意欲を高めることにはつながりません。

第2は「逆機能する奨励金」です。奨励金が本来企業の望まない行動を誘発してしまうケースです。例えば奨励金を得るために過度にリスクを取ったり、社内の協力関係に悪影響を与えてしまったりすることが起こります。また、奨励金の対象となっていることについては全力で行う代わりに、対象となっていないことには一切の努力を放棄してしまうこともしばしば起こります。

　第3は「社内の溝をつくる奨励金」です。営業などのいわゆる「数字の出せる」部署にのみ支払われる奨励金がサポート部署の意欲を下げてしまい、部門間に心理的な溝が出来てしまうことがあります。

　第4は「プライドを傷つける奨励金」です。何でも奨励金に結びつけると「お金のためだけに働いているのではない」と考える人のプライドを傷つけてかえって意欲を殺いでしまいます。

　奨励金を支払うためには、どこかに原資を求めざるを得ません。経営者は原資として固定給を下げてはどうかと考えがちですが、必ずしも良い策とは言えません。一般に、人は期待値が同じであればリスクを避けたいと思う傾向があるからです。このような傾向があることを「リスク・アバースである」といいます。

　例えば「平均100万円を受け取るが50万円から150万円の間で変動する」と「確実に100万円を受け取ることができる」の2つの選択肢を会社が提示したとします。どちらを選びますか。ほとんどの人は後者です。固定費を削って変動費の原資にすると多くの人にとっては価値が減ってしまうのです。

　インセンティブという言葉がもともとは音楽に関係あったことは「なるほど！」です。刺激策はよくチューニングされていないと、まったく効かなかったり効きすぎたりします。インセンティブを真に効果的なものとするためには、人間の心理の綾を考慮に入れてよほど念入りに音合わせをしなければならないのです。

NOTE

> win an incentive awardは「褒賞を受ける」。the incentive structure that encourages the pursuit of short-term profitsは「短期的な収益拡大を後押しするインセンティブ構造」。Bonus system has increased bankers' incentive to take risk.は「ボーナスの制度はバンカーたちがリスクを取るインセンティブを高めた」。

関連語　**Appraisal** ▶ p024, **Compensation** ▶ p046, **Cost** ▶ p060, **Function** ▶ p102
Motivation ▶ p156, **Promotion** ▶ p186, **Sales** ▶ p200

Initiative
[イニシアティブ]

先導・率先・手始め・主導権

いちばん先を取ること

ラテン語で「中に」をあらわすin-と「行く」をあらわすireが組み合わさって「中にいく＝入る・始める」を意味するinireという言葉できた。その派生語であるinitialisから英語のinitialが生まれた。また「はじめ」を意味するラテン語initiumからinitiareが派生し、その過去分詞initiatusが英語のinitiateとなった。

「イニシアティブ」「イニシャル」「イニシエーション」は、まとめて理解するとよい言葉です。すべて先頭や最初に関わるからです。

イニシアティブは「先頭に立って率先して行うこと」。「交渉においてイニシアティブを発揮する」とは、主導権を握ることです。

イニシャルは、名詞としては「最初の文字」。形容詞としては「最初の」を意味します。ビジネスに関係の深いところでは、イニシャル・パブリック・オファリング(IPO)は自社株の公開です。上場した初日の終値(おわりね)が「初値(はつね)(イニシャル・プライス)」です。

イニシエーションは、「異なる世界に入っていくときに最初に行われるもの」。「通過儀礼」とも言われます。身体的苦痛を伴うことを敢えて行って「大人」になることを示すのもその事例です。バンジー・ジャンプは、バヌアツ共和国で行われている有名なイニシエーションの儀式です。

通過儀礼は別名「ライト・オブ・パッセージ」といいます。20世紀初頭に活躍したファン・ヘネップ(Arnold van Gennep)が紹介した言葉です。「ライト(rite)」は厳粛な式典や宗教上の儀式またはその形式。入学・成人・入社・結婚などで新しい生活の開始を祝うのがライトです。生まれ変わって次のステージを始める、イニシエーションの儀式です。

私がこの「ライト」という英語に初めて出会ったのは、ストラヴィンスキー(Igor Stravinsky)の『春の祭典(the Rite of Spring)』の

曲名として（原題はフランス語）でした。変拍子のリズム、不協和音のメロディー、突然の幕切れ。儀礼と狂気の織りなすバレエ組曲です。1913年にパリで行われた初演の際に、観客が殴りあいの暴動となったという逸話は今でも音楽史を飾ります。「春」はスプリング。スプリングは同時に「ばね」であり「泉」。春・ばね・泉は、別々の言葉に聞こえますが、いずれも「そこから生まれいずる場所」。スプリングはイニシャルな時と場所なのです。

　ややこしいのは、カタカナの「ライト」には複数の英語があることです。まず"right"。これには「右」と「正しい」の意味があります。そして"gh"が取れると儀式という意味の"rite"になります。次にイニシャルのRをLに変えて"light"とすると、「光」と「軽い」の意味となります。ご丁寧にコカコーラ・ライトなどの商標には"gh"が省略された"lite"と書いてあり、混乱に拍車をかけます。

　日本人が英語を学ぶうえでの最初の関門が「L」と「R」を含む言葉です。たとえば「パラレル」という英語を正確に書けますか。日本語には「ラリルレロ」しか音を整理する箱がないのですから、仕方がありません。「L」と「R」の区別を覚えるのは、英語の世界に入るいわばイニシエーションです。

　イニシャルは「けじめ」。けじめとは、きちんと決着をつけ、節度をもって、区別すること。けじめがないと締まらないのです。入社式が終わると「名刺を100枚とにかく集めてこい」と激を飛ばす会社もあります。名刺に意味があるのではなく、それまでの学生気分に終わりを告げて、「社会人になるけじめをつけて来い！」ということなのでしょう。社会人になるイニシエーションです。

　それが終わったら、求められるのは積極性。小さなことでもよいので自ら提案していくこと――イニシアティブです。すべてはそこから始まるのです。

> **NOTE**
>
> I took the initiative in organizing the annual sales meeting. は「私は年次販売会議の準備を率先して行った」。Private Finance Initiative (PFI) は、「民間資金主導」で、民間資金を活用した社会資本整備。anti-nuclear initiative は「反核運動」。Strategic Defense Initiative (SDI) は「戦略防衛構想」。

関連語　**Career** ▶ p040, **Price** ▶ p180

Innovation
[イノベーション]

革新・新機軸・新結合

新しさの中へ

語源はラテン語のinnovare。「新しい」を意味するnovusに、「中へ」を意味する接頭辞「in-」がついたもの。innovationは、「新しさの中に入り、新しさを打ちたてること」。novusはフランス語ではボージョレ・ヌーボーやアール・ヌーボーのnoveauとなり、英語では「小説」を意味するnovelとなった。

　イノベーションの「ノベ」は、ヌーボー(新)のこと。動詞のイノベートは「革新する」こと。
　この言葉は、ジョセフ・シュンペーター(Joseph Schumpeter)の『経済発展の理論』(1911年)において経済学の言葉として定義され、広まりました。「新機軸」とも訳されます。イノベーションは、広く、新しい方法でものごとを捉え、既にあるものの新しい活用法を見つけ、社会に変化を起こしていくことです。テクノロジカル・イノベーションは「技術革新」。プロダクト・イノベーションは「製品革新」。それだけでなく、新しい市場を発見したり新しい仕事の仕方を考えたりするのもイノベーションです。
　ところが、「新の中へ」には根本的なジレンマがあります。そのことを書いてベストセラーとなったのがクレイトン・クリステンセン(Clayton Christensen)の『イノベーションのジレンマ』です。
　クリステンセンが示したコンセプトは「破壊的イノベーション」。「破壊的」は「ディスラプティブ(disruptive)」です。"dis-"は切る・離すこと、"rupt"は壊すこと。画期的な新製品が出て顧客が雪崩を打ってそちらに行くと、つい最近まで素晴らしいと賞賛されていた横綱企業でさえ転落してしまうこともしばしば。業界の勢力地図がまったく塗り変わるならまだしも、業界ごと吹っ飛んでしまうこともあります。どんなに優れた経営も商品も、いったん「破壊的イノベーション」が起きるとオール・クリアです。

このジレンマを引き起こすのは「成功体験」そのもの。「今のところはうまくいっている」。そのことが「次」に向けての方向転換の足かせとなってしまいます。市場の秩序は意外ともろいもの。一度、一部が崩れ出すとあっという間に全体が崩壊します。リーダーの企業はもともとの環境に最も適していたからこそ、その地位を勝ち得ていました。ところが、「新の中へ」が起こってしまうと、環境のほうが変わってしまう。さりとて今の顧客を失うわけにはいかない。そのことがかえって足を引っ張ってしまうのです。

ものごとは普通ステップ・バイ・ステップで漸進的に進みます。技術や仕事の仕方が確立し、改良が加えられて昨日より今日の商品のほうがよくなっていきます。その最も身近なレベルのものを工夫と呼ぶこともできるでしょう。英語のインプルーブ（改善）は、接頭語 "en-" に語根の "prou" がついたフランス語のemprouwerが元の言葉ですが、"prou" の意味はプロフィット。物ごとからプロフィットが生み出されるようにすることです（Profitの項参照）。

小さなものに見える改善も、それが1つのシステムになると、英語にもなった「カイゼン」となります。こうなると、立派な持続的プロセス・イノベーション。それを前提として関連する領域が互いに依存しながら発展し、「業界」と呼ばれる巨大で複雑な生態系が形成されます（Systemの項参照）。

ところが、破壊的イノベーションは「ちゃぶ台返し」。たとえばフィルムが要らないデジタルカメラは、フィルムメーカーだけでなく写真に関わる業界全体のあり方を一変させました。

音楽における破壊的イノベーションも相当なもの。音楽再生機器のメーカー、CDの製造元、CDショップはもとより音楽家の生活までを変えていきました。もちろん、リスナーの生活も。とりあえず家にたまったCDを、どうしましょうか？

NOTE

The device has an innovative function. は、「その装置には、革新的な機能が備わっている」。The courts will decide if the company was innovating or imitating. は「その会社が革新的だったのかそれとも物真似だったのかは、裁判所が決めるだろう」。It is important to encourage innovation in the production process. は「製造工程での改善を奨励することが重要である」。

関連語　**Customer** ▶ p066, **Entrepreneur** ▶ p088, **Profit** ▶ p184

Institution
[インスティテューション]

制度・機構

法令を根拠に立っているもの

ラテン語のstareは「立つ」こと。そこからsta-、sti-の語根ができた。「立たせているもの」「立たせること」「立っているもの」をあらわす。in-がついて「中に立つ」ことから、institutionは「設立の根拠となった法や慣習」「設立すること自体」「結果としてできた制度」、さらにその結果としての「施設」や「会館」も含む。

　「金融機関」は英語でフィナンシャル・インスティテューション。法律上は株式会社ですが、カンパニーともコーポレートとも言いません（Companyの項参照）。
　日本でも欧米でも金融機関は、製造業や流通業などの会社と比べると、何かと異なる扱いを受けています。例えば銀行の従業員は社員でなく行員、トップは社長でなく頭取です。
　名前が違うのには、もちろん理由があります。金融機関を成り立たせているものは、法律や規制（レギュレーション）だからです。それらがなければ「機関」は存在できません。
　インスティテューションは、法令をよりどころにして「設立」されています。立たせるものが法律、立たせることが設立、立っているものが機関です。コーポレートはドメインを自ら設定して事業を行う「主体」です（Domainの項参照）。それに対して「機関」は制度により活動範囲を規定されたものです。
　かつて日本の銀行には第一銀行から始まって順に約150の番号がつけられました。今でも仙台の七十七銀行、長野の八十二銀行、津の百五銀行などの名前が残っています。「高等教育制度」をもとに設立された旧制高校のトップ校は「ナンバー・スクール」と呼ばれ、一高・三高・五高というように番号がつきました。
　かつての銀行と高等学校にはなぜ番号ついていたのでしょうか。それは、それらが「制度」に依拠しているからです。金融機関に限

らず、慣習や法律を拠り所にして「制度」として「設立」されている「機関」の総体がインスティテューションなのです。

インスティテューションは、社会の合意の上でできたもの。広く社会を秩序立たせ成り立たせているのが社会制度です。

「制度とは、人間のある特定の種類の行動様式である」というのが『社会学小事典』（有斐閣）の定義です。その行動様式の4つの属性については、おおむね次のように説明されています。

その1：定常的なパターンを持って規則性を持って繰り返される。制度的行動を予測できるのはそのため。

その2：行動をそのパターンに志向させることで人間の欲求が満たされる。制度が生活に役に立つ形で統合されるのはそのため。

その3：行動様式は、行為者間で共有される価値によって正当化されている。制度が規範的なものといえるのはそのため。

その4：行動様式は、外的に保障されている。制度からの逸脱行動対して社会的に罰則が与えられるのはそのため。

なお、システムも訳せば制度となる場合があります。企業の制度には、会計制度、人事制度、研修制度、評価制度、補助金制度などがありますが、これらの場合は「インスティテューション」ではなく「システム」が使われます（Systemの項参照）。

司法制度、婚姻制度、教育制度、金融制度などさまざまな制度のもとで、メンバーには権利と自由があり、義務と責任があります。家庭を持って金融機関で働きながらビジネススクールに通う人は、婚姻制度と金融制度と教育制度の間を行ったり来たりしていると見ることも出来るでしょう。

さまざまな制度によって人々の生活には秩序ができています。が、人の前に立ちはだかるのも「制度」でもあります。言葉の成り立ち通り、中に立って（＝イン・スティテュート）いるのです。

> **NOTE**
>
> public institutionsは「公的な機関」。financial institutionsは「金融機関」。qualified institutional investorsは「適格機関投資家」。an institution named schoolは「学校という機関」。この場合の機関は制度を同時に意味する。機関の意味はなく制度のみを意味する例としては、the institution of marriageは「結婚（という）制度」。

関連語　**Company** ▶ p044, **Domain** ▶ p078, **System** ▶ p218

Interest
[インタレスト]

興味・関心・金利

人と人の間にある本質

ラテン語interesseに由来。inter-は「〜の間に」、esseは「あること」。従ってinteresseは「間にあるもの」。もともとはラテン語の「損失の埋め合わせ」の意味から「法的な権利」であった。その後、教会で禁止されていた高利貸しと区別するために「借りたお金に対して支払うもの」の意味で使われるようになった。さらに「興味・関心」に用法が広がった。

インタレストは、分解すればインター＝エッセ。エッセはエッセンス、つまり本質のことです。ですから、インタレストはそのまま訳せば「間にある本質」という意味になります。

例えば会話は人間同士の関係の上に成立して、それで初めてインタレスティングになります。

「間」に微妙なズレがあるのもインタレスティングの素(もと)です。ジョークは、例えば建前と本音の間を突くから「面白い」のです。学問の世界にも実は似たところがあります。一般に信じられている通念に対して「実は調べてみたら違うよ！」という視点を示すことができれば、「非常にインタレスティングな結果だ」となるのです。

「インタレスト」には、まったく異なるように見える複数の意味があります。1つは「興味」、もう1つは「利害関係」、そして「利子」。いったいこれらの関係はどうなっているのでしょう。

ビジネスの世界では、複数の関係者がおり、それぞれに異なる立場があります。売り手・買い手・仲介者はインタレスト（利害関係）を持ちます。それが、関係者同士の本質の間にあるものです。

お金の貸し借りは、そのようなビジネス関係の一部。貸し手と借り手の利害関係を調整するのがインタレスト（利子）です。

ファイナンスの世界では「利子」に類似する日本語はいろいろとあります。利子・利息・金利・利回り。これらはお互いにどのよう

に意味が異なるのでしょうか。そうした微妙な差異を知るのも、ちょっとインタレスティングかも知れません。

このうちまず利子と利息（いずれもインタレスト）については、法律用語でも混在して使われているようですから、ほぼ同義語と考えてよいでしょう。

ただし、どちらかといえば、利子のほうは貸す側から見た言葉、利息のほうは借りる側から見た言葉として使われる用例が多いとされています。確かに「利子を取る」「利息を払う」のほうが逆よりは自然な気がします。あくまでも「どちらかといえば」ですが。

それに対して「金利（インタレスト）」は明確に払うもので、借りる側から見た言葉です。なぜかというとその意味は「利用料金」だからです。お金がいるので借り入れをしなくてはならない。ただでは借りることはできないので、利用料を払わなければならない。それが借り入れた資金に対してどのくらいの割合となるか──それが「金利」という言葉に込められた気持ちです。

銀行などに預金するときには「金利は○％」と表示されています。私たちは銀行に預金していると思っていますが、実態は銀行が私たちからお金を借りて利用料を払っているのです。そのため、銀行の立場から見て金利というのです。

金利と似て非なる言葉に、利回りがあります。金利が資金の利用料であるのに対して、利回りは投資に対する成果。債券・株式・投資信託などの金融商品への投資額に対する収益を年率で表示したものです。金利が資金を預かる側から見た言葉であるのに対して、利回りは投資する側から見た言葉です（Yieldの項参照）。

どうでしょう。インタレストを持っていただけましたか？

NOTE

Politics does not interest me. は「私は政治には興味ありません」。interesting feature of venture capital investmentsは「ベンチャー・キャピタル投資の興味深い特徴」。public interestは「公共の利益」。Interest is an important indicator of economy. は「金利は経済の重要な指標である」。

関連語　**Business ▶ p036, Stakeholder ▶ p208, Yield ▶ p250**

Investment
［インベストメント］

投資・出資

ベストを着ること

接頭辞in-は「中へ」。語根vest-のもととなったのはラテン語vestereで「服を着る」こと。商業においては、一航海ごとに出資を募った東インド会社に対する「出資」を意味した。その後、リターンを得る目的での株式保有を含む広い意味で使われるようになった。反対に「資金を引き上げる」はdivest。

　「インベスト」とは、文字通りベストを着ること。服を着るといっても「着服」は別の意味になりますのでご用心。インベストという言葉の本質は「自ら責任を持つ」ということです。まさに「投資は自己責任」——それをあらわした言葉です。

　投資には、大きく分けて2通りのものがあります。1つは工場・機械・設備・店舗などに対して資金を投下することで「直接投資」と呼ばれます。もう1つは、株式や債券などの金融商品に対して資金を配分することで、こちらは「間接投資」と呼ばれます。

　その場の楽しみなどに対してお金を使い切るのは「消費」です。それに対して、投下した資本を上回るリターンを得ようと目論むのが「投資」です。この場合、お金は失っているのではありません。金融商品や工場などに形を変えているのです。私たちがパソコンを買ったり、学校に行ったりするのも、個人的な投資といえます。

　投資は限られた資金を最適に配分することです。1つのものに投資すれば他への投資はその分少なくならざるを得ないのですから「戦略的意思決定」です（Allocationの項参照）。

　また、投資は基本的にはオーナーとしての気概をもって長期にわたって関わることであり、それが「ベストを着ること」です。その意味で投資はコミットメントです（Commitmentの項参照）。どのような工場や設備・機械あるいは子会社に投資を行うかは、その企業のコミットメントの証となります。一度投資をすると泥沼に入っ

てしまう「エスカレーション・オブ・コミットメント」が起こりやすい点にも、コミットメントの性質が色濃くあらわれています。

投資は投機と本質的に異なります。投機（スペキュレーション）は、短期的な差額で利益を得ようとすることです。特にその会社の経営者に期待しているわけでも興味があるわけでもなく、儲かりそうなら買い、利益が上がればさっさと売る。勝ったか負けたかの世界です。戦略的でもなくコミットメントがあるわけでもありません。自ら服を着る気はないのです。

投資理論（インベストメント・セオリー）のうち代表的なものに「ポートフォリオ理論」があります。1つの籠にたくさんの卵を盛ると、籠を落としてしまったらすべての卵が割れてしまいます。そこでいくつかに分けておくのが分散投資です。ポートフォリオ理論を学べば、分散投資を行う際に最適な投資比率をどう考えればよいかがわかります（Portfolioの項参照）。

リターンが確約された預金と異なり、投資商品にはリスクがあります。価格が変動するかも知れません（プライス・リスク）。配当の額がいくらになるかも分かりません（インカム・リスク）。あるいは会社が倒産して株式が価値を失ったり、社債が一部しか返済されなかったりするかも知れません（デフォルト・リスク）。

しかし、リスクを取るからこそリターンがあるのです。その関係をリスク＝リターンプロファイルと言います。「フリー・ランチ（ただめし）はない」。これが投資の鉄則です。どのようなものであれ、インベストメントを行う際には、リスクをよく見極めて、リターンと見合っているかどうかを見極めることが大切です。

そして、リスクに見合ったリターンを得るためには、まずは勉強することです。「ただめしがあるよ」の甘言に騙されて、よくわからないリスクを取り、すべてを失ってしまわないためにも。

> **NOTE**
>
> investment bankは「投資銀行」。long-term investment は「長期投資」。investment reportは「運用報告書」。a secure investmentは「安全な投資」。formulation of a capital investment planは「設備投資計画の策定」。We believe higher education is a kind of investment.は「高等教育は一種の投資であると私たちは信じている」。

関連語　**Allocation** ▶ p020, **Commitment** ▶ p042, **Portfolio** ▶ p174, **Price** ▶ p180

Judgment
[ジャッジメント]

判断・審査・判決

正義を基準にした判断

ラテン語でjudexは「判事」。動詞としてのjudicareは「判断する」。判決を意味するjudgmentの直接のルーツとなった古いフランス語jugementは「法的な審判」や「最後の審判」をあらわす。その後、必ずしも法律に関わらなくても「権威のある判断」について使用されるようになった。その後「見識」となり、さらに広く「意見」までを含むようになった。

トップマネジメントの主たる役割は「意思決定」であるといわれます。意思決定の最も直接的な英語の訳は、ディシジョン・メーキングです。

ビジネススクールで学ぶツールの1つに「ディシジョン・ツリー(決定木)」があります。決定や選択などの「意思決定」を四角(□)で、不確定なものごとの生起を丸(○)であらわします。それぞれの四角や丸から枝が伸びて分岐を繰り返し、横に広がる木のようなものができます。それぞれの枝の先にあり得るべき利益を記し、期待値を計算して、どのような選択を行うかを決めます。

ディシジョン・メーキングはこのように合理的な予測と計算に基づいて行われます。それに対して「ジャッジメント」は少し様相が異なります。まずこちらには「白黒つける」というニュアンスがあります。ですから、この言葉は裁判やスポーツなど「勝ち負け」を決めなければならない世界で使われます。しかし世の中には白か黒か、勝ちか負けか明確でないことも多いもの。そこで第三者の力を借りることになります。法曹ではジャッジは「裁判官」。スポーツやゲームではジャッジは「審判」。さらに宗教界において、ジャッジメントは「神による裁き」。ラスト・ジャッジメントは「最後の審判」です。

そうだとすると、ジャッジメントはビジネス用語としてはふさわしくないのでしょうか。経営学者の野中郁次郎とジャーナリストの

勝見明が「ディシジョンからジャッジメントへ──」という興味深いコラムを書いています（日経ビジネスオンライン）。

「リーダーの条件といえば、従来は意思決定力、すなわち、ディシジョン・メーキングの能力が重要とされてきた。しかし、今はそれ以上に、その時々の関係性や文脈を読み取り、タイムリーに最善の判断を行うことができる能力、すなわち、ジャッジメントの能力が米国でも注目され、バラク・オバマ大統領もジャッジメントという言葉を多用している」

意思決定は、AかBかCかといった選択肢から選ぶこと。上記コラムが続けるように「ディシジョンはアルゴリズム（計算手法）やプログラミングさえ間違っていなければ、コンピューターでもできる」かもしれません。

あるいは意思決定は決めれば済む問題であるともいえます。収益上の見通しの分析をもとに決定してもよいのですが、単に「好み」や「何となく」が元になっていたとしても「意思決定」であることに変わりはありません。それに対して「好き嫌いでジャッジメント」というのは大変困ります。ジャッジメントは正義に関わり、善悪の価値判断が要求されるからです。

「最善の判断を行う時、リーダーの脳裏にはどのような光景が浮かぶのだろうか」と前述のコラムは章を締めくくられています。

裁判官の判決も、審判の判断も、人の一生を左右します。それだけに、なぜその決断を下したのかについて公正性と正義の観点から説明できなければなりません。公正性も正義も英語ではジャスティス。ビジネスにおいても、ジャスティスが問われます。それがなければそもそも企業の存立が危うくなってしまうことはさまざまな企業のスキャンダルが示しています。ディシジョン・メーキングと共にジャッジメントが求められる時代となっているのです。

> **NOTE**
> synthetic judgmentは「総合的判断」。judgment by defaultは「被告が出廷しなかった場合に原告有利となる判決」。いわゆる欠席裁判。rash judgment and hasty conclusionsは「軽率な判断と性急な結論」。a judgmental errorは「判断の誤り」。I am afraid he is too judgmental to be a good counselor.は「彼は一方的に判断しがちなので良いカウンセラーにはなれないのではないか」。

関連語 **Leadership** ▶ p138, **Management** ▶ p144, **Strategy** ▶ p210, **Value** ▶ p238

Knowledge
[ナレッジ]

知識・認識・学識・見聞

くっきりと頭でわかっているもの

「知る」ことを意味するラテン語のgnoscereからは、cognition（認識）、diagnostic（診断）、ignorance（無知）などの言葉が派生した。「知る」を意味するゲルマン系の古英語cnawanがknowledgeの直接のルーツになったが、その言葉はもともと「崇高なものについて知る」ことであった。その後、「教えや事実についての全体」という意味に広がった。

　知識は知恵といつも比較されます。知識は頭でわかっていること、それに対して知恵は実際に問題を解決すること。そんな風に言われると、知識のほうは頭でっかちで、少し分が悪いように見えます。
　知識、認識、意識、見識——これらに共通する「識」は、仏教における基本概念で、対象を識別する心の働き。知識は「クッキリ・ハッキリ・スッキリ」するという意味でワカっていくことです。
　それに対して知恵の「恵」は「慧」との通仮字（同音の他の漢字を借りてくること）。仏教における「智慧」は、真理を見極める心の動きです。「さとく・かしこい」という意味で、奥にある本質がわかっていることです。
　「あいつは知識はあるんだが、知恵がなくって」というぼやきは、せっかく知っていても、本当のところの何かがわかっていないため、アクション（Actionの項参照）が的外れになるということでしょうか。知識が蓄積していくもの自体であるのに対して、知恵は本質を見通していること。活用法がわかっていなければ、蓄積した知識も無駄になります。それがこのボヤキの意味だと推察されます。
　知識を1人で独占している人がいたら、その人は「知識はあるけれど知恵がない」と言われると思います。なぜならば、本来知識は共有してこそ、さらに高い次元の知識になるからです。知識の共有を行うことは「さとく・かしこい」こと——つまり智慧です。

知識を他の人に移転することをナレッジ・トランスファーといいます。知識を共有することはナレッジ・シェアリング。知識移転や知識共有はさまざまな場面で起きます。先輩から知識を移転してもらうオン・ザ・ジョブ・トレーニングは、現場で起きます。知識移転・知識共有のために作られた特別な場所が教室。エキスパートが蓄積しているスキルやノウハウをいかにして未経験者に伝承していくか。そこが知恵の出しどころです。

　伝達されるものが言葉にしにくいものである場合には「暗黙知」と呼ばれます。現場の知恵には暗黙知が多く含まれています。しかし、それを共有するためには言語化する必要があります。ここではやはり「知識」が必要になります。

　ナレッジ・トランスファーが具体的な経営上の問題になったのは、団塊の世代が定年を迎えはじめた2007年頃でした。ものづくりの現場においては、暗黙知を多く有するベテランたちがどんどん現場を離れていきました。伝えるべき相手がいないため、それまでに蓄積してきたナレッジが急速に失われていくのではないかとものづくりに携わる企業の危機感は高まりました。

　ナレッジのトランスファーやシェアリングの話となると、データベース化の議論になりがちです。しかし蓄積が自己目的化して誰にも使われないこともありがちなこと。記録や保存は大切ですが「お蔵入り」になったのでは意味がありません。

　知識移転を可能にするためには、知識を特殊なものでなく、わかりやすいものにすることが大切です。そこでは知恵が求められます。そして、蓄積した知識をどう活用するか──そこでもまた知恵が必要となります。知識の移転や共有を可能にするのは、活き活きした「学びの場」。それを実際につくっていくこと。それもまた知恵なのです（Learningの項参照）。

NOTE

the knowledge of good and evil は「善悪の認識」。beyond human knowledge は「人知の及ばない」。to the best of my knowledge は「自分の知っている限りでは」。knowing-doing gap は「頭でわかっていることとやっていることの違い」。secondhand knowledge は「受け売り」。

関連語　Aciton ▶ p014, Expert ▶ p092, Learning ▶ p140, Wisdom ▶ p244

Labo(u)r
[レイバー]

労働・骨の折れる仕事・労働者階級

えらいこと

ルーツとなったラテン語のlaboraraは「体をつかって働く」、laboremは「労働」。「はたらく」の類語のなかでも、特に「体を使う」「辛さを我慢する」「しんどさに堪える」といった含意が強く、「骨折り」「労苦」などと訳されることもある。with laborは「骨を折って」。後に、資本家階級に対する「労働者階級」をあらわすようになった。

　「仕事」は誰にとっても大切。それだけに仕事をあらわす言葉にはいろいろあるのですが、経済学ではレイバーを使います。アメリカではlabor、イギリスではlabour。イギリス英語には"u"がつき、アメリカ英語にはつかないのですが、イギリス人は絶対に譲りません。この単語帳では中立的に"u"をカッコに入れておきました。

　労働力はレイバー・フォース、分業はディビジョン・オブ・レイバー、労働時間はレイバー・アワー、労働組合はレイバー・ユニオン、イギリスの労働党はレイバー・パーティーです。

　「それでは自分のことを労働者だと思っていますか？」──ビジネススクールに通う社会人学生にこう聞くと、ほとんどの人が「思っていません」と答えます。しかし、私たちは法律的には私たちは紛れもなく労働者（レイバラー）です。少なくとも、労働基本法（レイバー・スタンダーズ・ロー）に守られている以上は。

　レイバーの含意は「辛い骨折り仕事」ですが、極めて専門的で知的な仕事が行われているはずの場所であるラボラトリー（研究所）も、労働のレイバーと語根を共有する言葉です。コラボレーションもコ・レイバーすなわち「共に労働すること」です。英国航空は2012年のロンドン・オリンピックで「セレブとコラボ・プロジェクト」を行いましたが「コラボ」という言葉は元を正せばセレブとは正反対といってもよい言葉が語源。労働者階級出身の言葉なのです。

「労働」の反対語の1つは「資本（キャピタル）」です。

レイバーとキャピタルは本来対立するもの。「立て、世界の労働者」と共産主義・社会主義が生まれ、そのことからかつて世界は「西」と「東」に大きく分断されていたくらいです。

企業組織で概念的に対立するのは「労働者」と「使用者」。その狭間に立っていたのが人事部です。人事部はかつて労務部と呼ばれており、労働組合との調整は大きな仕事でした。しかし、労働組合の組織率も低下し、人事部を労務部と呼ぶ企業も減り、それにつれて自分のことを労働者だと思っている人の割合も減っていったと思われます。

「労働」のもう1つの反対語は「有閑（レジャー）」。

有閑階級（レジャー・クラス）についての理論家として著名なのがソースティン・ヴェブレン（Thorstein Veblen）です。有閑階級にとって生産的な労働はむしろ不名誉なことでした。上流階級は、一切の生産的労働にタッチしてはならず、特に有閑マダムたちはレイバーなどという下流のものに関わることはご法度。奢侈的な消費をすればするほど良いとされました。そのような有閑階級に特徴的なこれみよがしの消費のことを、ヴェブレンは「コンスピシャス・コンザンプション（衒示的消費）」と名づけました。

優秀であることは「えらい」。出世するのも「えらい」。関西弁では体がしんどいことも「えらい」。

「あんたえらいな、えろうなるで」は労いのことば。「えらい思い（レイバー）」をすると、いずれ報われて「えらく」なれるということなのでしょうか。しかし「お前もえらなったもんやなぁ」というと、どこか皮肉めいています。「エラいひと」と話すのは「エラいこと（レイバー）」ということなのかも知れません。

NOTE

labor-intensive industry は「労働集約型産業」。labor shortage は「労働力不足」。Labor Day は「労働者の日」。アメリカでは9月の第1月曜日。日本で言うメーデー。Labour Party はイギリスの「労働党」。skilled labor は「熟練労働者」。forced labor は「強制労働」。seasonal labor は「季節労働者」。a labor dispute は「労働争議」。一方で、Her labor started. は「彼女の陣痛が始まった」。

関連語　**Capital** ▶ p038, **Force** ▶ p098, **Vocation** ▶ p242, **Work** ▶ p246

▶ # Leadership
[リーダーシップ]

指導者であること・統率力・指揮

一歩先を行く人のありかた

leadは「先導する」こと。必ずしもずっと遠くから強い力で引っ張るとは限らない。一歩先でもよい。-shipは「ありよう・ありさま」をあらわす言葉。そのことから、leadershipは「先導する人に求められる特徴」を意味するようになった。lead-inは「紹介する」。leading articleは「導入記事」。この本において、言葉のルーツを述べている、この5行もleadである。

　リーダーシップという言葉は、いうまでもなく「リーダー」と「シップ」に分かれます。

　リーダーは「リードする人」。「リードする」というのは、先んじて導くこと。そこから、名詞としての「リード」はさまざまな使いかたをされるようになりました。野球では盗塁しようとして少しベースから離れること。ゲームでは点差をつけて相手を引き離すこと。記事ではニュースなどの書き出しの要約。犬の散歩では引き綱。音楽では歌の主旋律担当。意外なことに、これらはどれもトップから先導したり指導したりすることを意味していません。むしろ「一歩でも前に出る」「少しでも先んじる」という意味です。

　「〜シップ」は何を意味するのでしょうか。試しにいくつかシップのつく言葉を並べてみましょう。スポーツマンシップ、シチズンシップ、メンバーシップ、オーナーシップ、クラフトマンシップ…。「〜シップ」は通常、人をあらわす言葉のあとにつき「ありかた」や「ありよう」を示す言葉であることがわかります。

　リーダーシップを因数分解した後で平易な言葉であらわし直せば「わずかでも先を行く人のありかた」となります。実際には一歩であっても先を行くのは大変です。リーダーにだけはついていく相手がいないのですから。そしてそこだけ風圧が一番強いのです。

　リーダーシップについての主要な議論のポイントは4つあります。

「リーダーシップは、生まれつきか、育成可能か」「リーダーシップの目的は、業績の達成か、組織の結束維持か」「リーダーシップのスタイルは一貫性があったほうがよいのか、柔軟であるほうがよいのか」、そして「リーダーシップは、指示的であるのがよいのか支援的であるのがよいのか」。格好のディベートのテーマです。

リーダーシップを巡る最も素朴な考え方は、いわゆる「偉人（グレート・マン）」がリーダーであるとするもの。それに対して、「リーダーは、大きなできごと（グレート・イベント）がつくる」とする考え方があります。その後、リーダーをリーダーたらしめる要素に注目したのが、心理学を基盤として発展した「リーダーの資質」の研究でした。さらに「効果的なリーダーシップのスタイル」に注目する考え方が生まれました。「俺について来い」と引っ張るタイプ、「好きにやりなさい」と自由にさせてくれるタイプ、「君はどう思う？」と意見を聞いて汲み上げてくれるタイプなど。

環境や状況の変化に対応して、リーダーシップのスタイルを切り替えることができればベストです。リーダーはフォロワーがついてきてこそリーダー。ですから、フォロワーの能力と意欲の状況に応じてリーダーシップのスタイルをシフトさせていくのが効果的です（Competency, Motivationの項参照）。車を運転する際にタイミングよくギア・シフトをすることにも似ています。

上司として楽なのは、自分が好きで得意な、つまり「十八番（おはこ）のリーダーシップ・スタイル」をとり続けることです。しかし、それではまるで車のギアは2速に固定しますと言っているのと同じ。部下の能力と意欲の状況に応じてシフトアップやシフトダウンを適宜行うことは効果的です。ただし、練習は必要。なかなかハードルは高く、それなりにストレスもあるけれども、スキルの磨き甲斐はあると言えるのではないでしょうか。

NOTE

decisive leadershipは「決断力のあるリーダーシップ」。leadership developmentは「リーダーとしての資質の開発・育成」。A successful leadership will lead a team to conquer challenges.「良いリーダーに恵まれるとチームは困難な事態を克服することができる」。The enterprise is managed under the leadership of Mr X.は「その企業はX氏のリーダーシップのもとで経営されている」。

関連語　**Competency** ▶ p048, **Motivation** ▶ p156, **Style** ▶ p214,

Learning
[ラーニング]

学習・学識・学び

多重フィードバック回路をつくること

古英語で「教える」を意味するlaranがルーツ。古英語のleornungは「学ぶこと」。ドイツ語でlehrenは「教える」、lernenは「学ぶ」。教えることと学ぶことは同時に進み、共に起こる。learnedは「学びから得た知識を習得していること」であるが、脳科学においてはlearningを「ある時点で起こること」と規定し、それを維持することであるmemoryと区別する。

　「大学力」というテーマを掲げたシンポジウムの企画責任者になったことがあります。この言葉は「大学の力」とも「大いなる学力」とも読めます。ポスターが刷り上った後で「これはえらいテーマを選んでしまったものだ」と気がつきました。大いに学ぶ力──それは一体何なのでしょうか。

　「オーガニゼーション・ラーニング（組織学習）」という言葉が一般的に使われるようになって、ラーニングは経営用語になりました。組織にとっても、学ぶ力は根源的な能力です。

　学びとは、基本的にはフィードバック回路です。まずやってみる、上手くいかない、そこから学んでやりかたを変える──結果を入力に戻す回路をつくることで、少しずつ正解に近づいていけます。しかし、その程度の学びであればネズミでもできます。

　クリス・アージリス（Chris Argyris）とドナルド・ショーン（Donald A. Schön）が対比的に論じたのが「シングルループ・ラーニング」と「ダブルループ・ラーニング」です。ループは輪。1つ前の段階に戻るフィードバックを意味します。

　シングルループ・ラーニングは、既に持っている基準・理論・枠組などを参照しながら問題を解決していく通常の学習です。問題点を観察するレンズをもっと上手く使えるようにする学習といってもよいでしょう。

ダブルループ・ラーニングは、それらの背後にまで遡(さかのぼ)る学習です。自分を縛っている観念を疑うこと。限界に気づくこと。必要であれば捨て去ること（アンラーニング）。そして新たに創ること。容易なことではありませんが、組織が生き残るための唯一の方法です。

　深いラーニングは複雑系（Complexityの項参照）です。シンプルでリニアな「お勉強」とは質的に違います。学びを突き詰めていけば、必ず「学ぶ方法を学ぶ」ことや「学ぶとは何かを学ぶ」ことに行き着きます。それらを「メタ・ラーニング」と呼ぶこともできるでしょう。さらに、合わせ鏡のような無限の自己反射（セルフ・リフレクション）を起こしながら次元を高めていくのも、ラーニングの特徴です。むしろ、セルフ・リフレクションを起こせるようにすることが「大いに・学ぶ・力」だとも言えるでしょう。

　セルフ・リフレクションには別の意味もあります。「自己観照」や「自己内省」、と呼ばれるものです。自らを深く省みることのできる能力は、ラーニングを行う力の重要な部分です。

　組織の中で特別にレベルの高い学習力を要求されるのはリーダーです。リーダー自身がラーナー（学習者）でなければ、組織学習など起こりようもありません。リーダーにこそ「大いに・学ぶ・力」が求められます。リーダーが自らラーニングを行うことによってはじめて組織学習が起こり、環境が変わっても臨機応変に対応していける組織能力が生まれるからです。

　組織レベルでの学習を行うためには、言葉の摺(す)り合わせが必要。特に、M&Aやグローバル化が進んでダイバーシティー（Diversityの項参照）が高まると、日本人だけで仕事をしていたときのように以心伝心とばかりはいきません。まずは「言葉の単位を合わせる」必要があります。それが「大いに・学ぶ・力」の基盤となるのです。

> **NOTE**
> a love of learningは「好学心」。the torch of learningは「学問の光」。audio-visual learningは「視聴覚学習」。organizational learning は「組織学習」。ひっくり返して learning organizationとすると「学習する組織」。inter-organizational learning through business partnershipsは「ビジネス・パートナーシップを通じての組織間学習」。learning by teaching（ドイツ語ではLernen durch Lehren）は「教えることによる学び」。

関連語 **Complexity** ▶ p052, **Diversity** ▶ p076

Line
[ライン]

線・境界・戦列・専門・電話・航路

ほうれんそうの線

lineはもともとlinen（麻の糸）をよって作った長いコード。そこから一般に「線」をあらわすようになり、軍事的には「戦列」を意味するようになった。front lineは「前線」。経営組織におけるlineとstaffの分け方はそこから来ており、商品のline-upは「一列に並べること」から。「直線的」を意味するlinearもlineから来ている。上司＝部下の関係にあることを「reporting lineがある」という。

　ラインは線ですが、ビジネスの文脈では色々な意味を持ちます。
　マーケティングにおいて「商品ライン」は関連する商品群。アップをつけて「商品ラインアップ」とすれば「当社製品の全陣容」の意味になります。野球の打順の顔ぶれと似た使い方です。ある分野に重点的に多くの製品が投入されていれば「プロダクト・ラインが深い」ということになります。
　オペレーションにおいては「製造ライン」は製造行程。文字通り、ベルトコンベアがラインです。「ラインが止まる」ことは工場の製造がストップしてしまうことですから、絶対に起こしてはならないこと。工場で「ラインが止まった！」というのは「緊急事態発生！」の意味です。
　ファイナンスにおいては「コミットメント・ライン」は貸出の上限のこと。コミットメント・ライン契約とは、銀行などが、一定の期間一定の融資上限枠をもち、その範囲内であれば、顧客が必要なときには融資を行うことを約束する契約です。
　組織マネジメントにおいては「フロント・ライン」は最前線。ラインはスタッフと対置される言葉です。顧客のマネージを行い、直接売り上げを上げる部署のことです。
　人材マネジメントにおいては「レポーティング・ライン」は上下関係のこと。誰が誰に対する報告義務を持つかということです。上

司と部下は糸(line)でつながれていて、部下は上司に報告義務を有します。文字通り「ひもつき」。あるいは鵜と鵜匠の関係です。上司への「ほうれんそう(報告・連絡・相談)」が基本中の基本だと言われるのは、このことを考えれば当然です。

レポーティング・ラインという言葉には必ずしも「上」とか「司」といった価値は含まれていません。この言葉が示すのは「何でも報告する義務がある」ということです。そして、レポーティング・ラインがない「斜め上司」には報告義務はありません。「欧米系企業は実は日本よりもずっと縦社会である」といわれることがありますが、ここに由来しています。

ラインには「電話線」の意味もあります。世の中にコミュニケーションの手段が有線の電話しかないと仮定したとき、社会全体には何本の直接つながるラインつまり「ホットライン」を引かなければならないでしょうか。

組織全体の数をn人とします。1人ひとりから他のすべての人に向かって(n-1)本の線を出すと全部でn×(n-1)本。双方から線が出ているダブリを解消するために2で割ると、n(n-1)/2本。これが、全員がお互いに直接のコミュニケーションを取るために必要な電話線の数です。nが増えるほど必要な電話線の本数は幾何級数的に増えていきます。仮に従業員1万人の会社であれば、1万×(1万-1)/2で約5000万本も必要です。

これに対して、上司と部下の間にのみ「レポーティング・ライン」がある場合には、電話線の大幅に節約できます。3人なら2本、7人なら6本。つまりn-1本で済みます(全員が1人の上司に対するレポーティング・ラインを持ち、社長のみがそれを持たないからです)。従業員1万人の会社でも9999本。レポーティング・ラインを確定することによって、線の数は5000分の1になるのです。

NOTE

product lineupは「製品ラインアップ」で企業の全製品。reporting lineは「組織内の上下関係」。draw the line between public and private mattersは「公私をきちんと区別する(けじめをつける)」。He knows where to draw the line.は、文字通りには「彼はどこで線を引くかを知っている」。そこから「彼は身の程を知っている」。draw a straight lineは「まっすぐな線を引く」。

関連語　**Commitment** ▶ p042, **Hierarchy** ▶ p114, **Operation** ▶ p164, **Staffing** ▶ p206

Management
[マネジメント]

経営・管理・経営者・管理者

人が手で何とかすること

イタリア語で maneggiare は「馬を手なずけ、調教し、あやつる」こと。ビジネスに応用されたのは16世紀。ラテン語の manus（手）にルーツを持つ語根 man(u) - は「手」。そこから manner（手法）、manual（手動）、manufacturing（手工業）なども生まれた。人間がいつから人間になったのか、という議論は尽きないが、2足歩行によって前足が手になったときからとする説もある。

「マネジメント」はビジネススクールで学ぶ中心的概念です。ビジネススクールのあらゆる科目は、より効率的かつ効果的なマネジメントを行うために用意されているといっても過言ではありません。でも「マネジメントって何？」と改めて尋ねられると、答えに窮する人が多いのも事実です。

マネジメントとは「管理」である――確かにそのように訳されることは多いのですが、管理はすなわちマネジメントかというと、必ずしもそうではありません。MBA（Master of Business Administration）のAであるアドミニストレーション（Administration の項参照）も「管理」を意味します。コントロール（Controlの項参照）も「管理」と訳されることがあります。それではマネジメントはアドミニストレーションやコントロールとはどう違うのでしょうか。

イタリア語で maneggiare は特に馬を手なずけて上手く乗りこなすことです。フランス語でも馬に関係するこの用語が、ビジネスに応用されたのは16世紀になってから。この辺に、この言葉を理解するヒントがありそうです。

マネージは経営トップの仕事から日常生活に至るまで、重層的な広がりを持つ言葉です。「整理する」とか「ちゃんとする」といった意味もあります。人が、ものごとの複雑性を目の前にして、それを「自らの手で」何とか乗り越えようとしていくのがマネジメントの

本来の意味です。

「ひと」には2つの意味があります。「他人」と「人間」。他人だから簡単には言うことを聞いてくれません。人間だからそれぞれの思いや都合があります。その何とも難しい「ひと」のことを「何とかする」のがマネジメントの持つ意味です。

ピーター・ドラッカー(Peter F. Drucker)は「マネジメントのできる人は、どのような企業においても、最も根本的に必要であり、(にも関わらず)最も手に入れることが難しい資源である」と言っています。本当の意味での「マネジメント」を行える人は極めて稀であり、もしいれば、もたらす価値は極めて高い、ということです。

私がスタンフォード大学のビジネススクールに入学した時、当時(1988年)の学長が挨拶でこう言いました。

"Business School is the place to learn how to drink water from water pump."「ビジネススクールとは、ウォーターポンプから水を飲む方法を学ぶところである」

ウォーターポンプからは物凄い勢いで到底飲みきれない量の水があふれてきます。その中から自分で飲めるだけを何とか飲める方法を覚えるのがビジネススクールだと言ったのだと思います。ビジネススクールでは、学ぶ量が多く範囲が広いので、学ぶプロセス自体について「セルフ・マネジメント」が要求されます。

この話をしたところ、私のクラスの受講生はこんな興味深いコメントをしてくれました。「『なんとかする』のではなく、時間が経過して『なんとかなっちゃう』場合もありますよね」

確かに。何とかしようとしても、何ともならないものもあれば、何とかなってしまうものもあります。何とかなるものはなるに任せる、何ともならないものを、なんとかしていく。そこをちゃんと整理するのも、マネジメントの醍醐味なのです。

> **NOTE**
>
> I managed to escape from the fire.は「何とか火事から逃げ出した」。manage a horseは「馬を御す」。I will manage it somehow.は「なんとかしておきましょう」。how to manage a difficult bossは「難しい上司のマネージ法」。The management of the company offered a three percent pay raise to the union.は「同社経営陣は組合に対して3%の賃上げを提示した」で、managementは「経営陣」の意味。

関連語 **Administration** ▶ p016, **Business** ▶ p036, **Control** ▶ p058

Market
[マーケット]

市場

自由な市場と蚤の市場

「市場」すなわち「決まった時間に決まった場所でものを売買するために会う場所」としての用法は12世紀から。古フランス語のmarchietから。そのもととなったラテン語はmercatusで、「トレーディング」や「売買」すなわちマーチャンダイズ」のこと。market valueはジョン・ロック（John Locke）の用法。

カタカナで「フリー・マーケット」と書く時には異なる2つの意味があります。

1つは"free market"。「自由な市場」です。何の介入もなく、売り手と買い手の意向によって価格と取引量が決まるマーケットです。レッセ＝フェール（自由放任）の原則から生まれています。神の見えざる手です。

もう1つのフリー・マーケットは"flea market"。今では「フリマ」と略されるようになりましたが、元は「蚤の市」。本来はヨーロッパの各地で教会前の広場などで開かれるもの。なぜそう呼ばれるかについては複数の説があります。1つは蚤がつくほど古いものを売っているからというもの。もう1つは当初取引されていた絨毯に蚤がいたというもの。

また「市場」という漢字には異なる2つの読み方があります。「しじょう」と「いちば」です。「自由」のほうは「しじょう」に、「蚤」のほうは「いちば」に近いと思われます。

市場はやや抽象的な概念です。「もの」「かね」「ひと」にはそれぞれ市場があります。「もの」の世界では商品ごとに市場があります。「かね」の市場は「フィナンシャル・マーケット」。それが「マネー・マーケット」と「キャピタル・マーケット」に分かれます。「ひと」の市場は「レイバー・マーケット」です。

それに比べると市場は具体的。食料品や日用品などを扱う店がひ

しめきあっている場所で、築地の場外市場などはその典型です。築地のように船から荷を上げ下ろしする場所には魚市場(うおいちば)が立ちました。スーパー・マーケットも「いちば」からきています。

　もっともこの2つはまったく異なるのではありません。「いちば」を抽象化・概念化したものが「しじょう」で、もとは一緒。「しじょう」であれ「いちば」であれ、その原理はオークションです。かつては特殊な人たちのものでしたが、現在ではインターネットの取引を通じて、多くのひとが日常的に参加するようになりました。

　市場の原則は3つ。まずは、数多くの買い手と売り手がいること。次に、買い手も売り手も同程度に情報にアクセスできること。最後に、商品やサービスが比較可能なものであること。

　売り手と買い手は数多くいてこそ競争も生まれます。数が少ない側には強い力が生まれて、価格は歪みます。「独占(モノポリー)」や「寡占(オリゴポリー)」です。逆に言えば、売り手と買い手はそれぞれ結託して独占や寡占に近い状態をつくりたいと考えます。それがM&Aが起きる原理の1つです。しかし独占化・寡占化が進んで価格が歪むのは社会全体に対してはよくないこと。ですから政府の介入が行われます。

　マーケットはビジネスを行う場。市場の規模・伸び・特徴などについて調査することが「マーケット・リサーチ」。その分析が「マーケット・アナリシス」。市場を顧客の性別・年齢・所得・地域などによって細かく分けることが「マーケット・セグメンテーション」。市場で決まる価格が「マーケット・プライス」。市場での自由競争は「マーケット・コンペティション」。企業はマーケットでの厳しい生存競争を強いられます。

　自由恋愛は、恋愛市場での自由競争。だからキツいのです。

NOTE

market analysis は「市場分析」。stock market は「株式市場」。seller's/buyer's market は「売り手/買い手市場」。emerging market は「新興成長市場」。black market は「闇市場」。The new product finally came on the market. は「その新製品は、やっと市場に出された」。動詞で使って market the new product は「その新製品を市場に出す」。

関連語　**Capital** ▶ p038, **Competition** ▶ p050, **Price** ▶ p180

Matrix
[マトリックス]

行列・母体・基盤

母なる基盤

alma materは「母校の校歌」。maternityは「妊産婦の」。ラテン語のmaterはmotherつまり「母」のことである。「母胎」であったmatrixは後に「基盤」の意味となり数学やExcelで使われる「行列」となった。matrixという言葉に、温かく優しいオーガニックなイメージと、縦横に整理されたメカニカルなイメージが同居しているのは、この語源と言葉の進化に由来する。

　「『マトリックス』という言葉を聞くと、どんなものを思い浮かべますか。固い感じですか、柔らかい感じですか？」。そう聞くと、ほとんどの人が「固い感じ」と答えます。「数字がタテヨコに並んだ表のことでしょ」。

　「それでは、映画の『マトリックス』はどんな感じですか？」と尋ねなおすと、今度は多くの人が「柔らかい感じです」と答えます。「なんか、ぬめぬめ・ねばねばしたイメージです」。

　マトリックスの語源は「母」。胎盤は、ぬくぬくしたところ。ところが、同じ「盤」でもチェス盤のようなものになるとイメージは縦横の行列。2つのイメージが混在するのは、このためです。

　組織論で取り上げられる「マトリックス組織」とは、機能別・製品別・顧客別・地域別など複数の系統を組み合わせた組織の一形態。専門分野ごとの知識や技能によるマネジメントを優先するか、商品・顧客・地域など外部対応のマネジメントを優先するか。「どちらも大切だから、両方で管理しよう」というのが、マトリックス組織です。どちらかといえば固い「行列」のほうのイメージです。

　特に研究開発の分野ではマトリックス型の採用は多いようです。研究者や技術者は「要素技術」と「商品」という軸の双方でビジネスに関わっているからです。マトリックス組織では、この両方に責任者を置きます。エンジニアは両方の責任者から指示を受け、報告し

たり相談したりすることになります（Lineの項参照）。

　しかし、組織運営の鉄則は、上司を1人に限ること。マトリックス組織はこれに反しています。そんな掟（おきて）破りの組織がもし機能するとすれば、縦軸と横軸の上司同士が心底理解しあっている場合のみ。

　幸い、私はそのような組織にいたことがあります。イギリスの会社の日本の人事部長であった私には2人の上司がいました。1人は東京にいるカントリー・ヘッド（日本の総責任者）で、男性でした。もう1人はロンドンにいる人事部門の総責任者で、女性でした。日本の男性上司は日常的な仕事についての指示を出し、日本の経理部長や業務部長と比較して評価を行います。ロンドンの女性上司は、各国の人事部長を集めて方針を出し、相互に比較して評価を行います。その2つが合わさってバランスの取れた仕事と正確な評価が可能になるのです。この2人はとてもよく話し合いを行っていました。私はこっそり「父方（ちちかた）」と「母方（ははかた）」と呼んでいました。

　しかし、これは例外的に上手くいったケースといえるでしょう。通常はそれほどうまくはいきません。上司が複数いるマトリックス組織では一体誰が本当の上司かが曖昧になり、指揮命令系統の一元化が損なわれて、最終的な責任の所在が不明瞭になりがちだからです。ある人はこんな感想を述べています。

　「私のいる会社もプロジェクトと技術のマトリックスです。技術を優先すればコストがかかる。コストを削れば技術的に遅れてしまう。大切なのはそのバランスです。最近ではやっと『適当に廻せる』ようになった気がします」

　組織図上、上司は2人いるように見えますが、技術とコストのバランスを決めている事実上の意志決定者はそのひと自身。父方と母方の両方と上手くつきあえるかどうかは、交差点にいて廻している子供次第。そしていつしかパワーもそちらに移るのです。

> **NOTE**
>
> mathematical matrixは数学の「行列」。matrix organizationは「マトリックス型組織」。They live in a virtual-reality world called the Matrix.は「彼らは『マトリックス』と呼ばれる仮想現実の中で生きている」。A matrix is made through processes of engraving letters on wooden pieces.は「木駒に字を彫込んで母型とする」。

関連語　**Line** ▶ p142, **Organization** ▶ p170, **Power** ▶ p178, **Structure** ▶ p212

Membership
[メンバーシップ]

会員・会員の身分や資格

ただ乗りしない身内の証(あかし)

ルーツのラテン語membrumは「体の構成要素」。古いフランス語でmembreは「臓器」。そこから、イギリスでmemberは「グループの構成要員」を意味するようになった。「構成要員（つまり身内）であること」がmembership、そうでなければ「よそ者」である。membershipの有無は「自」と「他」を分かつ。どこまでがmemberか、それを決める範囲が「組織」とも言える。

　日本人は無意識に「ウチの会社」という言い方をしてしまいます。ここに日本人の本音の組織観があらわれています。「ここまではウチ」というときの「ここ」が組織の境界。そこから先は「ソト」。ウチの中には「内輪(うちわ)」の相互関係があり、ソトとの関係とは異なります。
　メンバーシップは「どの程度ウチであるか」に応じて、ある種のグラデーションを形づくっています。関係会社やその社員はさしずめ親戚。なかばウチでなかばソト。両者の中間にあるといってよいでしょう。
　企業間の関係を観察すると、トヨタと徳川幕府は似ていると思います。「オールトヨタ」とも呼ばれる13社は、徳川幕府で言えば「親藩」。そのほか「譜代」や「外様」に相当するいろいろなメンバーシップの企業グループ群があり、トヨタ本体との関係の濃さが規定されています。
　個人間の関係についていうと、メンバーシップをフォーマルに規定しているのは社員名簿や名刺、あるいは社章です。メンバーは企業の中で、アイデンティティーを共有します。私がかつて働いていた自動車会社では、社章を無くすと罰金が課されました。メンバーシップの象徴だからです。
　マンサー・オルソン（Mancur Olson）は『集合行為論』でメンバーシップと組織の関係について興味深い議論を展開しています。要

約すると「ただ乗りの防止」として「組織」が生まれるというのです。

「人々が共通の関心を持っていれば、そこから共通の目標が抽出され、その達成に向けてお互いに協力する──そんな考えは甘い」とオルソンは言います。なぜなら、本当に人間が合理的ならば、インプットをできるだけ少なくしてアウトプットを増やそうとする結果、「フリー・ライダーこそがもっとも『合理的』」ということになってしまうからです。フリー・ライダー、パラサイト、いいとこ取りをする人、お神輿にぶら下がる人…。確かにそういう人たちはいます。しかし真のメンバーではありません。そのような偽メンバーを排除するために組織が必要になる。それがオルソンの主張です。

フリー・ライダーを抑制するための組織をつくるには、次の3つの方法があります。

まず、小さなグループに分割します。そうすると、誰が何をしているかわかるようになります。それが部署です。次に、誰の言うことを聞くべきかというオーソリティーを決めます。それが上司です。最後に働きに応じて選択的に与えるインセンティブを設計し与えます。それが報酬制度です。そのようにして組織の中に協力し合う真のメンバーのみがいるようにしていくのが組織マネジメントです。

自動車には、たくさんの「メンバー」といわれる部品が入っています。金属でできた構造部品です。自動車に役に立たないメンバーは1つもありません。同様にオーガニゼーションの語源となった体の構成要素にも無駄なものはありません。組織においてメンバーはフリー・ライダーではなくそれぞれ何かの役割を演じ役に立っていなくてはなりません（Function, Roleの項参照）。

本来の意味でメンバー（構成要員）であるということは、ただ乗りをしていないこと。一定の働きが認知されてこそ、心地よい居場所もあろうというものです。

NOTE

club membershipは「クラブの会員であること（あるいは会員権）」。apply for membershipは「入会を申込む」。You are qualified for membership.は「あなたは会員になる資格がある」。incorporation of membership companiesは「持分会社の設立」。cross-member of the vehicleは「車のクロスメンバー（横材）」と呼ばれる部品です。

関連語　**Company** ▶ p044, **Function** ▶ p102, **Incentive** ▶ p120, **Management** ▶ p144
Role ▶ p198

Meritocracy
[メリトクラシー]

能力主義

メリットに応じた扱い

meritという言葉は日本語では「長所」と理解されているが、辞書の第1の訳は「功績」である。語源であるラテン語の merere は「得る」「勝ち取る」。そこからmeritは功績に対して受け取るべき報酬の意味になった。民主主義（democracy）や貴族主義（aristocracy）にみられるように、-cracy は「主義」を表す。meritocracyは「メリット主義」である。

　転職者に対する給与は一体どのようにして決まるのでしょうか。人事部の判断材料は3つあります。
　第1の要素は、社外的な競争力です。市場競争力のある給与を提示しなければ、能力の高い人材を引っ張ってくることは難しくなります。職務には市場でプライス（Priceの項参照）がついています。
　第2の要素は、社内的なバランスです。いくら能力のある人材がいても、その人だけ突出して厚遇するわけにはいきません。
　第3の要素は、本人の前年度収入との関係です。給与ダウンになっても仕事のオファーを受けるでしょうか。よほど他のことで魅力を感じない限り、サインすることには躊躇するでしょう。
　最初の給与が決まった時点では業績は予測でしかありませんから、あくまでも能力に対する値づけに業績期待を加味したものです。
　このようにして決まる給与は、メリトクラシーに基づいているといわれます。メリトクラシーは「業績主義」。語源的にはそれで正しいのですが、実態としては「能力主義」の要素もあります。「やれる」と「やった」の両方です。
　「メリット・ペイ」は、本来個人の業績と能力を総合評価して支払う報酬制度。3つの条件で決まった最初の給料に、業績とリンクした賞与が加わり、メリット・インクリースと呼ばれる昇給によって給与が改訂されていくと、業績の要素が強まっていきます。

メリトクラシーという言葉は、1950年代にイギリスの社会学者であるマイケル・ヤング（Michael Young）の用語ですが、もともとは必ずしも良い意味で使ったわけではなかったといいます。

個人の「メリット」ばかりが強調されるのは本当に良い社会でしょうか。なにごとも程度問題です。能力主義・業績主義も行き過ぎてしまうと、悪い意味での「エリート主義」となってしまう危険性があります（Eliteの項参照）。

ところが、ヤングの懸念とは裏腹に、世の中はメリトクラシーを容認する方向へと進んできました。それまでの評価の要素は年齢・性別・人種・出身などの「属性」。それに比べれば「やれる」と「やった」で評価することのほうが公正性の点でまだしも勝るということです。

企業間の競争は「生存競争」になぞらえられることがよくあります。「実力主義」や「自己責任」といった言葉と軌を一にしているメリトクラシーは「能力の高いものだけが生き延びる」という考え方とも通低しています。しかし、本当にそれだけで良いのか、ある程度の慎重さは必要です。

また、メリトクラシーの考え方が適合しない分野もあります。アメリカでも例えば公的な教育の分野などではメリット・ペイは必ずしも普及していないようです。ドライにメリットを追求することがその分野のあるべき姿と適合しないということです。

「功ある者には禄を、能ある者には職を」と言われます。西郷隆盛の遺訓集にもある、古くからある知恵です。払い切りの謝礼（禄）を支払う対象は業績（功）であり、将来の業績につながる仕事（職）を割り当てるのは能力（能）に応じてである、というのは人材マネジメントを考える上での基本的な心得です。仕事の報酬は仕事。メリットある人にとって良い職は何よりの報償となるのです。

NOTE

Singapore describes meritocracy as one of its official guiding principles.は「シンガポールはメリトクラシーを国の公式の原則の1つであると記述している」。determine one's role based on meritocracyは「能力主義をベースに役割を決める」。system of radical meritocracy employed by Nobunagaは「信長によって採用された極端な実力主義の制度」。

関連語　**Appraisal** ▶ p024, **Compensation** ▶ p046, **Elite** ▶ p082, **Price** ▶ p180

Mission
[ミッション]

任務・伝道・使命・使節団

伝道すべき使命

ラテン語のmittereは「送る」あるいは「使わせる」。教会が各地に布教のため各地に送ったことから「布教活動」はmissionaryとなった。宗教においてはmissionは「伝道」。外交では「使節団」や「代表団」。自動車においてはtrans-missionは「エンジンの動力をタイヤに伝える機構」。使わされて伝えるべきものをきちんと伝えることが「使命」である。

　「あなたにとってミッションとは何ですか?」と聞くと、さまざまな答えが返ってきます。「使命である」という人。「特別な任務のことだ」という人。「ミッション系の大学のこと?」と聞き返す人。「トランスミッションの略称です」と言うのは自動車会社の人。

　ミッションは「達成すべき任務」。この言葉がビジネス用語として使われたのは、軍隊での使われ方に影響されていると考えられます。軍隊では「任務終了」のことを「ミッション・アコンプリッシュド」と言います。特別に難度の高いミッションが、映画のタイトルにもなった「ミッション・インポッシブル」です。

　ミッションは「伝道すべき使命」です。教会が布教目的で各地に派遣する際に与えたのがミッションでした。「遣わされた者として受けた命令、果たすべき務め」が原義です。ミッション・スクールは、キリスト教会が信仰に基づいて一般教育の目的で設立した学校のこと。「蔦が絡まるチャペル」とか「赤いレンガの壁」とか「可愛い制服」とかはミッションの本質とは関係ありませんのでご注意を。

　ミッションは、パッションに裏打ちされたもの。ミッションは熱い言葉ですが、パッションはさらに熱い言葉。アクティブ(能動)の反対語であるパッシブ(受動)から派生したパッションは、究極の受動である「受苦・受難」。そこから「情熱・熱情」に転化しました(Actionの項参照)。ミッションを果たすべく艱難辛苦を受けて

いく情熱がパッションです。そして、ミッションをもたらすものがビジョンです（Visonの項参照）。ですから、ビジョン・ミッション・パッションは、単なる語呂合わせではなくてセットなのです。

ミッションは、命を賭すこと。「怪獣退治に使命をかけて」というのは『帰ってきたウルトラマン』のテーマソングのうちの一番有名な部分です。怪獣が出てきた時に、（帰ってきた）ウルトラマンが自らのミッションとして、命を賭して戦い地球を守ってくれました。

経営には分析的でドライな面もあります。それに対してビジョンもミッションもパッションも人間的な世界観を示しています。なかでもミッションはもともと宗教用語です。複雑性や不確実性が大幅に高まって行き先が見えなくなるなかで、ビジネスの世界にやや宗教の色彩を帯びた言葉が入って来ざるをえなくなったということかもしれません。

ミッションは、企業にとっては戦略や価値観や行動指針のもととなるものです。企業が社会で果たすべき使命は何か。顧客に対してデリバーできる価値は何か。あるいはそもそも何のためにその企業は存在しているのか。そこから戦略が生まれ、提供すべき価値が明確化され、日々の行動の拠って立つところとなります（Strategy, Vaule, Operationの項参照）。ただ、残念ながら企業のミッション・ステートメントを読んでも「パッションを感じない『ただの作文』だなぁ」と感じることも多くありません。

ミッションの主体を会社ではなく「私（自分自身）」とすることも可能です。自分が果たすべき使命は何か、顧客に対して何ができるのか、あるいはそもそも何のために仕事をしているのか。それを考えることで、キャリアの目標も明確になります（Careerの項参照）。ぜひ個人としてのミッション・ステートメントを書いてみることをお薦めします。「作文」ではなく、使命感にあふれたものを。

NOTE

mission statementは「綱領」と訳されることもある。undertake a missionは「使命を引き受けること」。execute a missionは「使命を遂行する」。accomplish a missionは「ミッションを完了する」。それに対してa trade mission「通商使節団」のように、「送りこまれた」ことに重点を置く場合もある。

関連語　Action ▶ p014, Career ▶ p040, Customer ▶ p066, Operation ▶ p164
Strategy ▶ p210, Vaule ▶ p238, Vison ▶ p240

Motivation
[モチベーション]

動機づけ・意欲

火のようで蝶のような心の動き

ラテン語のmotioは「動き」。それが英語のmotionとなった。フランス語ではmotif（モチーフ）。芸術作品におけるテーマ。自分を駆り立てる「表現したいこと」。それらが英語においては「動機」を意味するmotiveとなった。motivateは他動詞で「動機づけること」。その名詞形であるmotivationは「動機づけ」と訳されるが、平易な言葉であらわせば「ヤル気」である。

モチベーションは「動機づけ」と訳されます。何ともこなれていない印象のある訳語ですが、英語と日本語では発想が異なることが「こなれなさ」の原因だと思われます。

モチベートは目的語を伴う他動詞です。「彼が私を動機づけた（He motivated me.）」、あるいは受動態で「私は動機づけられた（I was motivated.）」という表現は、日本語ではぎこちないのですが、英語としては素直な表現です。そしてそれゆえにこそマネジメントの問題なのです。

モチベーションは、報酬などの外的な要因でが高まることもあり、「外発的動機」と呼ばれます。一方で、自分の内面からふつふつと湧き上がってくる気持ちを指すこともあります。これが「内発的動機」と呼ばれるものです。特に日本人はモチベーションをあくまでも「自分の問題」と捉える傾向が強いように思います。

モチベーションの類語であるモーチブという言葉は「内部的な衝動としての動機」を意味します。もととなったフランス語はモチーフ。芸術においては創作の動機となる題材のことですが、英語になると犯罪の動機としても使われ、「真意」や「意図」を意味するようになりました。いずれにしても心の中にある内発的なもので、人を動かし駆り立てる、内的な衝動のことです。

モチベーションは極めて人間的。モチベーションが上がっている

ときには我(われ)を忘れて仕事をして「やめられない・止まらない」状態になる一方、どうしてもモチベーションがわかないときには到底仕事にならない…。そんな経験を誰しも持っていることでしょう。

そして、モチベーションは気紛れなもの。長い間続くこともありますが、まるで「あれは夢だったのか」と思えるほど跡形もなく消え去ってしまうこともあります。昨日あれだけ燃えていたのに一晩寝ると忘れてしまったり、誰かのちょっとした一言で一気に凹んでしまったり。蝶は羽を休めているときに捕まえないと逃げてしまいます。モチベーションはそれと同じ。勉強や仕事を「したい！」と思った「その時」を捕まえなくてはならないのです。

モチベーションは火のようなものともいえます。なかなか火がつかず、ついたと思ったら燃え盛ったり、あるいはすぐに消えてしまったりしますから、よくよく注意が必要です。そんな「取扱い注意」のモチベーションは、企業の生産性に直結するマネジメントの重要なテーマです。経営者の観点（モチベートする側）と従業員の観点（モチベートされる側）の双方からじっくり考えていくことが大切です。例えば目標の設定の仕方でモチベーションは高まります（Goalの項参照）。評価も重要です（Appraisalの項参照）。

「人材マネジメント」の要諦の1つは、部下の心に火をつけ、その状態を維持する——つまりモチベーションのマネジメントにあります。モチベーションは「セルフ・マネジメント」の問題としてとても大切です。高いモチベーションを維持して生きることは、充実した人生の1つのありようだと思えます。私たちは人生を、燃える思いにあふれ、時には我を忘れ、そして成長の実感を持って過ごしたいもの。しかし、自分のモチベーションのコントロールでさえ難しいのですから、まして他人のモチベーションを高めて維持するのは容易ではありません。だからこそスキルを磨く必要があるのです。

Motivation

> **NOTE**
>
> strong motivation to studyは「勉学に対する強い意欲」。keep motivation at a high levelは「モチベーションを高く保つ」。The baseball team faces financial difficulties and its members lack motivation to win. は「その野球チームは財務問題を抱えており、メンバーたちは勝利への意欲を欠いている」。I'm getting a rush of motivation. は「ヤル気が俄然わいてきた」。

関連語　**Appraisal** ▶ p024, **Commitment** ▶ p042, **Goal** ▶ p112, **Management** ▶ p144
Zone ▶ p252

Network
[ネットワーク]

網状組織・放送網・回路網

スモールワールドをつくる網の働き

netは「網」、workは「働き」。もともとの意味は網の目のように張り巡らされたもの。この意味での典型的な例は「鉄道網」。その後テレビ放送の発達と共にnetworkは「放送網」ともなった。「人間同士の関係」をあらわすようになったのは第2次世界大戦後。コンピューターの用語として多用されるようになったのは1970年代から。

　ソーシャル・ネットワーキング・サービス(SNS)が世界を変えつつあります。それも劇的に。
　SNSのお世話になれば、ウェブを通じて社会的なネットワークを作り上げることができます。SNSがもたらすのは、コミュニケーション。とはいっても、必ずしも濃いやりとりとは限りません。コメントを書くのは億劫でも「ポチっ」とクリックするだけなら簡単。淡いながらも十分気持ちは伝わるものです。フェイスブックには「いいね！」ボタンだけで「よくない！」ボタンがないのも気楽。
　SNSは、頻繁に来る年賀状のようなものともいえます。年賀状だけでつながっていたような人間関係のことを英語では「弱い紐帯（ウィーク・タイ）」といいます。それが実は強さ（ストレングス）を持っていることを証明したのは、スタンフォード大学のマーク・グラノヴェター(Mark Granovetter)です。
　社会におけるネットワークは詰まるところ人間関係。家族や同僚のような濃い関係においては、日常的に情報は共有されています。それに対して、例えば転職に関する情報などは年賀状のみでつながっていたような人からひょっこりもたらされるもの。転職情報に限らず、密度が濃い関係とはいえない人に限って、意外と重要な情報をくれるものです。今までは、そのような人との淡いやりとりは引っ越しなどで途絶えてしまうこともありました。SNSには弱い紐

帯を途切れさせないようにする機能もあると思います。

　ネットワークという言葉は組織の形態を議論するときにも使われます。「ネットワーク型組織」です。階層は深くなくて、フラット。意思決定は限られた者のみが行うのではなくて、分権的。

　ちょっと気をつけたいのは「ネットワーク型組織で働く」という表現は「馬から落馬する」といった重複表現に近いことです。ネットワークはそれ自体、網状の組織のことであり、さらにネットワークは最初から「ワーク（＝はたらき）」を含んでいるからです。

　社会が文字通りネットワーク化し、それをSNSが加速しました。「会社」は「社会」のありようを反映しますから（Fractalの項参照）、ネットワーク化した社会にあっては、「ネットワーク型組織で働く」ことについて考えることはやはり重要です。

　「ネットワーク型組織」にはプロジェクト・チーム、タスクフォース、クロス・ファンクショナル・チームなどがあります。いずれもタイムリーにチームを編成し、柔軟にメンバー構成を変えていくものです。コンサルティング会社などのプロフェッショナル・ファームでは、ネットワーク型組織は当たり前です。至る所でコミュニケーションが行われますから、決して調整コストが安いとはいえません。ただし、そのコストに関する問題点を解決しつつあるのが、まさにネットワークの技術です。

　ネットワーキングの性質を持つものにおいては「ハブ」が威力を発揮します。そしてハブを中心に多数のネットワーキングが重なりあっていくと「スモールワールド」と呼ばれる現象があちこちに見られるようになります。SNSを通じて「共通する友達」がこれほどいたのかと知って驚くこともあったと思います。世の中は、思った以上に狭い。世界の距離を縮めるのがネットワークなのです。

NOTE

TV networkは「テレビ放送網」。use an application in a network environmentは「アプリケーションをネットワーク環境で使用する」。networking skill of MBAは「MBA学生の人脈構築スキル」。Social networking services (SNSs) are now very popular throughout the world.は「ソーシャル・ネットワーキング・サービス（SNS）は、いま世界中でとても人気がある」。

関連語　**Cost** ▶ p060, **Global** ▶ p110, **Hierarchy** ▶ p114, **Team** ▶ p224

Objective
[オブジェクティブ]

目的・対象・物体・客観・目的語

投げかける目標

ルーツとなるラテン語のjacereは「投げる」。そこから語根の-jectは「投射」を意味する。接頭辞ob-は本来「〜の前に立ちはだかる」であるが「〜に向けて」の意味もある。文法ではobjectは「目的語」で、形容詞でobjectiveは「客観的」。フランス語のobjetは「オブジェ（もの）」。

　言葉の大半は主語（S）と動詞（V）と目的語（O）でできています。そのくらい目的というものは本質的です。仕事は目的達成のために行います。組織は目的達成のために存在します。戦略は目的達成のために設定します。経営の視点から見ても目的が大事なのです。

　目指すものをあらわす言葉には「ゴール」もあります（Goalの項参照）。あるいは「パーポス」もあります。これらの間にはどのようなニュアンスの違いや使われ方の違いがあるのでしょうか？

　第1の違いは、熱さの感覚です。スポーツにはゴールを使い、オブジェクティブもパーポスも使いません。人生で目指すものにはゴールとパーポスを使い、オブジェクティブは使いません。

　ゴールは「到達地点」。目指すべき頂点のような熱いイメージがあります。パーポスは方向をあらわすpurと「そこに置く」を意味するposeを組み合わせたものですから、方向感や意図が前面に出た言葉です。それに対してオブジェクティブはずっと冷静。フランス語でオブジェは「もの」。何しろ、オブジェクティブの別の意味は「客観的」なのですから。「年度末に達成すべき数字」などを指すにはオブジェクティブの熱すぎない語感が似合っています。

　第2の違いは、時間の感覚です。ビジネスの場面では「オブジェクティブは達成したもののゴールを見失った」というような言い方もします。「あなたはいったい何のために仕事をしているのか？」というときの「何のため」はパーポスです。それに対してオブジェク

ティブの場合は「今期の目標」や「当面の目標」など、近い将来具体的に達成すべきことに使うのがフィットします。

　そのことから考えると、ゴールやパーパスはより遠い目標、オブジェクティブはより近い目標ともいえそうです。システム論における目標と手段の階層構造は、パーパスが一番上にあり、その下にゴール、その下にオブジェクティブ、その下にエンド、その下にミーンと続きますが、これは言語感覚とはほぼ一致しています。

　さて、ここで別の観点から「オブジェクティブ」に意味をクリアにするために、兄弟関係にある言葉の「オブジェクト」と比較して考えてみたいと思います。

　英文法では、サブジェクト (S) は主語で、オブジェクト (O) は目的語。ということは、サブジェクトが「主」でオブジェクトが「従」ということになります。しかし、ちょっと立ち止まって考えてみると、少し変です。もともと「サブ」というのは「下」のこと。サブジェクトのほうが「従」のように考えたくなります。

　この疑問は、サブジェクトが「誰の下」を意味するかということを理解することによって解消します。キリスト教の世界では、人間は下僕。主語に "sub" がつくのはそのためです。そのときに、上にいる神と下にいる人間との間で立ちはだかり ("ob-")、間に入って邪魔することがオブジェクション (異論・反論) です。

　オブジェクティブ (目的) も、神と下僕の間にあります。目の前にあるものですから「客観的」です。また "ob-" には「〜に向けて」の意味もあります。そこに向けて投げていく (-ject) 対象が「目標」なのです。下にいたはずの人間 (サブジェクト) がいつのまにか「主体」となり、そこへ向かって投げていく対象が目的となった。この関係を理解することが、英文法の基本 (SVO) とキリスト教的世界観とビジネスとを同時に理解することになると思います。

> **NOTE**
> in an objective manner は「客観的に」。objective test は「客観テスト」。objective opinion は「客観的意見」。objective evidence は「客観的証拠」。objective reality は「客観的現実味」。taking an objective attitude は「客観的な態度を取る」。objective case は「(文法の) 目的格」。a final objective は「最終目標」。accomplish an objective は「目的を達成する」。

関連語　**Goal** ▶ p112

Officer
[オフィサー]

将校・士官・役人・幹部

オフィスで働く人

もともとofficerは責任を伴うポストのこと。語源はラテン語のofficiumでサービスやビジネスのこと。「働く」を意味するopusと「すること」を意味するfacereが組み合わさり、op-がof-に変化した。そこから仕事を行う場所がオフィスとなり、そこにあるポストがオフィサーとなった。後に役人や警察官などにも使われるようになった。

「オフィス」という言葉はアメリカと日本では使われ方が異なります。ちょうど「マンション」がアメリカでは巨大邸宅、日本では集合住宅をあらわすように。

アメリカの会社でシニアのポジションにある人（仮にX氏）に電話をすると、秘書が "Yes, this is X's office." と答えます。英語でのオフィスは、本来は個室の「執務室」を意味しました。役員や弁護士などが執務を行う部屋です。もともとそこは「オフィシャル」な場所です。

「オフィサー」はオフィスに人を表す "〜er" がついたもの。英語で言うオフィスを持っているようなシニアの役職者。軍隊では「将校」や「士官」のクラスです。逆にいえばその仕事が「執務室」に似合っているような役職です。

アメリカの会社法での規定では、ずっとハイレベルの役職をオフィサーであるとしています。

チーフ・エグゼクティブ・オフィサー（CEO）は最高経営責任者。チーフ・オペレーティング・オフィサー（COO）は最高執行責任者。チーフ・フィナンシャル・オフィサー（CFO）最高財務責任者。

これらには、すべて最後にオフィサーの頭文字である "O" がついています。アメリカの法律で定める「オフィサー」は日本で言う役員クラスにあたります。

これに倣って、チーフ〇〇オフィサーという役職名が増えてきました。アメリカの組織では各部門のトップにあたります。CIO（最高情報責任者）やCTO（最高技術責任者）など。最近ではCLO（最高学習責任者）のポジションも多くなってきました。

ところが言葉というものは面白いもので、そうなると逆にチーフ〇〇オフィサーのことを「オフィサー」のカテゴリーには入れなくなりました。ためしにCEOやCOOの方に「あなたはオフィサーですか？」と聞いてみると「違う」と答えるかも知れません。最近ではオフィサーは、上級管理職のみならず中間管理職あるいは「平のオフィサー」を意味していることが多いからです。オフィスのほうも「執務室」から「事務室」や「仕事場」へとニュアンスが変わってきました。

オフィサーかノンオフィサーかというのは身分（ステイタス）に関わる問題ですので、本来はデリケートな問題です。現実的な解決策として、オペレーターやアシスタント以外はすべて「オフィサー」と呼んでいる企業もあります。さらにもっと現実的に「残業手当を支給される人がノン・オフィサー」で「残業手当を支給されない人がオフィサー」という便宜的区分けを用いている企業もあります。

現在では、オフィサーはこうした用法を含めて、一定の職権を持った役についている人を広く指すようになっています。たとえば、入国審査官は「イミグレーション・オフィサー」です。アメリカでは、違法駐車している車に切符をきる係のことを「パーキング・エンフォースメント・オフィサー」と呼ぶのだそうです。これも確かに「執行役」には違いありません。士官や将校のイメージから遠くなっているのも確かですが、本来言葉とはそのようにだんだん広く使われていきながら、微妙にニュアンスと意味を変化させていくものなのです。

NOTE

chief executive officerは「最高経営責任者」。chief operating officer は「最高執行責任者」。senior officerは「高官」。military officerは「陸軍将校」。I served as a program officer at the university. は「その大学でプログラム・オフィサーとして働きました」。officeの用例としては、office workerは「事務職」。office hoursは「勤務時間」、office politicsは「社内の駆け引き、人間関係」。

関連語 **Bureaucracy** ▶ p034, **Organization** ▶ p170, **Title** ▶ p228

Operation
[オペレーション]

施行・作用・工程・作戦・手術

現場力の発揮

「働く」を意味するラテン語 operari は「うまくいく」ことも意味している。同根の opera（歌劇）の上演では、単に働くだけでなく効果を出さなければならない。同様に「職場での業務」「作戦の実行」「外科の手術」をあらわす operation には、「働き」と「効果」の両方の意味がある。co-operation は「協働」することによって、さらに効果を高めること。

　オペレーションは、きちんと仕事を成し遂げることが必要とされる、あらゆる場面で使われます。
　軍隊では「作戦」を意味します。「オペレーション○○」と後ろに言葉をつければ「○○作戦」の意味になります。医療では外科手術で、略して「オペ」と呼ばれます。数学で「フォー・オペレーションズ」は加減乗除のことです。経営上の問題に数学的アプローチを加味するのが「オペレーションズ・リサーチ（OR）」です。
　オペレーションは、金融政策では「中央銀行が行う公開市場操作」のことです。金融機関では「取引業務全般」を指し、業務部のことを「オペレーションズ」といい、"Ops." と略します。製造業では機械の操作者は「オペレーター」で、完全操業は「フル・オペレーション」です。
　オペレーションとオペラ（歌劇）は、言葉の響きが似ているだけでなく語源を共有します。オペラにおいても、それぞれの役者・演奏家・裏方が現場で役割を分担して、てきぱきと効率よくミスなく成し遂げなければお客さんは満足しません。ビジネスも同じです。
　『ビジネスマンの基礎知識としてのMBA入門』において、遠藤功教授による「現場力」の考え方が示されています。オペレーショナル・エクセレンスです。
　「現場」は、調達・製造・輸送・販売などのあらゆる業務のオペ

レーションが行われる場を意味します。現場は戦場、手術室、劇場であり、職場でもあります。場面はどこであっても、プロフェッショナルとしての仕事をきちんとするためには、現場でのオペレーションが上手く流れなければなりません。

戦略は「何をするか」ですから"What"の問題だと言い換えることができます。それに対してオペレーションは「どうするか」ですから"How"の問題。この2つはどちらが上位でどちらが下位ということはありません。どちらも上手くいかなければ、競争に勝つことは覚束ないのです。

自律的に現場がきちんと働くこと──オペレーショナル・エクセレンスという言葉は平易ですが、それを実践するのは容易なことではありません。だからこそ、それを組織のレベルで身につけていけば、一朝一夕では追いつけない、持続する差別化要因としての組織能力となるのです。

教育における現場は教室です。そこでもオペレーショナル・エクセレンスは重要です。時間通りに開始し、時間通りに終了する。そんな当たり前のことから、事前連絡、座席配置、機材搬入、出席確認、資料配布、ゲストの送迎、発表者のアレンジ、レポートの回収とフィードバックなど、気を配るべきことはたくさんあります。

コンテンツは確かに重要。しかし、わずか90分しかない「本番」はオペラの上演と同じです。事前に定められた役割をそれぞれが演じ切り歌い切ると同時に、舞台裏の実務的オペレーションをきちんとスムーズに回していかなくてはなりません。そして、スムーズなオペレーションのためには一にも二にも準備が大切です。

それでも「まさか」の事態が起こることがあります。それを事故ではなくてチャンスに変えていく。それが「チャンス・オペレーション」なのです。

NOTE

military operationは「軍事行動」。sales operationsは「販売活動」。operative surgical procedure, surgical operation, surgery operationはいずれも「外科手術」。In order to keep sustainable competitive advantage, we need to seek operational excellence.は「持続可能な競争優位を保つためには、オペレーショナル・エクセレンスを追及しなければならない」。

関連語 **Competency** ▶ p048, **Competition** ▶ p050, **Professional** ▶ p182, **Strategy** ▶ p210

Opportunity
[オポチュニティー]

機会・好機

港へ向かってつかむ機会

もととなったラテン語opportunusは「有利な」であるが、その言葉をさらに辿ると"ob portum veniens"というフレーズに行き着く。obは「〜に向かって」、portusは「港(port)」。つまり「港へ向かって」いくこと。かつて、ヨーロッパでは港へ向かうことは大きな貿易の機会を意味した。特に、アジアから香料や陶磁器を運んで来ることが当時の「機会」であった。

オポチュニティーは「機会」。機会は見込み。オポチュニティーという言葉の第1のこころは「〜しそう」です。

ビジネス・オポチュニティーは「事業機会」。このビジネスは成立しそう。顧客のニーズを捉えそう。顧客に自社ならでの価値を提供できそう。そこから収益は上がりそう。その収益は永続しそう。

マーケット・オポチュニティーは「市場機会」。いったいそこにはマーケットがあるのか。市場のサイズはどの程度ありそうか。グロース(成長率)はどの程度ありそうか。よしんばそれがあったとして、自社は他社にはない強みを発揮できそうか——つまり、勝てそうか。それを分析予測します。

オポチュニティーの第2のこころは、それが将来に関わる未実現のものだということです。「〜すれば、〜するはず」。とらぬ狸の皮算用ではありますが、中でもかなり確率の高いものです。

「オポチュニティー・ロス」は「機会損失」。典型的な例としては店舗における在庫切れがあります。いま目の前にお客さんがいて「サイズが合うものがあるなら買う」と言っているのにそれが切れていると、みすみす販売の機会をのばしてしまいます。機会損失は、「得べかりし利益」が得られないこと。「在庫さえあれば、売り上げがあがったに違いないのに!」。この「〜すれば、〜したのに」が機会損失です。実際の損失ではなく「たられば損失」といってもよい

でしょう。しかしそのような損失を被りたくないことが、市場調査を行い、需要動向を把握し、将来予測をたて、生産活動を行い、在庫を調整するという私たちの仕事の大きな動機となっているのです。

オポチュニティーという言葉の第3の、そして本当のこころは"port"にあります。「港」の文字に秘められたこころは、「準備と努力とリスクテイク」です。まず、港へ向かわなければ、オポチュニティーは訪れません。

そのことを考えるために、オポチュニティーと似て非なる言葉であるチャンスと比較してみましょう。「一攫千金のチャンス」とはいいますが「一攫千金のオポチュニティー」とは言いません。この2つの言葉の違いはどこにあるのでしょうか。

チャンスには「そこにあるから行っちゃえ！」というニュアンスがあります。チャンスは偶然。単なる確率の問題で、誰にでも公平にやってきます。「棚からぼた餅」はチャンスです。

それに対してオポチュニティーが意味するのは「ちゃんと調査をして可能性を測り、タイミングを見計らって必要な資源を投入し、成功に向けて努力する」ということ。戦略のSWOT（強み・弱み・機会・脅威）分析における「機会」が「オポチュニティー」であって「チャンス」でないのはそのためです。

オポチュニティーは準備と努力をしている人にだけ訪れます。新しい事業や市場は確率的に訪れるものではありません。自ら発見したり創り出したりするもの。そのためにはまず準備が必要です。ボーイスカウトの標語は「備えよ常に (Be prepared.)」。それがあってはじめて好機を捕まえることができます。そして努力も必要です。さらに、機会はリスクテイクをする人にだけ訪れます。だから「リスク」と「オポチュニティー」はセットになっているのです。

NOTE

> take an opportunityは「機会をとらえる」。seize an opportunityはもっと積極的に「機会を捕まえにいく」。embrace an opportunityは「機会を活用する」。watch for an opportunityは「機会を見る（潮時を見定める）」。a heaven-sent opportunityは「（天から与えられた）絶好の機会」。「機会があれば」はwhen opportunity serves。形容詞opportunisticは「日和見主義の、ご都合主義の」。

関連語　**Market ▶ p146**

Optimization
[オプティマイゼーション]

最適化

望ましさで一番にする

opt-は「望む」こと。例えばoptionというのは望むものを取るから「選択権」。そのもととなったラテン語optareは「望む」「選ぶ」を意味する。最大はmaximumであるが、optimumは「望ましさにおいて一番」であることを意味する。そのような「最適解」がoptimal solution、最適解を得る点がoptimal point。optimizationはさまざまな縛りがある中で「最適」を目指すこと。

　ビジネススクールには数多くの科目が用意されています。しかし、結局のところどの科目においても「マネジメント」について手を替え品を替え説明しているといえます（Managementの項参照）。
　それぞれの科目に共通するコンセプトがもう1つあります。それがオプティマイゼーション（最適化）です。さまざまな条件を総合的に勘案して最適解を探すことです。
　銭湯を考えてみます。風呂の温度は熱すぎてもだめ、ぬるすぎてもだめ。「ちょうどよい湯加減」は誰にでもあります。それがその人にとっての「最適値（optimal point）」です。ところが、銭湯にはいろいろな人が来ます。ある人は熱めが好きで、他の人はぬるめが好き。お客さん全体を考えての最適値を探さなければなりません。あるいは衛生面の配慮から熱めにしておいたほうが良いかも知れません。そうすると、少し熱めのほうが、より広い観点からの最適値かも知れません。こうしてさまざまな要素を勘案して、銭湯の温度としての解が定まっていくのです。
　ビジネスを行う上では、時間・資金・人材・技術・市場など多くの制約条件を同時に考慮に入れなければなりません。市場の特性や顧客の要望も制約条件となります。倫理性や社会的責任なども考慮に入れる必要があります。制約条件がなければ、極言すればマネジメントは必要ないのです。がんじがらめの制約のなかで、数多くの

条件を満たしながら、手持ちの資源をどう振り分けると最も望ましい結果となるのか──その方程式を解くのが最適化です。

オプティマイゼーションには、この単語帳の中だけでも参照すべき項目がたくさんあります。この用語が他とのつながりが多いことの証左であるともいえます。

戦略的意思決定は「限りある経営資源の最適配分」です（Allocaton, Strategyの項参照）。ファイナンスにおいては「最適な資金調達」の方法を考えます（Financeの項参照）。投資理論においてはリスクに対して最大のリターンを生み出す「最適のポートフォリオ」を考えます（Investment, Portfolioの項参照）。現場の作業においては「最適な時間配分」について検討する必要があります（Opetationsの項参照）。人事・組織マネジメントの分野では、すべての従業員にとってベストな解などないのが普通。どのあたりで手を打てばよいのか、いつも手探りしながら最適解を探していきます。

オプティマイゼーションを行う際には制約だけでなく「トレードオフ」の関係にあるさまざまな事情を総合的に勘案します。トレードオフの関係にあるとは、あちらが立てばこちらは立たないという関係にあることです。

数多くの販売員や多額の広告宣伝を投入すればより多く売れるのがわかっていても、コスト増になるのは目に見えています。商品にさまざま機能を持たせると、便利なのですが重くなったりボタンが増えすぎてかえって不便になることがあります。優れた人材には高い報酬で厚遇したいところですが、人件費の上昇になるばかりか、他の人のモチベーションを下げかねません。

制約条件とトレードオフの双方に目配りしながら、望ましさにおいて一番となる。そこにマネジメントがマネジメントたる所以（ゆえん）があると思います。

> **NOTE**
>
> optimization theoryは「最適化理論」。optimization problemは「最適化問題」。optimal pointは「最適点」。optimal solutionは「最適解」。optimize throughputは「スループット（単位時間あたりの処理能力）を最適化する」。Our competitor offers a better selection of products optimized to customer needs. は「当社の競合相手は、より消費者ニーズに合致した製品を取りそろえている」。

関連語　Allocaton ▶ p020, Customer ▶ p066, Finance ▶ p096, Investment ▶ p130
Merket ▶ p146, Opetations ▶ p164, Portfolio ▶ p174, Strategy ▶ p210

Organization
[オーガニゼーション]

組織・機構・組織体・有機体

生命でもあり機械でもある組織

「組織」を意味するorganizationの語源はorgan。その1つの意味は「体の器官」や「臓器」。もう1つの意味は「(楽器の)オルガン」、特に「パイプオルガン」。organのさらに源流にはギリシャ語で「道具」を意味するorganonがある。organには臓器につながるイメージとオルガンにつながるイメージの両方がある。organizeは「組織する」あるいは「とりまとめる」。

オーガンには、2つの意味があります。1つは「五臓六腑」。臓器移植は「オーガン・トランスプラント」といいます。もう1つは楽器の「オルガン」。「プレイ・ジ・オーガン」は内臓をもてあそぶことではなく、オルガンを弾くことです。

オーガンから発展した「オーガニゼーション」は政治的な機関や組織を意味するようになりました。人を系統立てて組織することは「オルグ」という言葉になりました。有機農法で栽培されたものを「オーガニック」といいますが、これはオーガンの形容詞。

オーガニゼーションという言葉にはさまざまな機能を果たしていくメカニスティック(機械的)なイメージがあります。同時に、生成し発展する、生命に関わるといったオーガニック(有機的)なイメージがあります(Functionの項参照)。

企業の組織は、比喩的に語られるときには「機械」になったり「生命」になったりします。トム・バーンズ(Tom Burns)とG・M・ストーカー(G. M. Stalker)は、組織には機械的なものと有機的なものの2つのタイプがあることを紹介しました。2人の研究は、外部環境の不確実性と組織形態の関係についての古典的な実証研究です。

機械的組織は、公式化の程度が高く、規則・手続き・分担が厳密で階層の多いピラミッド型。有機的組織は、公式化の程度が低く、柔軟で、階層の少ないフラット型。それぞれの形態が有効なのは、

どのような環境でしょうか。

　結論は、環境が安定的である場合には機械的組織が適しており、技術革新が早くて環境が不安定であるほど、柔軟に職務分担をしていくフラット型の有機的組織のほうが高い業績を上げているというものでした。

　この研究は、単純な組織の類型論から一歩進んで、有効な組織のあり方は環境次第であるという組織の見方を切り拓きました。「機械的」か「有機的」かの二分法は、もともとその両方の意味が「オルガン」に含まれていることを考えてみると、英語の発想としては自然です。

　医療関係者に組織とは何かと問いかけてみると、「体の組織」のことだといいます。組織の分類は、上皮組織、支持結合組織、筋組織、神経組織などになるのだそうです。製薬企業のR&Dのシニア研究者が、次のように教えてくれました。

　「人体の構成単位は細胞ですが、高等動物では発生学的に同一起源を有し、分裂によって増加した細胞の集団が一定の形態で一定の機能を分担したものを組織という、というのが生化学での定義です。つまり、細胞が集まって生命を維持するのが組織です」

　体の組織においても企業の組織においても、それぞれのパートが機能を果たすことが大切。その意味では機械的です。同時に組織は生き物です。その意味では有機的。

　臓器のオーガンは、生命にかかわりますが同時に機能です。楽器のオルガンは、機械ですが同時に宗教的音楽を奏でます。人の臓器がそれぞれの機能を果たしながら生命を維持しているように、教会で巨大な機械であるパイプオルガンが鳴り響くように、オーガニゼーションの中には、機械的な世界と有機的な世界が同時に存在しているのです。

Organization

> **NOTE**
>
> The organization needs major reform. は「その組織は大規模な変革が必要だ」。Japan External Trade Organizationは「日本貿易振興会（ジェトロ）」。organizeは組織立ててうまく調整していくこと。例えば A well organized person controls a given task in a well thought manner. は「よくオーガナイズされた人というのは、与えられたタスクをよく考え抜かれた仕方でうまくコントロールする」。

関連語 **Function** ▶ p102, **Hierarchy** ▶ p114, **Structure** ▶ p212

Planning
[プランニング]

計画立案・計画作成

青写真づくり

planのルーツはラテン語のplanus。「平らな」をあらわすその言葉は、一方で「平易な」をあらわすplainとなる、他方で「平面図」をあらわすplanとなった。設計図面の「青写真」は将来計画も意味する。そのことから、平らな図面は「計画」の意味に転化した。

「プラン」は平面図。それがあれば、全体を一望することができます。そこから、大局的視点と長期的視野をもって先のことを考えることができます。

ビジネスにおいてプランニングは戦略に関係する言葉です。ヘンリー・ミンツバーグ（Henry Mintzberg）らが分類した「戦略の10の学派」のうちプランニング学派は伝統的な部類に位置づけられます。

それに先立つデザイン学派はこう考えます。「戦略とは意図された計画性にもとづく構想である。戦略とはトップのアタマのなかにある『意図』であり『構想』である」（Designの項参照）。

この流れを受け継いだプランニング学派にとって、戦略とはデータを駆使して精緻に設計図を描きこんでいくことです。

私が1980年代のはじめに会社に入って、最初に配属されたのは自動車会社の「計画部」でした。そこではたくさんの青写真を描いていました。商品計画・技術計画・販売計画。製造・開発・販売の拠点拡張計画。確かに計画がなければ意思決定もできません。全体計画にもとづいてものごとを進めなければ、活動がちぐはぐになってしまいます。計画が大切であるのは当然のことです。

そして、その大前提にあったのは「計画を立てて実行していけば未来は変えられる」という見方、そして「自分たちには計画を立てる能力がある」という考え方でした。

麻雀を打つときに、大きく異なる2つのスタイルがあります。1

つは「決め打ち」と呼ばれるもの。最初に牌が配られた段階で出来上がりのイメージを持って、それに向かって突き進むことです。環境（他のメンバーの状況や引いてきた牌）の変化があっても、あまり気にせず計画通りに進めていきます。もう1つは「手なり」と呼ばれます。自分の中でのイメージを固定せず、相手の出方や1つひとつの自摸次第で臨機応変かつ柔軟に対応していく方法。ある種の成り行き任せともいえます。

　旅の仕方にも両方のスタイルがあります。次にはどこに行く、何時からこれをすると事前に綿密な計画を立てる方法と、「行ってから決めればいいや」と考えて、そのときに来た電車に乗り、ハプニングがあればそれを楽しむ方法です。

　プラニング学派は麻雀で言えば「決め打ち」、旅でいえば事前にきちんと旅程表をつくる部類に属します。

　構想を練り、それを可能にする構造をプランすることは、とても資本主義的な行動であるかのように思えます。しかし、この「計画」を国家レベルで使っていたのは、ほかならぬ社会主義の国々でした。崩壊したソビエト連邦は「5カ年計画」を柱とする計画経済で巨大国家を運営しました。ソビエト連邦が崩壊して久しい現在の時点から振り返ってみると、とても興味深い事実です。

　数字にこだわるプランニング学派の弱点は、数字でないものを見落としがちな点にありました。商品としてのたたずまい、顧客の感性に対する訴求、従業員の志、あるいは想定していなかった出来事にどう臨機応変に対応するかなど。

　だからといって、感性任せやハプニング任せで会社を運営されるのは困ります。実際には、ある程度の計画性とある程度の柔軟性を合わせ持ち、その間の「最適解」を見つけ出そうとすることが経営であるといえるのかも知れません（Optimizationの項参照）。

> **NOTE**
>
> alternative planは「代案」。forward planningは「将来計画の策定」。plan prudently for the futureは「慎重に将来計画を立てる」。She belongs to the planning department.は「彼女は企画部門に所属している」。We are planning to extend our business activities into the banking industry.は「われわれは銀行業にビジネスを広げる計画である」。All actions start from planning.は「すべてのアクションは計画から始まる」。

関連語　**Design ▶ p070, Optimization ▶ p168**

Portfolio
[ポートフォリオ]

折りかばん・ポートフォリオ
バランスよく組み合わせられた全体

イタリア語で「持ち歩く」を意味するportaと「紙」を意味するfoglioが合わさってportafoglio（紙をはさんで持ち歩くケース）という言葉が生まれた。それが、折りかばんに入っている中身の書類の意味に転化した。「証券のコレクション」という意味で使われだしたのは1930年前後から。

　「ポートフォリオ」は「紙挟み(ばさみ)」のこと。デザイナーやクリエイターは、自分の作品をそれに入れてクライアントに見せます。そこから、そのような作品の全体をあらわすようになりました。ポートフォリオの概念は、資産運用や商品企画の領域で広く使われます。

　資産運用の分野では、ポートフォリオは「分散投資する資産の組み合わせ」のことを意味します。1つのものにだけ集中して投資したりコミットしたりすると（Investment, Commitmentの項参照）、「死なばもろとも」になってしまう危険性があります。それに対して値動きの異なる複数の資産を組み合わせることが分散投資。その結果できた資産の組み合わせの全体がポートフォリオです。

　ファンド（Fundの項参照）のポートフォリオを考える際にはまず「資産クラス」を考えます。代表的なものは、国内債券、海外債券、国内株式、海外株式。あるいは円・外貨といった現金や、不動産や実物資産もあります。また、それぞれ資産クラスの中でどのような個別銘柄を組み合わせるかもポートフォリオです。

　現代ポートフォリオ理論のポイントは、リスク・リターンの相関が低いものをうまく組み合わせることで、全体のリスクを低減できることです。私たちはリターン（期待収益率）についてはコントロールできません。けれども、リスク（価格のぶれ）は慎重にポートフォリオをつくればある程度マネージできます。リスクとリターンの関係について「最適化」（Optimizationの項参照）を行うのがポー

トフォリオ・マネジメントの目的です。

ポートフォリオの概念は商品企画でも使われます。「プロダクト・ポートフォリオ」です。ここでのポイントは、事業や製品の全体を把握すること。そして効果的な資源配分を考えていくことです。

プロダクト・ポートフォリオ・マネジメント

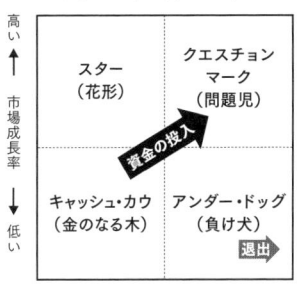

	高い シェア	低い シェア
市場成長率 高い	スター（花形）	クエスチョンマーク（問題児）
市場成長率 低い	キャッシュ・カウ（金のなる木）	アンダー・ドッグ（負け犬）

高い ← 自社の相対的マーケット・シェア → 低い

製品のポートフォリオを考える代表的な方法が、ボストン・コンサルティング・グループの「プロダクト・ポートフォリオ・マネジメント（PPM）」です。縦軸に市場成長率、横軸に相対的マーケット・シェアを取って、そこに事業や製品をマッピングしていきます。そうすると、成長率は高くシェアも高い「スター（花形）」、成長率は低くシェアが高い「キャッシュ・カウ（金のなる木）」、成長率は高くシェアの低い「クエスチョン・マーク（問題児）」、成長率が低くシェアも低い「アンダー・ドッグ（負け犬）」に分かれます。マッピングされた商品に対して、資源をどのように割り当てていくかがポイントです。企業が世代を超えてサバイブするためには、「キャッシュ・カウ」から資金を得て、「クエスチョン・マーク」を「花形」に育てることが大切です。そうすると、いずれ花形は次世代のキャッシュ・カウとなります。

同様の考え方は組織における人材育成に応用することも可能です。人材ポートフォリオにおいては、メンバーがどのような専門知識を持ち、どのようなキャリアの経歴と希望を持ち、現在どのような業務においてどの程度の業績を上げているかを調べ、企業戦略を遂行する上での人員の数と質の過不足を把握し、育成や将来の採用計画といった戦略的人材マネジメントに結びつけていきます。

NOTE

investment portfolioは「投資ポートフォリオ」。As the customer needs change, we need to review our product portfolio. は「顧客のニーズが変わるにつれて、当社の製品構成を見直すことが必要である」。The photographer has an impressive portfolio. は「その写真家は、素晴らしい写真集を出している」。

関連語 **Career** ▶ p040, **Fund** ▶ p104, **Investment** ▶ p130, **Optimization** ▶ p168
Positioning ▶ p176, **Staffing** ▶ p206

Positioning
[ポジショニング]

位置づけ・位置取り

居場所を確保するための陣取り

ラテン語で「置く」はponere、その過去分詞はpositus。そこからpositionは置かれた「位置」。同時にpositionは置かれた「地位」でもある。野球のポジション、レースのポール・ポジション、市場でのマーケット・ポジションなどは、「位置」と「地位」の両方を意味している。positioningは位置と地位を合わせた意味でのポジションを業界の中で取っていくこと。

　ポジショニングは「位置づけ」。位置があるから意味も生まれます。位置づけは「存立基盤」であり、同時に「存在理由」です。
　この用語をビジネスの場面で頻繁に使い出したのは広告代理店だったと思います。「立ち位置」を明快にすること。その商品はどこに位置づけられるのか、くっきりと際立たせること。そして、しっかりと根付かせて地位を確立すること。
　明快なポジショニングを得ることができなければ、顧客のマインドの中に存在感を持つことはできません。キャラがかぶったり「その他」に紛れてしまったりするとマインド・シェアを獲得することはできません。ポジショニングがないということは、身の置きどころがないということです。
　それに対して、効果的なポジショニングに成功して「その場所には自分しかいない」という状況を作りだすことに成功すると、独自の地位を確立することができます。とても居心地のよい場所です。
　ポジショニングは相対的なものです。自社（自分）を他社（他者）と差別化して、優位に立てる場所に早めに陣取り、領地を拡大していく。自分が勝負をかけられる場所はどこか、いつも探し続けることが大切。マーケティングにおけるポジショニングは、人々の心の中のどの場所をいかにして獲得していくかということです。
　競合がまだいない空白の領域を探す方法もあります。まだ混雑し

ていない市場を見つけて、競合とは異なるポジショニングの新商品を投入することもあります。不利な位置づけにあった商品を再度位置づけし直すこともあります。

変化の激しい環境の下では、いったん占めたポジションを長続きさせることは容易ではありません。1つには、自分自身の成功が他社を惹きつけてしまうからです。もう1つは、ポジショニングの大前提である地図自体が変化するからです。

ポジショニングが戦略のキーワードとなったのは1970年代。ヘンリー・ミンツバーグ(Henry Mintzberg)らはこれを「ポジショニング学派」と名づけました。「戦略とは自らの競合上優位なポジションを確立することである」という見方です。

プロダクト・ポートフォリオ・マネジメント(PPM)も、自社の製品のポジショニングを行い資源の最適配分を考えていく方法です(Portfolioの項参照)。その後、マイケル・ポーター(Michael Porter)が1980年と1985年に2冊の本を出版してポジショニング学派は一気に戦略論のメインストリームとしてのポジションを獲得します。この学派は現在でも大きな影響力を有しています。

ポジショニングはキャリアづくり(Careerの項参照)の領域にも応用できます。自分自身を組織や労働市場の中でどう位置づけていくかを考えることは「自分とは何か?」を考える上で大切です。自己のポジショニングをよく考えて、周囲との関係の中で居場所を獲得すること。強みに立脚し、それによって差別化すること。絞り込みを行い、簡潔なメッセージによって自己を際立たせていくこと。良いポジショニングを得ることができたら、集中投資して守ること。キャラクターや能力が重なる相手がいて強い場合は、リポジショニングを考えること。キャリアを創っていくのはセルフ・ストラテジーとしてのセルフ・ポジショニングなのです。

| NOTE |

positioning of troops は「戦隊の配置」。Their positioning is opposite to the normal positioning. は「通常の置き方とは左右が逆である」。positioning statement は会社の立場についての文章で「意見報告書」とも訳される。determine the market positioning of our company は「私たちの会社の市場でのポジショニングを決める」。

関連語　**Career** ▶ p040, **Customer** ▶ p066, **Differentiation** ▶ p074, **Portfolio** ▶ p174
Strategy ▶ p210

Power
[パワー]

能力・体力・権力・威力・仕事率

意と知によって獲得する「ちから」

ラテン語のpotentia は「力」。potent-を語根とする言葉には、omnipotent（万能の）、potential（可能性がある）などがある。「iPS細胞」の「P」はpluripotent（多能な）。powerとpotentiality（可能性）は同根。potential energyは「位置エネルギー」。位置が高いとpotentialが高まる。同様に地位が高いとpowerが高まる。

　組織のマネジメントにおいてパワー（ちから）は避けて通ることのできないテーマです（この単語帳ではフォースを「チカラ」、パワーを「ちから」と書き分けています）。パワーは謎に満ちています。なぜ特定の人に権力が集中するというような現象が起こるのでしょうか。よく考えてみると「権力」は少しも当たり前のことではありません。私が感じている4つの不思議を並べてみます。
　パワーの不思議その1は「パワーと建前の関係」です。
　「あなたはパワーが欲しいですか？」と聞くと、多くの人は「いやいや」と答えるでしょう。パワーは、誰も面と向かってはそれが欲しいとは言わない「ダーティー・ワード」です。お金も同じ。しかし、本当にパワーを求めていないのでしょうか。パワーは依存度との関係で決まります。こちらが相手に依存しているほど相手にパワーが移ります。他人に従属したくない人はパワーを望んでいるはず。もしかしたら、本音を隠さなければならないほど大事なことなのかも知れません。むしろ、なぜパワーが（そしてお金も）ダーティー・ワードになっているのかを考えることのほうに意味がありそうです。
　パワーの不思議その2は「パワーと自由意志との関係」です。
　マックス・ウェーバー（Max Weber）は、パワーとは社会関係の中で「抵抗を排してでも自己の意志を貫徹するすべての可能性」と定義しています。相手の自由意志に抗して支配する力と言い換える

こともできるでしょう。しかし例えば政治において誰がそのパワーを与えているのでしょうか。私たちです。つまり人間は「自由意志に反して自分を支配するもの」を「自らの自由意志で」決めているのです。それが民主主義です。

パワーの不思議その3は「パワーとポテンシャルの関係」です。

パワーを振り回せば人を殺したり怪我をさせたりすることができます。だから人はパワーに従うのですが、実際に殺したり怪我をさせたりしてしまったら、その人は犯罪者。その時点でパワーを失います。つまり、パワーはポテンシャルである限りにおいて本当の効力を発揮するのです。力学的に言うとポテンシャルは位置エネルギー。組織の中で地位が高くなると位置エネルギーが高くなり、ポテンシャルが上がり、パワーが増します。地位以外にもパワーの源泉はあります。フランシス・ベーコン (Francis Bacon) は「知は力なり」といいました。英語では "Knowledge is power." と訳されますが、もとの言葉は "potentia"。知は可能性としての「ちから」なのです。

パワーの不思議その4は「パワーの2つの意味の並立」です。

パワーは「権力」を意味すると同時に「よく仕事をする」という意味でも使われます。力学においては、パワーは「仕事率」。学校で教えられる理科の公式は「仕事率 (P) = 仕事量 (W) ÷ 時間 (t)」です。この公式に従えば、パワーは単位時間あたりの仕事量。「パワフルな人」というのは、権力のある人を意味することもありますが、一定の時間に多くの仕事をこなせる馬力のある人を指すこともあります。

私があえて言いたいのは「それでも私たちはパワーを獲得しなければならない」ということです。パワーを濫用したいと目論む人がそれを奪い取ってしまわないように、パワーを濫用しないあなたがパワーを手にしなければならない――私はそう思うのです。

NOTE

turn on power は「電源を入れる」。electric power は「電力」。power failure は「停電」。mental power は「精神力」。supreme power は「最高権力」。the power of the purse は「財布の力」つまり「金力」。the power of positive thinking は「前向きに考えることの持つ力」。We have to break his power. は「われわれは彼の勢いをくじかなければならない」。Stop abuse of power. は「権力の濫用をやめなさい」。

関連語　**Elite** ▶ p082, **Expert** ▶ p092, **Force** ▶ p098

Price
[プライス]

価格・値段

需給と戦略によって決まる価(あたい)

字面が似ている3つの言葉 price（値段）、praise（褒める）、prize（賞）は同根である。古いフランス語の pris（その後 prix）は「価格、価値、賃金、報酬、名誉、褒章」のすべてをあらわした。例えば grand prix（グランプリ）は「大賞」。ラテン語の pretium も「価格」の意味を持っていた。preti- はその働きに応じて戻すこと。

　商品にはプライスがついています。どんなに良い製品でも価格設定が高すぎれば商品として成功しません。逆に安すぎる値をつけると本来の価値が伝わらないこともあります。

　同じ商品なのに、お店によって価格が違うと何が起こるでしょうか。「アービトレーション」です。例えば、こちらの古書店で100円コーナーにあったものが、隣の古書店ではそれなりの値段がついている。そうすれば、安値の方で買って高値の方で売れば差額が儲けとなります。これは「鞘(さや)取り」あるいは「せどり」と言われる行為です。何だかみみっちいように聞こえるかも知れませんが、冷静に考えれば「安く買って高く売る」のはビジネスマンの基本。逆にいえば、鞘を取る人がいるからこそ、値段が収斂していくのです。

　経済学の教科書の最初の章では、価格づけ（プライシング）は「需要」と「供給」によって決定されると書かれています。しかし、これは私たちの実感とは少し違います。企業は、自分たちが「これならいける」と思う価格をつけて市場に問うていると言えます。私たちは自分が感じる価値とつけられている値札を見比べて、財布と相談しながら購入するかどうかを決めているのが現実です。

　「一物一価」と言いますが、最近では条件次第で価格が変動することも増えてきました。スーパーで当日売り切りたい商品の値段は夕方には下がります。航空機のチケットやホテルの価格にも、予約

を取る時期によって値段の設定が変わります。このように価格を柔軟に変えていくことを「ダイナミック・プライシング」と言います。供給者としては売れ残りが出ないように、価格を柔軟に変化させて収益の最大化をはかるわけです。

　この考え方をさらに進めると、需給関係によって価格をリアルタイムに変動させてはどうかという考えに至ります。東日本大震災後に検討が始まった「デマンド・レスポンス」は、その例です。電力の供給力に対する需要の大きさに応じて料金を変えるというわけです。料金が高くなれば利用者は節電し、使用量が減って安くなればエアコンの電源を入れる人も出る。プライスが調整弁となって最適解（Optimizationの項参照）をもたらすはず、というわけです。経済学の教科書通りのことが起こりえるかも知れません。

　問題はどの程度価格が上がるとどの程度需要が減るのかということです。それをあらわす指標が、価格弾力性（プライス・センシティビティー）です。

　価格に対する微妙な感度を測定するため手法の1つにPSM（Price Sensitivity Measurement）と呼ばれるものがあります。どのくらい高くすると「高い」と感じるのか。そこから先は「高いから買わない」と感じるのか。どのくらい安くすると「安い」と感じるのか。どこから先は「この安さは怪しいので買わない」と思われるのか。

　プライスは需給だけでは決まりません。プライシング自体が戦略です。価格にはメッセージが込められています。高いプライスが商品に対する自信の表れとして受け取られることもあります。高いプライス自体に価値を感じてもらえる場合もあります。でも、高すぎると誰も買いませんから、普通は安いほうが多く売れるのも確か。「低価格」で勝負するのか、あえて「高価格」を打ち出すのか。何とも微妙な綾…。プライスは、それ自体センシティブなのです。

NOTE

> price-earnings ratioは「株価収益率」。price-fixingは「株価操作」。at any priceは「いくら対価／代償／犠牲を払っても」の意味から派生して、「是が非でも、絶対に」の意味。asking priceは「希望価格、提示価格」。price-sensitive customerは「価格に敏感な顧客」。Commodity prices have gradually been rising.は「物価が徐々に上昇している」。

関連語　**Business** ▶ p036, **Competition** ▶ p050, **Market** ▶ p146, **Optimization** ▶ p168
Strategy ▶ p210

Professional
[プロフェッショナル]

知的職業・専門的職業

看板を掲げて勝負する者

語根のfessは「公言する」。特別な知識や技能があることについて公の場所で言えることがprofessionの原義。professionalは、「外部に対して公言できる高い能力・技術・資格を持つ専門的職業人」。まず先に公言することによってprofessionalとなることもある。いずれにせよ、「看板を出して勝負している人」ということである。

プロフェッショナルという言葉を考えるときにいつも引き合いに出されるのはスポーツです。プロ野球・プロサッカー・プロゴルフ・プロレス。この意味での「プロ」は「アマ」(amateur)の反対語です。しかし、ラテン語の「愛する人(amator)」を語源とするアマチュアがプロフェッショナルを凌駕することはしばしばあります。プロは習熟した玄人(くろうと)であり、アマは習熟していない素人(しろうと)である…とは一概には言えません。スポーツの場合「プロ」が意味しているのは、そのスポーツを生業(なりわい)としており、それだけで「食っていけている人」。しかし、本当にその理解だけでよいのでしょうか。3カ国の学者による古典を比較してみます。

まず、ドイツのマックス・ウェーバー(Max Weber)は、資本主義精神の発展を研究し、「使命としての職業」を意味するドイツ語として「ベルーフ」を挙げました。そして、これに類似するラテン語として"professio"があると言っています。そしてその言葉は特に近代的意味における「自由職業」(liberal professions)と同様、比較的内面的な意味で用いられたとしています。

次に、アメリカのチャールズ・ミルズ(Charles Wright Mills)は、組織の中にもプロフェッショナルがいることを指摘し、それを分析しました。被雇用者でありつつプロフェッショナルでもある、組織内部における「新しい専門職」観を打ち立てました。

日本の太田肇は、プロフェッショナルの要件として、専門的知識・技術、一定の理論的基礎と汎用性、専門家団体あるいは専門家社会の基準による能力その他の評価システムを挙げています。

　以上3人の分析をまとめると、プロフェッショナルは内面の問題でもあり、組織の中にもいるけれども、そう呼ばれるための要件があるということになります。

　日本語では「プロ」と略してしまいますが、プロフェッションという言葉を理解するための肝はむしろ「フェッション」の部分にあります。"fess"は「これが私が出せる価値です」と公言し、看板を出すこと。その意味ではコミットメントでもあります。「それで食っていける」も悪くない説明ですが、そのためには経験が求められます。しかし、逆に先に公言してしまうことがその後の経験を呼び込むという面もあります。何よりも大切なのは、この言葉に込められた最大の意味は「主体性」と「自立性」だということです。

　伝統的プロフェッショナルは特定の職業名によって呼称され、そこにアイデンティティーを持ちます。英語ではロイヤー、デザイナー、カウンセラー、トレーダーなどの「-er系」、アナリスト、スタイリスト、フローリストなどの「-ist系」が典型的です。日本語では、医師・調理師・庭師などの「師系」、弁護士・宇宙飛行士などの「士系」、建築家・翻訳家などの「家系」、技術者・研究者などの「者系」があります。

　換言すれば、プロフェッショナルとは、-er・-ist・師・士・家・者などを名乗れる、つまり公言できる職業です。資格ばかりがプロフェッショナルの要件ではありません。むしろ他人からもらった看板よりも、ベースとなる思想や仕事に取り組む姿勢からプロフェッショナリズムを感じさせる──。それが「公言する」という語根に込められた言葉のこころなのです。

> **NOTE**
> professional ethicsは「職業倫理」。professional educationは「専門教育」。He often uses professional jargon.は「彼は業界の専門用語をよく使う」。Always be professional at work.は「仕事では常にプロフェッショナルでありなさい」。a young upwardly mobile professional individualは「年が若く上昇志向が強い専門職の人」。

関連語　**Business** ▶ p036, **Capital** ▶ p038, **Commitment** ▶ p042, **Expert** ▶ p092

Profit
[プロフィット]

利益・利得・儲け・利益を得る

仕入れて作って売る能力の尺度

「前へ」を意味する接頭辞pro-に「作用する」を意味する語根のfitが組み合わさって、前へ向けてつくるというという意味で「利益」となった。ラテン語で「前進する」ことを意味するproficereの過去分詞profectusが古いフランス語を経由して英語になったもの。

　ビジネスは利益を上げなければ続けることができません。ですから、プロフィットはとても大切な言葉です。この当たり前すぎて深く考えてもみなかった言葉を、敢えて遠回りして考えてみます。そのためのキーワードは「プロフィシェンシー（熟達度）」です。
　英語の能力の度合いのことをイングリッシュ・プロフィシェンシーといいます。英語に限らず語学能力の程度はランゲージ・プロフィシェンシーです。人が言葉を使うのは、何らかの課題を達成するため。課題を達成・遂行する能力の尺度のことを「タスク・プロフィシェンシー」といいます。熟達度を嚙み砕いていえば「できるようになることに向けての進み具合」です。
　利益をあらわす「プロフィット」はプロフィシェンシーと同根です。根っこが同じだということは、そこに「ほんとうの意味」があるということです。
　プロフィットは「利益」あるいは「利潤」ですが、もう1つの説明の仕方は「収益からそれを得るのにかかった費用を差し引いたもの」。まどろっこしいようですが、それがプロフィットの意味です。プロフィットの「こころ」は、仕入れて作って売るそのプロセスと、そのプロセスを管理する能力、そしてその度合いのことです。だから接尾辞"-able"を伴って、プロフィタブル（利益獲得能力がある）という言葉が成立するのです。
　その文脈からは、プロフィットの反対語は「コスト」となります

(Costの項参照)。プロフィットセンターは「採算についての責任と権限をつ部署」。それに対してコストセンターは売上が立たないため直接的にはプロフィットを生まないとされている部署です。

プロフィットの反対語を「マイナスのプロフィット」と考えれば「ロス」となります。プロフィット・アンド・ロス・ステートメント（PL）は「損益計算書」。「貸借対照表」であるバランス・シート（BS）とともに、財務諸表の核。コストがプロフィットを生むための前向きのものであるのに対してロスは単なる「損」です。

プロフィットは大切な言葉であるだけに、類義語もたくさんあります。例えば「アーニング」と「ゲイン」。どちらも「稼ぎ」という感じです。ちょっと直截的な語感があるのは、分け前を取ってくる含意があるからです。1株あたり利益のことをEPS（Earning per Share）といいます。株式はそれ自体が「仕入れ・作り・売る」プロセスに関わるわけではありません。その保有や売買を通して得られるのは、プロフィットではなくて直接的なアーニングであり、またキャピタル・ゲインなのです。

「投資の回収」の含意を持つ類語もあります。「レベニュー」や「リターン」です。レベニューは「再び（re-）来る（venue）」こと、リターンは「再び（re-）戻る（turn）」ことです。

プロフィットと似た意味をもち、語根を共有する言葉があります。「ベネフィット」です。「良い」を意味する接頭辞"bene"とプロフィットと同じく「作用する」を意味する"fit"が組み合わさった言葉。プロフィット同様「利益」を意味しますが、「恩恵」のニュアンスが強く、人事制度においては「福利厚生」の意味となります。

この単語帳は、英語とビジネスのプロフィシェンシーを同時に高めることを目指しています。それが読者のみなさんのプロフィットとなると信じて。

NOTE

net profitは「純利益」。profit sharingは「利益配分」。make a profitは「儲ける」。profit maximizationは「利潤最大化」。profit-orientedは「営利目的の、営利志向の」。With profits on the decline, it was decided to make some management changes. は「利益が減少している状況下で、経営方針の転換が決定された」。

関連語　**Asset ▶ p028, Cost ▶ p060, Sales ▶ p200**

Promotion
[プロモーション]

促進・販促・増進・昇格・昇進・助成・振興

前へ推し進める活動

接頭辞のproは「前へ」、語根のmotionは「動き」。合わせて「一歩前に進むこと、進ませること」。マーケティングでは広告・宣伝・広報を含む広い意味での「販売促進活動」。さらに一般的に「ひろめる」意味でも使用可能。例えばpromotion of Buddhismは「仏教の布教」。人材マネジメントにおいては、「昇格」「昇進」。反対語であるdemotionは「降格」「左遷」。

　マーケティングにおける「プロモーション」には、広義と狭義の2つの意味があります。
　広い定義は、マーケティングのフレームワークである「4P」すなわちプロダクト・プライス・プロモーション・プレイスの1つとしてのもの。商品やサービスについての関心（認知度・好感度・ブランドロイヤリティー）を高めて、「買っていただく」ことにつなげるためのあらゆる活動です。
　「前に（pro-）進める（motion）」が原義であるプロモーションには、前段階としての商品の存在を知らせ、魅力を訴求すること（広告・広報など）と、後段階としての実際に買っていただくこと（店頭での狭義のプロモーションなど）の活動が含まれます。広義のプロモーションは単なる「売り」のための小手先の活動ではなく、ブランドを守り、育て上げる活動全体です。商品のファンを育成する仕組みづくりといってもよいでしょう。
　狭い定義は、「セールス・プロモーション」あるいは「販売促進」とも呼ばれ、実際の購入を促進（プロモート）する活動。販売活動の中で最後に背中を押すような活動も含まれます。販売奨励金もその1つです（Incentiveの項参照）。さらに限定的にプロモーション用のポスターやパンフレットの類を意味するようにもなりました。
　プロモーションにはじわじわと効くものもあれば、安売りのよう

に即効性はあるけれども副作用があるものもあります。複数の活動が複合的に効く場合もあります。最近では商品の機能的な差異が少なくなったために、売り場での狭義の販売促進の効果が相対的に高まったという見方もあります。また、インターネットを通しての購買も増えたため、従来のマス媒体を通しての広告からの販売促進予算のシフトが起きているとも伝えられます。

プロモーションには、マーケティングとはまったく異なる場面での使いかたもあります。人材マネジメントの分野におけるプロモーションは「昇進・昇格」。組織の中で「前へ・進む」こと。

ところで「昇進・昇格」の実際の主語は誰でしょうか。昇進も昇格も自分の意志でできることではありませんから、主体は組織の側。「(誰かが)昇進・昇格させる」です。実際には会社でその人の人事について影響力を持っている人です。そのため、昇進や昇格にからむ表現は、普通は受身形を避けたがる英語でも、S(he) was promoted などと受身形で表現されるのが普通です。昇進者を主語に置いて、誰が昇進させたかには注目が集まらない工夫ではないかと私は推測しています。逆に降格はデモーションです。なおさら主語を明確にしたくありません。

昇進は望ましいもの…というのは常識ですが、「昇進鬱」という言葉もあります。本来ならば誰しもが喜ぶであろうと思われるプロモーションですが、実際に昇進を果たしてみると思いのほかの責任が重いと感じたり上司と部下の板ばさみに悩んだりするもの。昇進鬱はそのようなストレスから生じるとされています。

広く何かを促進することはプロモーションです。精神衛生を含む健康増進は「ヘルス・プロモーション」です。昇進を巡るドラマにおいてはさまざまな人生模様が描き出されますが、まずは心と体の健康のプロモーションを心がけていきたいものです。

NOTE

promotion of education は「教育の普及促進」。Japan Society for the Promotion of Science (JSPS) は「日本学術振興会」。getting a promotion at work は「職場で昇進すること」。move up the promotional ladder は「(組織内での)昇進の階段を上がる」。special promotion は「特進」。promotion by selection は「抜擢による昇進」。She was picked up for promotion. は「彼女は抜擢された」。

関連語　**Concept** ▶ p054, **Incentive** ▶ p120, **Sales** ▶ p200, **Staffing** ▶ p206

Questioning
[クエスチョニング]

質問すること

本質を求めて問うこと

questは「探求する」、あるいは「追求する」。questionは、もともとは単なる質問ではなく、「事実を追求するために問うこと」であった。学問においては、真実を探求することを目的として、本質を突く問いを発することである。一方、questioningは、相手の気持ちになって「訊いてあげること」。

　日本人は質問がうまいとはお世辞にも言えません。わかったふりをしてじっとしていることが多いのは、日本人の特徴とさえいってよいでしょう。子どもの頃になにか質問をして「そんなこともわからないのか」と叱られて心の傷になっている人もいるかもしれません。あるいは質問をすると失礼だと思って遠慮しているのでしょうか。もしかしたら、質問という漢字が「問い質す」と読めてしまうことが失礼さを感じる原因かも知れません。

　クエスチョンは「クエスト（探求）」がもとです。ニュアンスは「質す」とはかなり異なります。知を求めることがクエストだからです。研究開発のテーマを決める際にはクエスチョニングの能力が大切です。販売の現場においても、なぜ売れるのかクエスチョンを発することからヒントが掴めます。

　欧米のコミュニケーションの1つの特徴は「クエスチョン＆アンサー（Q&A）」。質問は、相手のなかに入っていくこと。そこから相互の理解が始まります。良いクエスチョンを発することは「わかっていない」のではなく何を探求するか「わかっている」ことの証拠です。

　そもそも、答えは問いがなければ存在できません。何かに対して問いを発するというよりも、最初に問いがあるのです。クエスチョニングは決して新しい方法ではありません。ソクラテスの時代に遡ります。ソクラテスは、問うことによって相手が「自分の考え」を産むのを手伝うことしかできないと言い「産婆術」と名づけました。

クエスチョニングの能力は個人の能力でもありますが、組織の能力でもあります。「俺の言うことを黙って聞け」と言うトップや上司の下では、問いを発することができません。そこでは「クエスト」がシャットアウトされてしまいます。誰も問いを発しなければ、誰からもアイディアは出ませんし、新しいことは何も起こりません。

　クエスチョニングは、わからないことを尋ねることではありません。「相手の気持ちを汲み取ること」です。よく理解しようとするからこそ、質問するのです。共にクエストするためにクエスチョンを発していくのです。

　問いは気づきを誘発します。上手に問われてみて、はじめて自分の中で発見できることはたくさんあります。コーチングにおいては、「傾聴」と「発問」はワンセット。問いかけによって、振り返りを行い、そこから「自省・内省・リフレクション！」につなげていくことが「学習」です（Learningの項参照）。

　質問をして、欧米人から「グッド・クェスチョン！」と言われたことがあると思います。それには2通りの解釈が可能です。1つは、「それは本質を突いた良い問いです」という意味。もう1つは「答えようがなくて困りました…」という意味で、少し皮肉が入っています。その差は微妙で、相手の表情を見て判断するしかありません。グッド・クェスチョンの本来の意味は「共同の探求を促す質の高い問い」です。

　わかったつもりにならず、本質的な問いを見出して、互いにクエスチョニングを続けるのが「学習する組織（Learning Organization）」です。そのためには、なんでも聞ける自由闊達（かったつ）な組織文化を創る必要があります（Cultureの項参照）。それがあって初めて本物のクエスチョンが生まれ、アイディアが自然に発火し、真実が探求されていくのです。

Questioning

NOTE

questioning mindは「探求心」。questioning techniquesは「クエスチョニングの技法」。multiple choice questionsは「択一問題」。Questioning is at the heart of teaching. は「質問は教育の核心にあるものだ」。The Socratic questioning is to ask questions surrounding a central issue.は「ソクラテス式の発問とは中心にある課題の周囲にある質問をしていくことである」。

関連語　**Assertiveness** ▶ p026, **Culture** ▶ p064, **Knowledge** ▶ p134, **Learning** ▶ p140

Recruit
[リクルート]

採用・新兵・新人

新しい人材を採る活動

recruitはもともとは軍隊用語。名詞としては「新兵」や「初年兵」あるいは「新米」のこと。動詞としては「新兵や新人を募集する活動」。re-cruit は「新たに生じたもの」を意味するフランス語recrueに由来し、さらにそのもとはラテン語で「創る」を意味するcreareや「生ずる」を意味するcrescere。recruiting/recruitmentは組織のつくり込みともいえる。

「リクルーティング」と「リクルートメント」は、いずれも採用・採用活動のこと。私の経験ではやや前者が優勢でしたが、人事の現場ではどちらも使われていました。

「リクルート・スーツ」や「リクルート・ファッション」は、典型的な和製英語。「日本のここが変！」の代表ともいえます。

第1に、リクルートが行為をあらわす場合、その主語は募集活動を行う企業側です。面接官が着るスーツのことならともかく、応募者の側がそれを着るのは本当は「変」ということになります。

第2に、リクルートが人をあらわす場合、その意味は「新人として組織に参加した者（新兵や新米）」ですから、採用後であるはず。採用に至る前の応募者がそれを着るのは、その観点からも「変」です。

第3に、言葉の問題は置いておくとしても、そもそも皆が同じような服を着るということ自体「変」です。まったく同じ服に身を包むように社会的なプレッシャーをかけた挙句に、面接で「あなたの独自性は何ですか」と聞くのは、ほとんど冗談のようです。

応募者側の活動は、英語では「ジョブ・サーチ」、あるいは「ジョブ・ハンティング」といいます（なんという狩猟民族の言葉！）。

新卒採用であれ中途採用であれ、企業側の採用と応募者側の就職活動のプロセスは「相互マーケティング」だと私は思っています。採用企業（リクルーター）側は、ビジネスの魅力、職場の魅力、仲

間の魅力を訴求します。候補者（キャンディデート）側は、自分の能力、意欲、協調性などを訴求します。

　採用の基準は、とりあえず4つに分けることができます。

　第1は、パフォーマンス・シグナル。学歴や職歴など、業績の代わりとなるものです。実はあてにできない面もあるのですが、採用者が影響を受けるのは確か。第2は、グロース・ポテンシャル。職務を通して成長し続けることができる可能性です。第3は、コンピテンシー（Competencyの項参照）。これを測るために、特別に工夫した面接を行う必要があります。第4は、フィットとケミストリー。企業文化との適合性です。相性や波長と言ってもいいでしょう。

　2000年代の前半は厳しい就職氷河期でした。それから2005年春を境に「手のひら返し」で新卒リクルート活動が本格化。その後、世界金融危機後にまた「ドン冷え」。採用の背景にあるのは、経済学の教科書に忠実な需給関係です（Marketの項参照）。

　そして我も我もの「バンドワゴン効果」がそれに拍車をかけます。好景気のときには、他社が採用活動を活発化させているというニュースを目にした経営者は「わが社も急げ」と考えるので、さらに需要超過となります。そのような時には1人で複数社から内定を得る応募者も増えるため、各社は辞退者を織り込んで多目の内定を出し、そのことがさらに状況に拍車をかけます。不景気のときにはすべてのサイクルが逆に回ります。

　リクルーティングという言葉が持つ本来的なイメージは、組織全体が新陳代謝していくことです。「クリエーション」と語源を共にするだけあって、ういういしさをその本性とする言葉です。そのことは、採用をあらわすもう1つの言葉「ハイヤリング（雇い入れ）」と比べると明らか。リクルーティングという言葉は、組織が本来持っているオーガニックな感覚とぴったり合致するように思えます。

NOTE

a raw recruitは「入りたてほやほやの新入社員」。a new military recruitは「新しい（軍隊の）入隊者」。Our basketball team is recruiting tall guys.は「うちのバスケットチームは身長の高い男子を募集している」。recruitment of executive traineesは「幹部候補生の募集」。a recruitment staffは「採用担当者」。

関連語　**Competency** ▶ p048, **Culture** ▶ p064, **Market** ▶ p146, **Staffing** ▶ p206

Relationship
[リレーションシップ]

関係

連結と緩衝のありよう

ラテン語で「言及する」を意味するreferreの過去分詞がrelatus。その言葉が古いフランス語を経由して英語となり、言及することから関連づけることへと変化した。relateは「関係づける」。relationは「関係」や「関連」あるいは「親族関係」、relationshipは「関係のありかた」。

　リレーションは「関係」。部署をあらわすときには「リレーションズ」と複数形になります。リレーションシップは「(構築された)関係のありよう」です。組織の外部のステークホルダー(Stakeholderの項参照)との関係構築の機能を担うのが「リレーションシップ・マネジャー(RM)」です。

　リレーションの構築とは実際にはどういうことなのでしょうか。「リレーションシップ・マーケティング」という手法があります。カスタマーRMの仕事です。顧客(Customerの項参照)と良好な関係を構築して、長期間の取引を継続しようとすることです。あるいはリピーターを確保する努力と言い換えても良いでしょう。そのためには、その場限りの収益を最大化することよりは、まずは顧客満足感を高めることが必要となります。既存顧客とのコンタクトを蜜にすることは大切ですが、単に頻繁なだけではうるさがられるだけ。まずは顧客のことをよく知り、ニーズを把握しなければなりません。

　RMは、大きく分けて外部の関係者との「スパニング(連結)」と外部からの衝撃の「バッファリング(緩衝)」の両方の機能を果たしています。ちょうど自動車のサスペンションのように。

　外部との「連結」を可能としている部門についてジェームズ・トンプソン(James Thompson)は「バウンダリー・スパニング(境界連結)」の概念を示しました(1967年)。RMを外部環境へのスパニング(橋渡し)を行う境界連結者として捉えると、各部門の活動が

組織においていかに重要な役割を演じているかがわかります。

　動詞としての「スパン」には「延ばす」と「結ぶ」の双方の意味あいが包含されています。スパンは、期間・距離・範囲の時間と空間を越えて「わたる」こと、つまり川や水路に橋を架けて「ソト」と「ウチ」を有機的かつ主体的に結ぶことを意味します。このような機能を「バウンダリー・スパニング」と呼びます。バウンダリーで行う業務は「境界間職務」、スパニングの活動は「境界連結」と訳されています。

　営業・調達・広報など、どのような分野であれ、RMはバウンダリー・スパナーです。それぞれが担当するステークホルダーに対して情報収集のアンテナを伸ばし、人間関係を構築し、双方の利益のために連携して活動を行っていきます。相互信頼によって「協働」を確かなものとすることでRMは自らの対応するステークホルダーとの「スパニング」を行うことが出来るのです。

　その一方で、RMは環境変動の影響から企業組織を守るという機能も果たしています。それが「バッファリング（緩衝）」です。

　バッファーは、外部環境からの衝撃を受け止め吸収する機能です。この機能によって、RMは環境の変化がもたらす振幅や不確定要素を減衰するのです。リレーションシップ・マネジメントを行う部署は、「ウチ」を代表するスペシャリストとして「ソト」との直接折衝を行い、みずからショック・アブゾーバーとしての機能を果たすことによって、企業組織を外部環境の変化から守っているのです。スパニングが「攻め」に近いとすればバッファリングは「守り」に近いと考えることもできます。

　リレーションシップという言葉は、スパニングで伸びきってしまったり、バッファリングでよれよれになってしまったりしながら、「それでも相手と繋ぐ」という覚悟をあらわしていると思います。

> **NOTE**
>
> a blood-relationは「血縁者」「血族」。blood relationshipは「血縁関係」。a personal relationshipは「人間関係」。a close relationshipは「密接な関係」。relationship buildingは「関係構築」。bear no relation to〜は「〜とは無関係である」。relation between causes and effectsは「原因と結果の関係」すなわち「因果関係」。

関連語　**Customer** ▶ p066, **Stakeholder** ▶ p208, **Trust** ▶ p232

Restructuring
[リストラクチャリング]

再構築

事業構造の作り直し

structure は「構造」「組織」あるいはそれらをつくること。接頭辞 re- は「再び」。そのことから、restructuring は本来的には「組織構造・事業構造の再編や再構築」。そのような前向きの策の必要悪として縮小撤退・人員削減・雇用調整が行われることもある。日本で「リストラ」と略された時にはネガティブな面のみが強調されて現在のニュアンスを帯びるようになった。

　「リストラ」という言葉にはネガティブな響きがつきまといます。「リストラの恐怖におびえる中高年会社員」といった定型句に見られるこの4文字のカタカナは、不採算部門の切り捨てや縮小とそれに伴う首切りといった後ろ向きの言葉として認識されています。

　しかし、もともと「リストラクチャリング」には前向きの意味が含まれていました。組織の構造を変革してより効果性・生産性の高い組織に作り変えていこうということです。

　事業環境は変化します。だとすると、企業は慣れ親しんだ従来の事業ストラクチャー（Structureの項参照）を捨てて新しいストラクチャーに移行し、それを効果的に運用する方法を迅速に学習する必要があります。

　「リストラクチャリング」を題名に含む本を私が最初に読んだのは1980年代の中ごろでした。4文字のカタカナがまだ使われていなかった当時は、この言葉は文字通り「事業構造の作り直し」の意味で使われていました。

　構造不況業種に属する部門の事業を整理統合することは、企業が生き延びるためには必要です。しかし「作り直し」が意味するのはそのようなネガティブな側面だけではありません。将来に備えて自社内で事業ポートフォリオを組み替えて再構築していくことも必要です（Portfolioの項参照）。あるいは資源を再配分する（Allocation

の項参照)。それが本来の意味でのリストラクチャリングです。成長に必要とされるビジネスを新規事業の立ち上げや買収・提携によって獲得していく前向きな姿勢も入っています。作り直しは、本来的には小さくすることだけではないはずです。

しかしながら、この用語は1990年代の長期にわたる不況期に始まった「ダウンサイジング」の言い換えとして、しかも日本独特の短縮形で知れ渡りました。その時に現在のニュアンスを身にまとってしまったのです。言葉が本来の意図から離れ、手垢にまみれて意味を変えていった典型的な例だと私は思います。もっとも、英語のほうでも似た歴史を辿ったのですが。

「リストラ」によってコストを削減すれば、企業業績を短期的に回復することはある程度可能です。しかし、ただ縮小均衡していくだけでは、社員のモチベーションやコミットメントが上がるわけもありません。同時にポジティブな手を打たなければ、組織はどんどん疲弊してしまいます。

日本では、エマージング・マーケットのような高度経済成長は期待薄です。だとすれば、ある程度自在に縮小と拡大を組み合わせて事業ドメイン(Domainの項参照)を機動的に見直すことも必要です。効率的な組織を維持すべく常に構造変革する能力を身につけることは、生き延びるための能力。本来的な意味でのリストラクチャリングすなわち事業構造の作り直しは、常に継続する必要があります。

自社の構造を環境に合わせて変化させて行ける能力を、仮にリストラクチャビリティー(restructurability)と造語してみます。事業構造変革能力、自分で自分を変えていく力。これは、根本的な組織能力といえるのではないでしょうか。「リストラ」という言葉自体をリストラしなければ、そのような言葉は到底世間に定着しそうにはありませんが。

NOTE

promote the restructuring は「事業の再構築を推し進める」。Profitability of the company improved as a result of the additional restructuring. は「その会社は追加リストラにより収益性が改善された」。The business restructuring plan was approved by the syndicate of banks. は「経営再建計画は銀行シンジケートの承認を得た」。この場合のリストラクチャリングは、事業縮小や人員カットよりも、その後の再建を意味する。

関連語　**Allocation** ▶ p020, **Domain** ▶ p078, **Market** ▶ p146, **Portfolio** ▶ p174
Structure ▶ p212

Retention
[リテンション]

保持・維持・引き留め

人を引き付け続けること

ラテン語で「保つこと」のtenereから、「継続」を意味する-tainが生まれた。そこに「繰り返し」の-reがついたretainは「何度も保つこと」。そこから「保持力」や「記憶力」を意味するようになった。その名詞形であるretentionは、企業組織においては「人材の退職を防止するべく引き留めること」「人材の退職比率（turnover）が高すぎないように一定比率以下に保つこと」。

　「リテンション」という言葉は、マーケティングでは「カスタマー・リテンション」、人材マネジメントでは「エンプロイー・リテンション」として使われます。

　メインテイン（維持する）、サステイン（引き伸ばす）、コンテイン（含む）などに共通する「テイン」は「保持する」。リテインは「テイン」を何度も続けることですから、「テイン・テイン・テイン」と継続することです。その名詞がリテンション。顧客であれ、従業員であれ、「その関係を継続・維持していく」ことです。

　カスタマー・リテンションは、高い顧客満足度を維持し、ロイヤル・カスタマーとしていく活動。ポイント制度などはその典型的なものですが、ホスピタリティーに基づく本物のサービスを継続的に提供できなければ顧客は「ロイヤル」にはなってくれません（Customerの項参照）。

　エンプロイー・リテンションは、従業員を組織中に引き留めること。その成果が上がると、ターンオーバー（退職率）が低くなります。退職率は、計算式で示すと、［退職者の数］÷［期首・期末の従業員数平均］。この比率は必ずしも低ければよいというものではなく、おのずと健康的な新陳代謝の比率があります。しかし退職と採用が高い頻度で繰り返されると、経営を圧迫するのは確かです。大変なコストがかかるからです。

採用に関する一連の活動には直接的・間接的費用が発生します。直接的費用の代表的なものは外部の採用専門家に対する直接的なフィーがあります。エージェントに中途採用を依頼した場合、採用した人材の年収の20%から30%のコストが必要。入社後のオリエンテーションおよびトレーニングも必要。また、社内の採用チームの運営コスト、役員やラインの責任者が面接に使う時間の機会損失（Opportunityの項参照）などさまざまな間接的コストがかかります。募集・評価・選抜・オリエンテーション・トレーニングといった一連のプロセスについても、間接的費用を要します。新規に採用した社員のトレーニング期間中の人件費や、前任者と同様のパフォーマンスを示すまでの期間に生じるコストもかかります。

さらに広義のターンオーバーのコストには次のものがあります。まず、生産性や品質が低下します。次に、他の従業員のモチベーションやモラールに影響します。さらに、知識の蓄積が進まなくなります。そしてカスタマー・リテンションに悪影響を及ぼします。競合他社に顧客を丸ごともっていかれることもあります。リテンションの失敗は、その企業の組織能力を低下させるだけでなく、他社を利することで競争上の不利益を二重にもたらしてしまうのです。

ターンオーバーが10%を超えると人事部は忙しくなります。退職・採用・退職・採用を際限なく繰り返している感じになります。

欧米の企業においては、「アトラクト（Attract）－リテイン（Retain）－ディベロップ（Develop）」の基本的フレームワークが人材のフロー・モデルとして一般に共有されています。この文脈における「リテイン」はさらに広い意味を持ちます。給与・賞与・福利厚生・昇格・昇給・考課など、人事制度の運用および人材マネジメントの活動のほとんどは、入社と退職の間にある広義の「リテンション」に含まれると考えることもできるのです。

> **NOTE**
>
> employee retention programは「従業員リテンションプログラム」。Training is your investment in human resource development and retention.「トレーニングは人材の育成とリテンションのための投資である」。Try these tactics to retain your employees.「リテンションのためには次のような戦術を行ってみてはどうでしょう」。the retention of the stick（Arthur Conan Doyle)は「（事件現場に）残された杖」(コナン・ドイル)。

関連語　**Agent** ▶ p018, **Compensation** ▶ p050, **Cost** ▶ p060, **Customer** ▶ p066
　　　　Employability ▶ p084, **Opportunity** ▶ p166, **Recruit** ▶ p190

Role
[ロール]

役・役割・役目・任務

期待に応えて演じる役割

roleは「人が何かに参加するときに演じる役」。もとの言葉は「巻紙」を意味するroll。そこには、役と役者の名前が書いてあった。role modelは役割を担う上で「自分が倣いたいと考えているモデル」。role（演劇では役、仕事では役職）を演じることがact（演劇では芝居、仕事では行為）であり、その結果がperformance（演劇では上演、仕事では業績）である。

　人は組織において何らかの役割（ロール）の担い手となっています。そして役割にもとづいて判断したり行動したりします。また役割に対してアイデンティティーを持ちます。

　「ロール」はもともと演劇用語。演じられるパートやキャラクターを含む「役」です。企業組織の場における「役割」とは、「役職」に就き「役務」を担い「役目」を果たすこと。

　ロールと同じように、パフォーマンスも演劇とビジネスの両方の文脈で使われます。演劇においては、舞台の場において明確に割り振られた「役」を演じることでより良いパフォーマンス（上演）を行うように努力します。組織のメンバーも、それぞれの役割を果たすことを通じて、個人的にも組織的にもパフォーマンス（業績）を上げるべく努力をします。

　役割を通じて社会的自我が発生し、役割が社会的相互作用のプロセスによって試され、確認・修正される――そのことを示したのは、プラグマティズムの創始者の1人であるジョージ・ハーバート・ミード（George Herbert Mead）でした。役割に関する概念には数多くのものがありますが、この項では代表的なものとして「役割期待」「役割取得」「役割葛藤」について整理してみます。

　「役割期待（ロール・エクスペクテーション）」は、相互関係において「他者」が演じる役割について公式・非公式に期待をすること。

例えば経理部に配属された学卒の新人には「経理部員」と「新入社員」という役割が期待されます。自分が何を期待されているかをちゃんと理解しなければ「わかっていない」と言われてしまいます。

「役割取得（ロール・テイキング）」は、「自己」が他者による役割期待を学習して内面化し、そのプロセスを通じて役割を真に自分のものとして取得（テイク）することです。

このような流れは、役割が明確に決まっている職場においては容易に観察されます。人が自分自身の価値観であると自分では認知しているものであっても、実際には抽象化された所属集団（例えば「会社というところ」）からの役割期待が内面化したものであることも多いのです。役割の内面化が進むと、無意識のうちに役割を演じることができるようになります。そして価値感を内面化します。そのような人々が集まる部署には独特の「職場文化」が形成されていきます（Cultureの項参照）。

「役割葛藤（ロール・コンフリクト）」は、役割間の矛盾によって個人が引き裂かれる状態です。これも、しばしばビジネスの場面で生じます。葛藤には2種類のものがあります。「役割間葛藤」は、1人の人間の中で引き受けている複数の役割期待同士が矛盾すること。「職業人」のロールと「家庭人」のロールとの間の葛藤・相克については数多くの調査研究があります。「役割内葛藤」は、1つの役割自体の中に矛盾しあう役割期待が含まれること。「役割内葛藤」は、1つのロールに対して複数の相互に矛盾する役割が期待される場合に発生します。いずれの葛藤も、職務を進めることを困難にするジレンマやダブル・バインドの状況を引き起こします。

役割期待を理解し、役割を取得し、役割葛藤を上手くマネージしていくことは職場においてコンピテンシーがあるとされている人に共通して見られる特徴です（Competencyの項参照）。

NOTE

play a role of～は「～の役割を演じる」。play a supporting roleは「脇役を演じる」。role takingは「役割取得」。周囲から自分に対して期待された役割（role expectation）を理解してそれを取っていくこと。be someone's role modelは「誰かのロールモデルとなること」。「役割距離」と訳されるrole distanceは「役割について醒めた目で見て気持ちの上で距離があること」。female roleは「女形」。fill the role of～は「～の役割を果たす」。

関連語　**Action** ▶ p014, **Competency** ▶ p048, **Culture** ▶ p064, **Function** ▶ p102
Management ▶ p144, **Value** ▶ p238

Sales
[セールス]

営業・販売

数字を狩り集めるなりわい

「手渡す」を意味する古英語のsalaに由来する。「犠牲を申し出る」を意味するsaljanにつながる。古英語のsellanはsellに似ているが、「さしあげる」という意味であった。「店で商品をいつもより安値で売る」という「セール」の意味は19世紀から。

「営業」は、日本語と英語を対比させるうえで扱いに困る言葉です。営業は文字通り「業を営む」こと。素直に解釈すれば「ビジネスを営むこと」(Businessの項参照)。実際には営業以外の部門も立派に「業の営み」に関わっています。ところが実際には「営業部門」を名乗っているのは、英語でいう「セールス・デパートメント」だけ。

英語の「セールス」に直接対応する日本語は「販売」です。にもかかわらず、日本でそのような部署は「販売部」ではなく「営業部」と呼ばれるのが普通です。日本語の世界では、販売こそがビジネスなのだと考えられていたという本音が透けてみえます。

英語の「セール」という言葉には「売る」と「安売り」の両方の意味があります。"for sale"は「(個人としての)売り出し中」(逆に"not for sale"は「非売品」)、"on sale"は「(店頭などで新製品などの)売り出し中」あるいは「特売中」。"sale"は単独で使われると「販売」で、それが札に書いてあると「特売」の意味になります。

販売に関わる業務にはさまざまな種類があります。企業を相手にする「法人営業」と個人を相手にする「個人営業」。顧客の元に出向く「出の販売」と顧客が店舗に来る「待ちの販売」。既存の顧客先や小売店を回る「ルート・セールス」と、新しい相手を訪ね歩く「開拓型セールス」。一軒一軒歩くのは「ドア・トゥー・ドア・セールス」。中でもキツいのは、事前のアポイントを取らずに訪問する「飛び込み営業」です。よほどの例外がない限り断られ続けますから、

精神力を鍛えるには一番効果的です。

　亡くなった作家の中島らもが、自らの営業経験をもとに営業の仕事には向き不向きが歴然とあり、営業に向いているかどうかは「狩猟本能が発達しているかどうか」にかかっていると書いています。中島らもはこう続けます。

　「数字を狩り集める営業という一種のゲームに没頭できる性格の人なら、暗くても明るくてもそれなりに自分のスタイルで仕事をこなしていける」

　営業成績は、数字ではっきりと出ます。そして営業部門のプロフェッショナルたちは、それぞれ独自の「営業スタイル」を持っています。自分ならではのスタイルを確立できるかどうかが、数字を上げることができるかどうかの決め手となります。たとえば「立て板に水」もスタイルですが、じっくり相手の話を聞くのも成績のよい営業マンによくみられるスタイルです。

　私は個人営業と法人営業の両方の経験があります。個人営業の活動で効いたのは「ひと工夫」でした。例えば「電卓忘れ」。ある日お客さんのところに電卓を忘れてしまい、それを思い出して取りに返ったついでに「ところでいかがでしょうか」と聞いたら、「買うよ」と言われて商談がまとまったことがあります。「なるほど、お客さんは単に営業がいない場所で意思決定をしたいだけなのか。気持ちを決めるのには1週間もかからない。お客さんの言うとおりに1週間後に再訪したときには『ほかに決めたよ』といわれるのがオチ…」。そう得心した私は、以後お客さんのところには電卓を忘れていって、30分ほどで引き返しては「ところでいかがでしょうか」と聞くようにしていました。狩猟本能からというよりも、窮余の一策として編み出したワザですが、それなりにうまく行きました。

　営業は、業(わざ)であり業(ごう)なのです。

> **NOTE**
> sales forecastは「売上予測」。sales forceは「販売チーム」。Retail sales resumed in the previous month.は「先月、小売りは回復した」。Last year's model is not any more on sale.は「昨年のモデルは、もう販売していません」。sales pitchはセールスを行うときの説明。もとはといえば実演販売などで使われていた「売り口上」であるが、投資銀行の営業部隊が金融商品の説明を行うときにも使われる。

関連語　**Business** ▶ p036, **Professional** ▶ p182, **Promotion** ▶ p186, **Style** ▶ p214

Security
[セキュリティー]

保障・証券

心配がいらないこと

ラテン語でcurareは「世話をする」こと。その言葉がcareとなった。接頭辞のse-は「離れて」、cureは「ケア」と同じ。そのことからsecureはケア不要、つまり「心配いらない」「安全」を意味し、securityは「保障」を意味するようになった。信頼の土壌があって、安全が確約されているということである。

　セキュリティーは一般用語としては「保障」です。国連の安全保障委員会は「セキュリティー・コミッティー」。「セコムしてますか」の「セコ」もセキュリティーから来ています。「心配がない」状態です。
　ジョブ・セキュリティーは「職業の安定」。失業の危機にさらされず「安心して」働けるということです。ジョブ・セキュリティーが脅かされると気もそぞろで、コミットメントもモチベーションも急降下。組織に対する貢献どころではなくなってしまいます。
　世界金融危機の前まで、ウォール・ストリートでは大変な高給を得ることが可能でした。その反面、ジョブ・セキュリティーは高いとは言えません。この世界では、人間がかなりの程度、変動費として認識されています。景気が良ければ採用し、悪くなれば解雇するということを繰り返し、「ハイヤー＆ファイヤー」（雇っては首切り）が業界の慣行になっていました。
　同じ金融でもヨーロッパの企業はアメリカの企業ほどとび抜けたボーナスは支払いませんが、その代わりアメリカの感覚からすれば相対的にはジョブ・セキュリティーが高いといわれます。ちゃんとリスクとリターンがマッチしているのです。
　セキュリティーにはもう1つ「証券」の意味があり、その場合は通常「セキュリティーズ」と複数形で使われます。アメリカでジョブ・セキュリティーが低い人たちが、セキュリティーズのビジネスに携わっているのは、皮肉といえば皮肉です。

『スヌーピーとチャーリー・ブラウン』に出てくるライナスは、ものごとの本質がわかっており、問題解決能力もある知恵者とされています。しかし、いつも姉のサリーからこっぴどくやられています。そして、いつもお気に入りの毛布を肌身離さず持っています。幼児が安心感を得るために肌身離さず持ち歩く安心毛布のことを、セキュリティー・ブラケットと言います。ライナスはその「安心毛布」が手放せないことで、キャラクターを確立しているといえるでしょう。最近ではセキュリティー・ブラケットは「ライナスのように物知りで人に安心感を与える人」という逆転した使われ方もしているようです。

それはともかく、セキュリティーは「心配いらず」ということ。そこから保障の意味になりました。「ユー・アー・セキュアード」というのは「もう大丈夫。心配しなくていい」という意味。ビジネスというのはもともと「心をいつも配っているため忙しいこと」（Businessの項参照）。しかし、ジョブ・セキュリティーが低い状況で働くと、いつもわが身について心配しなくてはならなくなってします。仕事がなくなるかどうかについて「心配ない」状態であってはじめて顧客やチームメートに対して「心配り」する余裕が生まれます。

企業としてジョブ・セキュリティーを方針としてうたっても、業績が伴わなくてはそれを維持することはできません。つまり安心確保の大前提は企業業績。その意味で企業経営者の責任は重いのです。

また、ジョブ・セキュリティーを社会全体として高めていくことは、国家の本来的な仕事。失業率を低く保つためには、持続する経済成長が必要です。衣食足りて礼節を知る。「生活の安全保障」があってはじめて、学び合いや助け合いも可能となるのです。

NOTE

public securityは「公安」。security depositは「保証金」。security investmentは「証券投資」。sense of securityは「安心感」。security analystは「安全保障専門家」だが、複数形にしてsecurities analystとなると「証券アナリスト」。What is most stressful is dealing with today's lack of job security. は「もっともストレスがあるのは、ジョブ・セキュリティーがないことに対処することだ」。

関連語　**Business** ▶ p036, **Cost** ▶ p060, **Retention** ▶ p196

Service
[サービス]

サービス・奉仕・役務

奉仕・奉公すること

slaveをあらわすラテン語servusに名詞語尾である-itiumがついたservitiumが語源。そこから「奉仕」「奉公」「給仕」を意味するようになった。その後「軍役」の意味に転化し、またtea serviceのような使われ方も始まった。service industryの用法は1940年代から。

　「経済のサービス化」はいまや長期的なトレンド。第3次産業の就業者数はいまや約7割弱。産業別のGDP構成比においても7割強を占めています。第3次産業の存在感はいよいよ強まっています。
　サービスについては、「サービス・インダストリー」と「サービス・ビジネス」の両方の言葉が使われます。Googleで検索すると、日本語でも英語でも中国語でも、ほぼ拮抗する数を示します（中国語でサービスは「服務」）。
　興味深いのは「サービスはインダストリーであるかどうか」「サービスはビジネスであるかどうか」という最も基本的な命題について、それぞれYesとNoの議論が成立するということです。それぞれについて、ちょっとした簡易ディベートをしてみましょう。
　質問1:「サービスはインダストリーでしょうか？」
　肯定側:「もちろんです。サービスはインダストリーです。インダストリー（産業）は、第1次産業・第2次産業・第3次産業のすべて。そのうち、サービス産業は第3次産業。ですから産業の一部。ですからサービスはインダストリー。当然すぎます！」
　否定側:「いいえ、サービスはインダストリーではありません。インダストリーには『工業』の意味もあります。そして工業は第2次産業のこと。サービスは第3次産業だから第2次産業じゃない。だから定義上、サービスはインダストリーではないんです！」
　質問2:「サービスはビジネスでしょうか？」

肯定側：「もちろん、サービスはビジネスです。小売り・卸売りなどの商業や銀行・証券・保険などの金融、あるいは電力・通信などの社会インフラからホテル・レストランなどの狭義のサービス業に至るまで、およそ有償のサービスはビジネスです！」

　否定側：「いいえ、サービスはビジネスではありません。よく考えてからものを言ってくださいよ。サービスといえば、パブリック・サービス（公役・公務）、メディカル・サービス（医療・医務）、ミリタリー・サービス（軍役・軍務）。挙句の果ては、チャーチ・サービス（礼拝）だってあります。それらはビジネスですか。違うでしょう。それらを貫くのは『奉仕』の精神。少なくとも奉仕はその本質において『儲け』を目指すものではないのです」

　サービスは、ある見方をすればインダストリーであり、同時に別の見方をすればインダストリーではありません。また、ある文脈においてはビジネスそのものであり、同時に別の文脈においてはビジネスではありません。「インダストリー」と「ビジネス」の両方に対する両義性——それがサービスの特徴です。

　2011年3月の東日本大震災を契機に、サービスにおける「奉仕」の側面が改めて認識されました。しかしそれは、「サービスはビジネスではない」ということを意味するのではありません。むしろ震災直後の対応と復興を通じて、私たちはビジネスもインダストリーも社会全体に対して「尽くす（serve）」ものであり、「仕える（serve）」ものであり、「役に立つ（serve）」ものなければならないということを、改めて強く思い知らされました。

　インダストリーでもありビジネスでもある（そしてどちらでもない）「サービス」の本質を考えることを通して、私たちは、逆にインダストリーとは何か、ビジネスとは何かという基本的な問いに対するヒントを見つけることができるのです。

> **NOTE**
> client serviceは「顧客サービス」。home delivery serviceは「宅配サービス」。service agreementは「サービス契約」。Gas is slightly cheaper at self-service gas stations. は「ガソリンはセルフ・サービスで給油すると少し値段が安い」。本文中に出てくる「公役・公務」はpublic service、「医療・医務」はmedical service、「軍役・軍務」はmilitary service、「礼拝」はchurch service。

関連語　**Business** ▶ p036, **Hospitality** ▶ p116

Staffing
[スタッフィング]

人員の配置・配属・異動・配役

人材を調達して配置する仕事

かつて職業上の身分をあらわした「杖」を意味する古英語staefが語源とされる。staffには2通りの用法がある。1つはlineに対置する概念としてのstaffである。この意味でのstaffは「参謀としてトップの意思決定をサポートする」。もう1つは「職員・社員・要員」に近いニュアンスを持つ用法。例えば一般事務職員はclerical staffという。staffingは「人員配置」。

　「スタッフ」は、軍隊では「参謀本部」や「幕僚(ばくりょう)」。演劇・音楽・スポーツなどでは「裏方」。企業では「間接部門」。

　「スタッフィング」は「人的資源の調達と配置」を意味します。採用・配属・異動・配置──つまり狭義の「人事」です。「限りある資源の最適配分」が戦略的意思決定であるならば、「誰を」選ぶかは、極めて戦略的であるといえます(Strategyの項参照)。

　「人事の一番重要な機能は何ですか?」と聞くと、ほとんどの日本人は「異動と配置」を挙げます。どんな戦略であれ戦術であれ、つまるところ「誰がそれを行うか」が決定的。「人事が万事」といわれる所以(ゆえん)です。

　採用は、「労働市場からいかにして自社のビジネスと戦略に最適の人的資源を調達するか」に関する活動であると言い換えることができます。人材のパイプラインをつねに満たしておき、社内・社外を問わずいつでも最適の人材を調達できるようにしておくことが、スタッフィングの一部としての採用です(Recruitの項参照)。

　配属は、新卒一括採用のプラクティスに付随するもので、最初から決まった仕事に対して採用する場合にはこの概念はありません。この言葉の持つ「ハラハラドキドキ感」は、配属先が事前に決まっていない新卒採用に独特のもの。新入社員の入社を控えて日本の人事部で行われている配属準備は典型的なスタッフィングです。属す

る場所に配ることを意味する「配属」は、部署が「所属」する対象（doの場所よりはbeの場所）であることを示しています。

　異動は、日本の企業の多くにおいては社内での定期的部署間異動を意味します。欧米の企業にも社内異動はあります。日本の企業の定期異動は事前の打診なく決まり、海外赴任でさえ「来月から行ってくれ」と言われます。それに対して、欧米の企業では本人の意向と組織の意向を入念に摺り合わせます。

　配置は、配属や異動を含めたより広い一般用語です。適材を適所に配置していくことは、もっとも典型的なスタッフィングです。

　配置と似た言葉に、「配役」があります。英語ではキャスティング。映画や演劇がキャストで決まるように、企業の運営においてもキャスティングは決定的です。

　日本語の「配役」は、役者が先にいてそこに役を割り付けることが多いそうです。旅回りの一座のように限られた人的資源の中でやりくりするイメージです。それに対して「釣り」の意味もある英語のキャスティングは、役に対して役者を探し出してくること。

　役者を意味するキャストは、「鋳物」も意味します。鋳物は型に入れて金属を溶かし込んで作るもの。役者は役の中に自分を溶かし込みます。しかし演じ方には役者の個性が出ます。キャストは受動的であると同時に能動的です。

　役者が演じるパートは、「部品」も意味します。演劇において、演ずるべきパートは全体の一部。しかしそれぞれのキャストが一部を全力で演じることでステージが成立します。

　キャスティングはプロデューサーの仕事の要諦。そして、経営者はプロデューサー。キャスティングがパフォーマンス（＝舞台・業績）を決めます。採用・配属・異動・配置は、プロデューサーとしての経営者にとって、決定的に重要な仕事といえるでしょう。

NOTE

staffing arrangementは「人員配置」。general staff は「参謀スタッフ」。examination of staffing levelは「人員体制の審査」。The function of strategic staffing is to recruit and retain employees to perform jobs in line with your company's overall goals. は「戦略的スタッフィングの機能とは、企業全体のゴールと適合する形で業務を遂行するべく従業員をリクルートしリテインすることだ」。

関連語　**Allocation** ▶ p020, **Recruit** ▶ p190

Stakeholder
[ステークホルダー]

利害関係者

SPECIALな利害関係者たち

stakeは「競馬などの賭け」あるいは「賭け金やそれに対する賞金」をあらわす。競馬でステークスとは自分の馬を出走させる馬主がお金を出し合って、分配の元金とする方式。そこから、利害関係をあらわすようになった。stakeholderは賭け金の保管者、あるいはそのような利害関係を持つ関係者。

　企業が関係を持つ先のことを「ステークホルダー」と呼びます。
　「ステーク」とは「利害」のことですが、もともとは賭け事に関する言葉でした。「ステークス」と複数形になると「賭け金」のことになります。競馬はもともと馬主同士がお金（ステークスマネー）を出し合って勝った人がそれを取る競争のことでした。
　そこから、ステークホルダーはもともと企業に対して投資家として利害を持っている人たちを意味するようになりました。その後、特に1990年代以降は、企業に対して直接的・間接的に利害を持つ関係者を広くあらわすようになりました。
　企業は、さまざまな利害関係者と関係を保っています。ステークホルダーの代表的なものが、サプライヤー（S：供給者）、パブリック（P：一般社会）、エンプロイー（E：従業員[含・応募者]）、カスタマー（C:顧客）、インベスター（I：投資家）、アライアンス先（A：提携先）、およびレンダー（L：銀行・社債引受先）です。
　これらの頭文字を取って"SPECIAL"と並べてみると、なかなかスペシャル（特別）なものにも見えてきます。購買調達・広報・人事・営業・インベスターリレーションズ・企画・財務の各部署は、それぞれのステークホルダーに対応しているリレーションシップ・マネジメントを行う部署（Relationshipの項参照）ですから、SR・PR・ER・CR・IR・AR・LRとあらわしてみることもできるでしょう。

"SPECIAL"のステークホルダーはいずれも等しく重要です。どこが特別に重要で、どこはそれほどでもないということは、まったくありません。どのステークホルダーが欠けても企業は存続できないからです。そして、ステークホルダーという言葉は「会社は誰のものか？」という根本的な問題と大きく関わっています。

　2008年9月15日の世界金融危機によって世界は一変しました。その時にこの問いに対する答えも変わったと思います。それまで会社は一義的に投資家（I）のものとされてきました。しかし、世界金融危機ではっきりしたのは、投資家の意向しか反映しない極端な「投資家中心主義」は、企業のありかたを歪めてしまうことでした。その歪みは金融システム全体を、ひいては資本主義自体を自壊の危機に直面させてしまいました（Capitalの項参照）。

　2011年3月11日の東日本大震災と原発事故の経験を通して、企業は社会の公器であることが改めて強く確認されました。また、部品の供給を通じてサプライヤーとの関係についても見直されました。会社は供給者（S）、社会（P）、従業員（E）、顧客（C）、投資家（I）、提携先（A）、貸し手（L）という、すべてのステークホルダーのものなのです。

　企業が社会の中で「信」を得るためには、SR、PR、ER、CR、IR、AR、LRの各部署はそれぞれの特別な役割をまっとうする必要があります。各部署は、自分が向かい合うステークホルダーからのメッセージを敏感に受け止める受信機でなくてはなりません。

　同時に、外部とのリレーションシップ・マネジメントを行う部署は"SPECIAL"それぞれのステークホルダーに対する発信機である必要もあります。対応する方法はそれぞれスペシャルであっても、発信するメッセージは企業として首尾一貫した姿勢を示すものであることが重要です。

> **NOTE**
>
> stakeholder interestsは「関係者の利害」。stakeholder engagementは「利害関係者とのきちんとした相互関係」。Ensure that you involve your key stakeholders at all stages of your research project.は「調査を行うのであれば鍵となるステークホルダーをあらゆる段階できちんと巻き込んでおくこと」。

関連語　**Capital** ▶ p038, **Investment** ▶ p130, **Relationship** ▶ p192, **Role** ▶ p198
System ▶ p218, **Trust** ▶ p232

Strategy
[ストラテジー]

戦略・作戦計画

ストラテゴの仕事

ギリシャ語でstratēgos（ストラテゴ）は、アテネにおける「総帥」あるいは「総司令官」の職の名前。そこから派生したstrategiaは「総帥が下す命令」や「采配」となり、フランス語で「戦略」をあらわすstrategieを経て英語のstrategyとなった。strategosのもととなったとされるstratosは「遠征」の意味もある。

ストラテジー（戦略）とは「ビジョン・ミッションの実現のために、長期的・大局的視野に立って、限りある経営資源の最適配分を通じて、何をするか・何をしないかについての方針・方向・方策を示して、実行・実践・実施するためのもの」とまずは定義しておきましょう（Vision, Mission, Allocatoinの項参照）。

タクティクス（戦術、Tacticsの項参照）よりは長期的で大局的なもの。ビジョンよりは具体的で実務的なものです。オペレーション（Operationの項参照）が"How（いかにして）"の問題であるのに対して、"What（何を）"の問題であるとも言えるでしょう。

戦略的経営とは、外部環境を分析して経営計画を策定すると共に、内部環境を整備して効果的に戦略を展開し実行していくことです。

ビジネスにおいては、戦略は多くの場合「競争戦略」を意味します。その目的は持続する競争優位（Sustainable Competitive Advantage）を確定することです。

マイケル・ポーター（Michael Porter）は、戦略には大きくわけて3つしかない、と言いました。1つは「コスト・リーダーシップ」。製造、流通、販売の各過程で低コストを実現してマーケットシェアを拡大すること。2つ目は「差別化」。自社の商品やサービスに独自性を打ち出すこと。3つ目は「フォーカス」。特定の顧客セグメント、技術、商品、地域、チャネルに集中することで低コストや差別化を実現していきます。

このストラテジーという言葉は、「ストラテゴ（Strategos）」から生まれました。作家の塩野七生は「国家政戦略担当官」と訳しています。最も著名なストラテゴは、世界史の教科書にも登場する古代アテネのペリクレス（Pericles, BC495-BC429）。ペリクレスはこの地位に長らく選出され続け、その大半を議長として過ごしました。

　海軍国で陸上の戦いには弱いアテネが、厳しい軍事訓練で鍛えられた強力な陸軍を持つスパルタにいかに対抗するか――ペリクレスの「戦略」は、陸での戦いにならないように、港を含む海岸に長い城壁をつくり市民すべてを壁の内側に置くことでした。方針・方策を立てて実行・実践したわけです。

　ペリクレスが将軍（ストラテゴ）としてとったストラテジー（戦略）は戦いを指揮することだけではありませんでした。デロス同盟を結成して海軍を増強したことはストラクチャー（組織）に関わります。役職者を平民の中からも抽選で選ぶ制度をつくったことはシステム（制度）に関わります。また、ペリクレスは、パルテノン神殿を完成させました。私たちがギリシャ文化として理解している「アテネの黄金時代」は、ペリクレスがストラテゴであった時代のことなのです。

　黄金時代をつくるのは、戦略・組織・制度から文化に至るすべての面にわたる総帥としてのストラテゴの仕事。そして総帥であるストラテゴの仕事がストラテジーなのです。

　なお、「ストラテジスト」と呼ばれる職種があります。ストラテジストは投資のストラテジーに関する提言を行うスペシャリストです。それに対してストラテゴは本来の意味でのジェネラリスト（Generalの項参照）。ストラテジーは、この単語帳の中だけでも多くの関連語があります。そのことが示すように、ビジネスの世界における中心的な言葉なのです。

NOTE

investment strategyは「投資戦略」。formulate a sales strategyは「営業戦略を策定する」。Secrecy is the soul of strategy.は「秘密に行うことは戦略の魂である」。換言すれば「謀略は密なることを尊ぶ」。strategic thinkingは「戦略的思考」。strategic decision makingは「戦略的意思決定」。strategic management consulting firmは「戦略経営コンサルティング会社」。

関連語　**Allocatoin** ▶ p020, **Investment** ▶ p130, **Mission** ▶ p154, **Operation** ▶ p164, **Structure** ▶ p212, **Sustainability** ▶ p216, **Tactics** ▶ p220, **Vision** ▶ p240

Structure
[ストラクチャー]

構造・構造物・構築・構成・組織

組み上がっていくもの

ラテン語のstruereは「積み上げ組み上げて伸ばしていくこと」。また、structura は「互いに合わせて調整すること」。これらから「建築」を意味するconstructや「構造」を意味するstructureが生まれた。-tureは「〜のもの」。接頭辞in-を伴うと、構造づくりを「指示する」という意味のinstructionとなる。

　ストラクチャーは「ものごとが組み上がっていくこと」。人体で言えば骨組みにあたります。特に建築物や建造物の領域では最も重要な言葉です。例えばアーチは力を分散させることができる強いストラクチャーです。アーチが組み上がっていくと、構造的に強靭でかつ見た目にも荘厳なゴシック建築ができます。ストラクチャーには剛構造と柔構造があり、それによって外力に抗して自己維持を行うことができます。

　この言葉は、自然科学（例：分子構造）、社会科学（例：社会構造）、人文科学（例：文章構造）など、さまざまな領域で広く使われます。

　ビジネスにおいても「もの」「かね」「ひと」のそれぞれについてストラクチャーがあります。

　「もの」の領域では、例えば「パッケージング・ストラクチャー」は軽くて強い包装構造のことで、強さと美しさを両立させる様々なデザインが工夫されています。

　「かね」の領域では、「キャピタル・ストラクチャー」は資本構成のこと。特に負債と株主資本との組み合わせを指します（Asset, Equityの項参照）。「ディール・ストラクチャー」はM&Aにおける企業買収の方法を意味しています。

　「ひと」の領域では、「オーガニゼーショナル・ストラクチャー」は組織構造です（Organizationの項参照）。組織には、構造物として組み上がっているストラクチャルな側面と命を持って成長していく

オーガニックな側面の両方があります。前者がストラクチャー、後者がオーガニゼーションですが、どちらも単独で使われた場合「組織」と訳されます。

アルフレッド・チャンドラー(Alfred D. Chandler)の大著『組織は戦略に従う』は経営学の古典。原題は"Strategy and Structure"(1962)。組織をあらわす言葉としてオーガニゼーションではなくストラクチャーが使われました。Sの頭韻を踏んだこのネーミングが行われたときに、この本は名著たることをさらに確実にしたと言われています。

有名な「マッキンゼーの7つのS」は、組織の現状を分析し、組織変革を推進する上でとてもよく使われる枠組みです。「ハードのS」と呼ばれるのが、ストラテジー、ストラクチャー、システム。「ソフトのS」と呼ばれるのが、スタッフ、スキル、スタイル、シェアド・バリュー。あわせて7つの切り口を示しています。ここで組織の意味でストラクチャーが採用されたのは、イニシャルがSである必要があったためですが、ハードな面を表現するにはオーガニゼーションよりストラクチャーのほうが適しているともいえます。

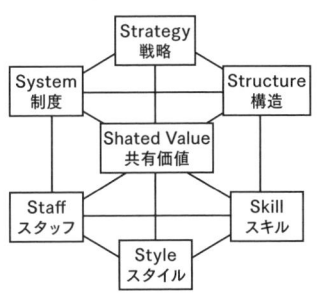

マッキンゼーの7つのS

- Strategy 戦略
- System 制度
- Structure 構造
- Shated Value 共有価値
- Staff スタッフ
- Skill スキル
- Style スタイル

ストラクチャーという言葉のこころは、「積み上がり組み上がっていくところ」にあります。組織のストラクチャーは、組織図によってあらわされているフォーマルな指示命令系統だけでなく、目に見えない信頼関係からパワー・バランスまで、さまざまな要素から組み上がっているのです(Line, Trust, Powerの項参照)。

NOTE

a structure of a buildingは「建物の構造」。structure of the playは「作品の構成」。the structure of the human bodyは「人体の構造」。organization structureは「組織構造」。sentence structureは「文章構造」。compensation structureは「報酬体系」。complex structureは「複雑に入り組んだ構造」。the need for structural changeは「構造変革の必要性」。

関連語 **Asset** ▶ p028, **Design** ▶ p070, **Equity** ▶ p090, **Force** ▶ p098, **Line** ▶ p142 **Organization** ▶ p170, **Power** ▶ p178, **Strategy** ▶ p210, **Trust** ▶ p232

Style
[スタイル]

様式・流儀・仕方・文体・品の良さ

「こだわり」と「らしさ」の結晶

語根のsti-は、例えばstickのように細くてとがったもの。フランス語でstyloは「万年筆」。そこから、文章のスタイルすなわち「文体」となった。それが拡大されて表現形態全般を指すようになり、「流儀」という意味合いが派生した。語源はギリシャ語で「型」を意味するestilo。経営の世界では「マネジメントの型」をあらわすようになった。

　スタイルの第1の意味は「様式」です。例えば建築の様式や服装の様式、バロック様式やロココ様式、アールヌーボーにアールデコ。
　そこから第2の意味として生活や仕事の仕方に関する用法が生まれました。生活スタイル、仕事スタイル、営業スタイル、投資スタイル、経営スタイル。スタイルは多くの言葉と化学結合します。
　さらに、第3の意味である「好みが合う」の意味が派生しました。スタイルとは、自分の性分や流儀に合うこと。テイストと合うこと。
　また、第4の意味としてファッション関係の用法が生まれました。スタイリッシュであるとは、生活全般で趣味が良く品が良いこと。スタイルが広がって行くのが流行です。「イン・スタイル」は流行っていること。敏感な人のアンテナにひっかかった状態です。
　スタイルは「風・流・型・式」とまとめることも可能です。なになに風、だれだれ流、これこれ型、どこどこ式。複数の解釈がお互いに重なりあいながらスタイルの深い意味世界を形成しています。
　商品に一定のトーン&マナーがあるように、組織にもそれがあります。従業員にとっては、組織のスタイルと自分の生き方のスタイルがフィットするかどうかは、決定的に重要です。
　経営スタイルは「マッキンゼーの7つのS」の1つです。計測が難しい主観的要素であるため分析しにくい面もあります。しかし、実際にはその会社「らしさ」そのものである経営スタイルは、企業文

化と同様にマネジメントの「ありよう」を決定づけます。

　そして、本来変わらないものであることがスタイルの本質です。例えばトップがころころ経営スタイルを変えると部下にとっては大変迷惑です。「今週の経営スタイルは…」などということはあり得ないのです。スタイルは一朝一夕には身につくものではありません。それだけに、一度確立すると容易に変えられるものではありません。

　一方で、カルロス・ゴーン（Carlos Ghosn）が新しい経営スタイルを導入したことで、1999年以後の日産自動車はまったく違う会社になりました。スタイルを変えることは仕事の仕方を組織の隅々にわたって全面的に「変革」することです（Transformationの項参照）。

　以下スタイルについての私論を整理してこの項のまとめとします。

　その1：スタイルは「らしさ」です。スタイルとは「哲学」や「好み」を源流として時を経て、精緻化と結晶化が進んだもの。それが組織固有のリズムとなってあらゆる活動や商品に通低します。

　その2：スタイルは「違い」です。他者から、あるいは標準的なものから一貫したずらしがあってはじめて「らしさ」が生まれます。完成されたスタイルを持つことは、とても有効な差別化戦略です。

　その3：スタイルは「こだわり」です。「神は細部に宿る」といいます。細かい点にまでその人ならではのこだわりが貫かれてはじめてスタイルとして完成します。

　その4：スタイルは「がんこさ」です。反復練習によって獲得され、いったん獲得されると繰り返されるものです。継続性と一貫性によって形づくられるスタイルは、本来的には保守的なものです。

　その5：スタイルは「変えうるもの」です。スタイルは原理的には保守性そのものですが、覚悟をもって臨めば大きく変えることはできます。そうすれば組織に変革と相転移を起こすことが可能です。

> **NOTE**
>
> modern styleは「現代風」。Japanese-style foodは「和食」。a colloquial styleは「口語体」。out of styleは「流行遅れ」。The style is the man.は「文は人なり」。The tribe's traditional life style no longer exists.は「その民族の伝統的な生活様式はもはや存在しない」。investment styleは「投資スタイル」。management styleは「経営スタイル」。

関連語　**Culture** ▶ p064, **Structure** ▶ p212, **Transformation** ▶ p230

Sustainability
[サステイナビリティー]

持続可能性

下から支え続ける力

ラテン語のtenereをルーツとする語根 -tain は「保つ」ことあるいは「支える」こと。sus- は「下から」。したがって、sustainは「下から支える」こと。下支えするから長持ちする。それに「可能性」を意味する-ableがついてsustainableとなり「持続可能である」ことを意味する。その名詞形がsustainabilityで環境問題との関連からキーワードとなった。

サステイナビリティーは「持続可能性」。人間の活動が将来にわっても続き得ることです。今世紀の科学や経済あるいは経営を考える上で、避けて通ることのできないキーワードの1つです。

この言葉に先行したのは、持続的発展と訳される「サステイナブル・ディベロップメント」でした。1987年の国連の報告書において「将来の世代が彼らのニーズを満たすための能力を損なうことなく、現在の世代のニーズに適合すること」と定義されています。その背景には、地球温暖化や酸性雨など地球規模の環境問題がありました。

企業にとってのサステイナビリティーは、「企業が収益性を継続的に確保して活動を持続し、将来もステークホルダー（Stakeholderの項参照）に対して価値を提供し続ける可能性」と定義できると考えます。

企業は自社だけに利益があればよいのではなく、社会という生態系の中でどう貢献していけばよいのかが問われます。そのため、サステイナビリティーは、「企業の社会的責任（コーポレート・ソーシャル・レスポンシビリティー：CSR）」と密接な関係にあります。CSRには直接的な環境保護に対する活動も含まれますが、将来の社会を念頭に置いた企業活動を行うことが、おのずとCSRを果たすことになります。

サステイナブルという言葉は戦略を論ずる際にはもう少し限定的

な意味で使われます。すなわち、戦略の目的は「持続的競争優位（サステイナブル・コンペティティブ・アドバンテージ）」を獲得することであるというものです。

どんな商品もリバース・エンジニアリングによってすぐに模倣されてしまう時代です。本当にサステイナブルな競争優位を築くためには、常に優れた商品やサービスを開発し提供できる組織能力を向上することが必須となります。サステイナブルという言葉がより頻繁に使われるようになるにつれ、戦略論と組織論の間の距離が縮まってきたように思います。

かつての戦略論の大前提となっていたのは「業界」であり、その中で同業他社とのポジショニング争いにどう勝っていくかということが大切でした（Positioningの項参照）。顔ぶれが決まっている中で番付を争っていたわけです。しかし、技術のブレークスルーによって、他業種から新たな競合企業が参入する例も少なくありません。また、グローバル化とともに、いまやどの業界においても世界中の企業と戦わざるを得ない状況になりました。

そのような新しい環境においてサステイナブルな競争優位を維持している企業を観察すると、商品や技術だけで差別化しているわけではありません。顧客、社会、投資家、従業員、サプライヤー、提携先などあらゆるステークホルダーとの関係において優れた価値を提供することで生態系をつくっています。真に強い企業はそのような能力自体をも常に向上させるメタ能力を持っています。

自らの組織能力を高めることのできる企業は、他社との距離をどんどん広げていきます。そして、組織能力はトップダウンで高まるものではなくて「下から (sus-) 支える (tain)」ことで高まります。サステイナビリティーの概念は、目線の高かった従来の戦略観とは少し異なる角度から考えるヒントを提供しているように思えます。

NOTE

learning for sustainabilityは「持続可能性への学び」で、2005年愛知万博（愛・地球博）の地球市民村のテーマになった。environmental sustainabilityは「環境維持」で環境問題のキーワード。achieve sustainable growth of our companyは「当社の継続的な成長を達成する」。sustain a company's competitive advantageは「会社の競争優位を維持する」。

関連語　**Competition** ▶ p050, **Development** ▶ p072, **Force** ▶ p098, **Positioning** ▶ p176
Stakeholder ▶ p208, **Strategy** ▶ p210

System
[システム]

系・系統・体系・装置・制度・体制

部分が合わさって全体が立つもの

語根のsy-はsyn-と同様、「合わせる」を意味する。例えば、synergyは「合わせた効果を出すこと」、synthesizerは「合成音を出す電子楽器」で、synthesisは弁証法における正・反・合の「合」。語根のstemは「立てる」に由来する。「万物」や「宇宙」などオーガナイズされた全体を意味するギリシャ語のsystēmaがラテン語systemaを経て英語に入った。

　「システム」は、なかなか本質を理解するのが難しい概念です。自然科学の研究者は、システムは「系」のことであるというでしょう。「え、システムってITシステムのことじゃないの?」と思う人も多いでしょう。会計システムを思い浮かべる人。システム・キッチンを思い浮かべる人。いろいろです。

　一見ばらばらな意味と広がりを持つ「システム」という言葉ですが、それらに共通する本質は「合わせて立つ」こと。部分が関わり合いながら全体を構成することです。単独では立てないものであっても、合わさると立てることができます。システムは単なる要素の寄せ集め以上のもの。多面的な相互依存関係がそのエッセンスです。

　システムという言葉の使われ方を「合わせて立つ」という理解をヒントに、具体的なものから抽象的なものまで並べてみます。

　第1に、「系統立てる」という使いかた。「バスの系統」や「系統だった勉強法」などがその例です。系に分けてシステマティックに整理すると、部分に関わっているときでも全体図が見通せます。

　第2に、「インプット−アウトプットの系」であるという説明。「コンピューター・システム」はその例です。

　第3に、「個別の要素が組み合わされたまとまり」であるという観点。「システム・キッチン」などはその例です。

　第4に、「制度」の意味での使われ方。「マッキンゼーの7つのS」の

うちの1つとしてのシステムはこれにあたります。報酬システムは人事システムの一部。それは企業システムの一部。1つのシステムはより高次のシステムの構成要素となって、さらに大きな全体をつくっていきます。

第5に、「要素同士が相互に連関し合いながら全体として大きな秩序を構成している状態」であるとの理解。生命や環境をシステムと考えるのは、このような大きな見方の1つです。

システムに関する形容詞は3つあります。「体系的に学びたい」といった場合に使われる体系的は「システマティック」。それに対して、「システムの」をあらわすのは「システミック」。世界経済危機は金融の持つシステミックなリスクを露呈しました。さらに、システムという名詞が形容詞的に使われることもあります。その代表が「システム思考」です。ものごとが合わさって立っていることを重視し、単独ではなくて全体の関連を重視する見方です。

システムは、本来静的なものではありません。1つの変化が他に影響を及ぼし、それがさらに別のものに影響を及ぼし、ぐるっと回って自分にも戻ってきます。

システム思考についての重要点の1つは「レバレッジ・ポイント」。レバレッジは梃子。ポイントは「ここぞ」という効果的な支点です。アルキメデスが「十分長い梃子と支点を与えられれば、地球だって動かしてみせる」と言った話は有名です。

社会や組織はシステムであり人間関係の綾が織りなされたもの。だからこそ全体に効果を及ぼし動かせる「琴線」があります。逆にそこを踏むと全体があばれてしまう「虎の尾」もあります。

指圧の「ツボ」は、こっているところとは別の意外なところにもあるもの。こっているところを押すだけではなく体全体のことを把握してコリをほぐす指圧のこころは、ある意味でシステム思考なのです。

NOTE

an educational systemは「教育制度」。a taxation systemは「税制」。the decimal systemは「十進法」。the circulatory systemは体の「循環器系統」。the bicameral systemは「二院制度」。single-seat constituency electoral systemは「小選挙区制度」。a system of production and sales, called wholesale systemは「問屋制度という生産販売形態」。

関連語 Function ▶ p102, Organization ▶ p170, Structure ▶ p212

Tactics
[タクティクス]

戦術・方策・策略

気が利く人の対応

ギリシャ語 tassein(配列する)からの派生。また、語源のラテン語 tangere は「触れる」。tactus は「手で触れて感じながら扱うこと」。そこから語根の tact- は「感触」や「如才のなさ」を意味するようにもなった。形容詞 tactful は「気が利く」こと。「互いに連絡を取ること」は contact。指揮棒の tact も同じ含意を持つ。直接扱える範囲のものごとについての「策」。

　戦略(ストラテジー)は、しばしば戦術(タクティクス)と対比されます。戦略がより長期的・大局的な観点からのものであるのに対して、戦術はより短期的・具体的な観点からのものとする説明が一般的です。

　だからといって、戦略が「主」で戦術が「従」という関係があるわけではありません。ものごとはそれぞれのスケールやレベルにおいて大切だからです。戦略を立てて戦術に下ろしていくトップダウン的なアプローチもあるでしょうし、戦術を立てて戦略に組み上げていくボトムアップ的なアプローチもあるでしょう。実際にはその両方が表裏一体となって進んでいくと思われます。

　「戦略・戦術」は戦争のメタファーであると思われがちです。漢字で表記するからそう見えるのですが、タクティクスのもとなったタクトは「如才なさ」。「気が利く」ということです。

　そのことはアングロ・サクソンの文化においてもとても重視されており、私が勤務した外資系銀行の業績評価(Appraisal の項参照)では、独立した大項目として「タクト」が入っていました。

　「気がつく人」はそれなりにいるのですが「気が利く人」はなかなかいません。相手の気持ちをよく読んで、効果的に対応する。そんな人がいてくれれば、どんなに仕事が進むでしょうか。お互いにタクトをもって気を利かせあうことができれば、どんなに素晴らしい

職場となるでしょうか。

　戦術とは「件・状・現・滑・転」であると整理できると私は思っています。まず、戦略を実現するために、戦う場所と時の「条件・与件」を考慮に入れなければなりません。次に、相手と自分についての「状況・状態」を踏まえる必要があります。そして、「現場・現実」に立脚しつつ、ある程度ディティールを押さえることが大切です。作戦は「円滑・平滑」に遂行しなければなりませんから、オペレーションも大切です。そして、何かあったときには「気転・機転」をきかすことが必要になります。それらの全体がタクティクスです。とはいえ、それは誰にでもできることではありません。むしろ得がたい能力といってもよいでしょう。

　タクトフルであるためには、概念的であるよりは個別具体的である必要があります。現場に立脚していることを、英語ではハンズ・オン（hands-on）といいます。「きちんと手をおいて」という意味です。具体の「体」、立脚の「脚」、ハンズ・オンの「手」。アタマの中だけで考えたのではなく、体にも脚にも手にもきちんと神経が通っており、確かな感触を確かめながらでなければ、機転の効いた戦術という「手を打つ」（Actionの項参照）ことはできないでしょう。

　現場に精通して如才なくかけひきをするというニュアンスを含む言葉がタクティクス。如才がないとは、抜かりないこととほぼ同じです。私はかつて英国人の上司から「このタクティクスをwater-tightで成し遂げるように」と指示されたことがあります。カタカナではウォーター・タイトですが、最初は「ワラライ」と聞こえて意味がわかりませんでした。後になって「水も漏らさぬ」という意味であることと知りました。私の場合はワラライの意味もわからない間抜けぶりでしたが、戦略を策定するストラテゴが信を置くのは、タクトを持ってタクティクスを遂行できる真の戦術家であると思います。

NOTE

> skillful in tacticsは「戦術に長けている」あるいは「ゲーム運びが巧い」。We need to adopt flexible tactics for a while.は「当面は柔軟な戦術を取るべきだ」。He was familiar with military tactics.は「彼は軍略に長けていた」。関連語tactの文例としては、she has tact.は「彼女は目端がきく」。He has the tact to say.は「彼は如才なくものを言うことができる」。The task requires tact.「このタスクは手腕を要する」。

関連語　**Action** ▶ p014, **Appraisal** ▶ p024, **Operation** ▶ p164, **Strategy** ▶ p210

Talent
[タレント]

才能・素質・才能ある人

お金を増やす者

talantonは古代ギリシャの、talentumは古代ローマの重さの単位。金の重さの単位として使われた。一説には33kg程度の金を意味したとされる。また通貨の単位でもあり、1タラントは数千日の賃金相当であった。「マタイの福音書」25章14節〜30節における、3人の僕(しもべ)に各々の能力に応じてタラントを預ける話から、「才能」「能力」をあらわすようになった。

「タレント・ウォー」という言葉があります。才能あふれる人材をめぐる企業同士の争奪戦のことです。

タレントのもととなったタラントは、金や銀の重さを示す単位。そのことから、貨幣単位としても用いられました。1タラントは数千日分の労賃であったといいます。

新約聖書には、タラントを巡る有名な話があります。「マタイの福音書」です。ある主人が召使い3人にそれぞれお金（タラント）を預けて旅に出ました。

「天の御国は、しもべたちを呼んで、自分の財産を預け、旅に出て行く人のようです。彼は、おのおのその能力に応じて、1人には5タラント、1人には2タラント、もう1人には1タラントを渡し、それから旅に出かけた」

ここで、しもべは「サーバント」、財産は「プロパティー」、能力は「アビリティー」、渡したこと（信託）は「エントラスト」というのが英語版の表現です。

その3人のサーバントたちは、それぞれどのような結果をもたらし、どんな評価を受けたでしょうか。

5タラントの信託を受けたサーバントは、それを倍にしました。そして主人から大いに褒められました（"Well done."といわれたそうです）。

2タラントの信託を受けたサーバントは、それを倍にしました。そして褒められました（こちらも"Well done."だったそうです）。

　1タラントの信託を受けたサーバントは「地の中に隠しておきました」といって同額を差しだしました。そうすると、主人からこういわれてしまったのです。

　"You, wicked, lazy servant!"（このたちの悪い怠け者サーバントが！［私訳］）。ずいぶんな物言いです。

　キリスト教の教義について私は語る資格がないのですが、この話だけを取り出すと、現代のビジネスの考え方にもつながると考えられます。「神」に対する「僕(しもべ)」と訳してあるサーバントは、株主から見た取締役です。要するに、株主が資金を提供し、1年経って年次報告を受けるという話です。そして、資金が増えていれば褒める。増やしていなければどやされる。

　預けられたタラントの額は、その人の才能に対する信頼の証。増やしたタラントの額は、その人の才能の証明。これが、現在タレントが「人材」を意味するようになった歴史です。

　才能のあるタレントは、そう簡単にはいるものではありません。たとえ不況下においてもタレントの争奪戦はおきています。

　トム・ピータース（Thomas J. Peters）は問いかけます。

　「どなたか才能の持ち主を抱えすぎてお困りの方はいませんか」

　タレントというのは「ありすぎて困る」ことはないのです。企業の資産を増やしてくれる人ならばいくらいてもよいのです。

　「タレント」という言葉は日本語では「芸能タレント」という意味で和製英語化し、独特の意味がついてしまったため、逆に本質を捉えるのが難しくなっているかも知れません。もう1度バイブルに戻ってかみしめてみると、欧米人の真に意味するところが改めて理解できます。バイブルが実は結構現実的な書物であるということも。

NOTE

She has a natural talent for music.は「彼女には音楽に対する生まれつきの才能がある」。He has a talent for generalship.は「彼は将たる器である」。a reservoir of talentsはいわゆる「人材の宝庫」。Her talent was quickly discovered by the producer.は「彼女の才能はプロデューサーによってすぐに見いだされた」。the war for talentは「人材の獲得・育成競争」。

関連語　**Asset** ▶ p028, **Competency** ▶ p048, **trust** ▶ p232

Team
[チーム]

チーム・組

一緒に引いていく仲間

古英語togian は「引く」動作。そこから派生した英語tēamは、「牽くためにつながれた家畜」を意味した。togian は例えばタグボートのtug-にもつながっていった。現在でも、ソリや車を引っ張る動物も意味するが「目的に向かって共に汗して働く仲間」の意味に転化し、産業革命後にteam playerなどの言葉が使われるようになっていった。

　チームという言葉を聞くとどんなイメージを持ちますか。教室で聞いてみたところ、「温かみや前向きさを感じる」とか「元気が出る」という人が多かったのですが、そのイメージは言葉の本来の意味に照らして、ほぼ正確です。
　チームという言葉がうまく化学結合するのは、「ワーク」「ゴール」「プレー」「スピリット」といった言葉です。これらが、チームをチームたらしめる4つの要素ともいえます。この項ではそれらを含む4つの用語を、順に考察していきます。
　まず「チーム・ワーク」。チームは「共に遊ぶ仲良し」ではなくて「共に働く仲間」。ですからワーク（働き）という言葉とはもともと相性が良いのです。チーム・ワークはチーム自体が目的に対して「うまく働く」ことも意味します。（Workの項参照）。
　次に「チーム・ゴール」。チームをつくる理由は「ゴール」達成のため。個人のゴール設定の基本は、チャレンジの要素を含みつつ不可能ではないレベルとすることです（Goalの項参照）。チーム・ゴールの場合は、チーム・ワークを発揮しなければできないことや、役割分担を決めて力とタイミングを合わせるからこそできることに設定すると、俄然やる気が高まります。
　そして「チーム・プレー」。同時に1人ひとりが役を演じること、他のメンバーと全体のことをいつも考えながら行うことがチーム・

プレーです。どんなに素晴らしい個人プレーを寄せ集めてもチーム・プレーにかないません。

そして「チーム・スピリット」。スピリットはゴールへ向かう思いを1つにします。「for the team（チームのために）」という気持ちが横溢した時、組織は一丸となり、高いパフォーマンスをあげます。

チーム・スピリットという言葉は比較的新しく、20世紀になってから生まれたといいます。「チーム」といえば、なじみが良いのはスポーツ。「チーム・スピリット」をドイツ語では「チーム・ガイスト」というのですが、それは2006年のサッカーワールドカップ（ドイツ大会）公式球の名前でもあります。アディダスとバイエルが共同で開発したもので、従来のボールより完璧な球体に近いそうです。その名前は2社の「協力する精神」もあらわすとされています。

チームならではの強みを組織運営に応用したのが「チーム型組織」です。プロフェッショナル・ファームなどにおいて典型的に見られるもので、新しい案件が出るたびにチームが組成されます。大企業でも小さな自律的単位の運営が行われる際にそう呼ばれます。

さて、ここまでまとめてみて少し気になることがあります。それは、チームの話は「きれいごと」が多いことです。最後に少しだけ例外について触れておきます。かつて渋谷にチーマーという人たちがいました。経験者に当時の記憶を聞いてみました。

「チーマーといえば渋谷のセンター街ですよ。もうはるか昔の話になっちゃいましたけど。チームを組んでいたのでそう呼ばれるようになったんじゃないでしょうか。揃いのスタジャンがチームの証。目的は特にないですね。ただ、たむろしていただけというのが実態です。大人からは遠巻きに恐れられていました」

チーマーも、今や死語の仲間入り。それにしても、英語が母国語の人が聞いたらビックリする言葉に違いないと思います。

> **NOTE**
>
> form a teamは「チームを結成する」。a rescue teamは「救援隊」「救助隊」。an undefeated teamは「負け知らずのチーム」。team policy は「チームの方針」。Did you make the team?は「チームに入ることができましたか？」。There is no "I" in team! は「チームには『私』はないのです！」で、個人プレーをするのではなくチームプレーが大切だということ。

関連語　**Company** ▶ p044, **Goal** ▶ p112, **Motivation** ▶ p156, **Role** ▶ p198, **Work** ▶ p246

Technology
[テクノロジー]

科学技術・工業技術

「技」のロジック

「技」をあらわすtekhnōに「学問」をあらわすlogiaがついた言葉。ギリシャ語のtekhnologiaは、クラフトやテクノロジーをどのように扱うかについて系統だてて考えることであった。イギリスの産業革命がピークに達した頃に、technologyは「メカニカルな技術」を意味するようになった。high technologyの表現は1960年代にあらわれ、後にhigh-techと短縮されるようになった。

　テクノロジーは「技術」と「技能」と「技巧」──つまり「技」です。道具そのものも、その使いかたも意味します。

　この言葉は、ギリシャ語で「技巧」をあらわすテクネー(téchnē)と「学ぶ」ことを意味するロジア(-logía)の組み合わせ。「『技』のロジック」です。いかにも学びの発祥の地であるギリシャらしい響きです。

　「技」には、2つの英語があります。テクニックとテクノロジーです。どう違うのでしょうか。テクニックは「特定の人のもの」。それに対してテクノロジーは「おびただしい数の人々が協力し合って出来上がるもの」。そして、サイエンスがそれをバックアップしています。

　科学的なナレッジ(Knowledgeの項参照)に基づかないテクノロジーはないと言ってよいでしょう。サイエンスでは因果関係、要素還元、再現性などが重んじられます。

　「因果関係(コーザル・リレーションシップ)」がわかれば、好もしい結果を生み出すために何をすればよいかがわかります。そしてテクノロジーとして応用することができます。

　「要素(エレメント)」に「還元(リダクション)」することはサイエンスの基本です。サイ(sci-)は「分ける」こと。それが科学の「科」の意味です。複雑に見えるものを要素に分けることができれば、ものごとはシンプルになって理解することができます。

　「再現性(リプロデューシビリティ)」もサイエンスでは重んじら

れます。同じ要素を揃えて同じプロセスで進めて同じ事象を起こすことができれば「再現性あり」ということになります。素材と器具とレシピがあれば料理ができるのと同じ関係です。

さて、テクノロジーは何のためにあるのでしょうか。それは、うまく環境をコントロールするためです。

そんな素晴らしいものであると分かっていながら、同時にテクノロジーには「取り扱い注意」の面もあります。テクノロジーは時には暴走してしまうのではないか。私たちがテクノロジーによってコントロールされてしまうことはないのか。原子力を私たちはついにコントロールできなかったのではないか。

ハイテクは技術の粋(すい)。しかし技術の塊は「ブラックボックス化」してしまいます。自ら生み出したものが、自らの手に負えなくなる——それが多くの人がぼんやりと感じている「怖さ」なのだと思います。だからといって技術競争で負けるわけにはいきません。

西部邁は「技術知しか身につけていない者は、その使用が可能な範囲においてのみ新たな目的を見いだそうとします」と書き、それが技術主義(テクノロジズム)であるとしています。

技術というのは「技」によって世の中の役に立つ仕組みを作ること。簡単で便利で誰でも使えて、みんなが幸せになる仕組みこそが、良いテクノロジー。家電製品や車は、そのような条件を満たしているから普及しました。iPhoneやコンビニエンスストアも同じです。

ビジネススクールには、マネジメント・オブ・テクノロジー(MOT：技術経営)という重要な領域があります。文字通りに理解すれば、テクノロジーをマネージすること、つまり「技」を私たちの手で何とかすることです(Managementの項参照)。テクノロジズムに陥らないようにしながら、「技」のロジックを生かす仕組みを実現すること——それ自体がまさしく「技の術」なのです。

> **NOTE**
> information technologyは「情報技術」。cutting-edge technologyは「最先端の技術」。technology savvyは「テクノロジーに精通している」。The product reflects the latest technology.は「その製品は、最新技術を反映している」。It's not clear if this advanced technology has any market applications.は「この先進技術には、商品化の可能性があるかどうか不透明である」。

関連語 **Knowledge** ▶ p134, **Management** ▶ p144, **Relationship** ▶ p192

Title
[タイトル]

題名・肩書・称号

椅子と仕事と能力

ラテン語で劇や本の「銘」をあらわすtitulusを語源とし、古フランス語のtitleを経て「題」をあらわす英語となった。「副題」を意味するsubtitleは「小見出し」や映画の「字幕」の意味でも使われる。「タイトル防衛戦」と使われる場合は「(チャンピオンの)称号」や「名誉」の意味。人事用語で「タイトル」という場合は組織内での地位をあらわす「肩書」。

　この本のタイトルは『MBA単語帳』。タイトルが決まったときにコンセプトが決まりました。ボクシングの世界チャンピオンにとってタイトル(＝称号)が重要でであるように、本にとってもタイトル(＝表題)は大切です。
　企業組織でのタイトルは肩書。たかが肩書、されど肩書。
　会社で最も高い地位をあらわすタイトルの「会長」は、取締役会の長であることからこの名前となりました。会長の英語はチェアマン。取締役会をチェアする人のことです。チェアするとは「会議を進め、まとめること」。直訳すると「椅子人間」です。
　チェアは中学1年で習う最初の英単語の1つ。単語帳の表に"chair"、裏に「いす」と書いた人も多いと思います。それだけに、その後、あらためて辞書を引いたことのある人は少ないかも知れません。「腰掛け就職」などという言葉がかつてありましたが、腰掛けはベンチで、チェアではありません。チェアには背もたれがあり、ベンチにはないのです。司教の椅子、裁判官の椅子、社長の椅子。立派な背もたれのある椅子は、タイトルとリンクしています。
　チェアという言葉の元は大聖堂(カセドラル)と同じ。もっと正確にいえば、むしろカセドラルはチェアから来ているのです。チェアはすなわち権威の象徴、または権力そのもの。
　「ペイ・フォア・ポジション」がもともとのアメリカでの報酬の

コンセプトでした。報酬はポジションつまり「椅子」に対して支払われるという意味です。ポジションは椅子で、椅子はタイトルですから、タイトルとのリンクは強いことになります。日本でも「何万石の大名」というように地位と報酬はリンクしていますから不思議なことではありません。降格して椅子を降りてタイトルが変われば給与も下がります。

「ペイ・フォア・ジョブ」は、報酬は遂行する職務に対して支払われるというコンセプトで、職務給です。タイトルは職務と地位の両方につくこともあり現実には渾然一体としています。しかし、職務と地位は概念的にはまったく別のものです。職務は"do"で、地位は"be"に関するものだからです。

「ペイ・フォア・パーソン」は日本で発展した慣行で、支払いは人(あるいは能力)に対して行うというもの。その背景には、定期異動によるジョブ・ローテーションがあります。同じ人が社命で職務を変わるたびに給与のアップダウンがあったのでは社員は納得しません。そのような土壌でかつて導入されたのが、報酬は人の持つ「職能」すなわち職務遂行能力に対して支払うという論理です。対外的な呼称である部長・次長・課長・係長などの肩書きと報酬が切り離して運用されるのは今では普通ですが、職能に対してもある種のタイトルがつけられました。

椅子と職務と能力——この3つをきれいに切り分けることは容易ではありません。例えば、チェアマンというタイトルは何に対して付与されているのでしょうか。会長の椅子に対してでしょうか、チェアするという職務に対してでしょうか、それともそこに座っている人の能力に対してでしょうか。その3種混合であるというのが実態かも知れません。

たかがタイトル、されどタイトル。肩書も表題も大切なのです。

> **NOTE**
>
> job titleは「役職」。title certificateは「権利書」。title holderはchampionと同義。title favoriteは「優勝候補」。subtitleは「副題」だが、映画では「字幕」の意味。動詞にするとentitle(権利を付与される)で、Employees are entitled to paid leaves according to years of service.は「従業員は勤続年数に応じて、有給休暇を取得する権利が与えられる」。

関連語 **Compensation** ▶ p050, **Concept** ▶ p054, **Officer** ▶ p162, **Positioning** ▶ p176, **Power** ▶ p178, **Work** ▶ p246

Transformation
[トランスフォーメーション]

変革・変形・変容・変貌

形を大きく変貌させること

接頭辞のtrans-は「移る」「渡って」。語根のform-は「形」で、もとはラテン語のformare。formationは「構成」や「編成」。従ってtransformationは「形態を変えること」あるいは「変貌」。単なる編成替えではなく、昆虫が卵から幼虫や蛹(さなぎ)を経て蝶になるように、まったく形を変えること。ビジネスでは「組織構造や事業構造のありかたを根本から変えていくこと」である。

　トランスフォーメーションは「完全に形を変えること」です。
　スタンフォード大学ビジネススクールのロバート・バーゲルマン(Robert Burgelman)は、私が授業を受けた中で最も感銘を受けた「戦略的マネジメント」の先生です。彼の著作 "Strategy Is Destiny"(邦題『インテルの戦略』)の1章分の翻訳をしたのですが、私が担当した章のタイトルが "Genesis and Transformation(創業と変貌)"でした。インテルは、1つの企業として継続的に存続しつつ、実際にはまるでビジネスそのものが変わったといってよいほど大きく中身を変貌させました。
　ダーウィンは次のように言ったと伝えられています。
　「この世に生き残る生き物は、最も力の強いものか。そうではない。最も頭のいいものか。そうでもない。それは、変化に対応できる生き物だ」
　この言葉は、実際には後世の人による創作であろうとの意見もあるのですが、それはともかく、環境が変われば変化しなければ生き残れないのは確か。トランスフォーメーションは生き残りをかけた戦略です。ただし、何でも変えれば良いかというと、そうでないのは明白です。「変わるべきもの」と「変わってはいけないもの」を取り違えてはならないのです(Wisdomの項参照)。
　ジョン・コッター(John Kotter)はベストセラーとなった『企業変

革力』(原題 "Leading Change") の中で、企業の変革を推進する過程で犯しがちな代表的な過ちとして、下記の8つを挙げています。

1. 十分な危機感を醸成しないうちに変革に突入してしまう
2. 変革推進のための連帯を築くことを怠ってしまう
3. ビジョンの重要性を過小評価してしまう
4. 従業員にビジョンを周知徹底せずに進めてしまう
5. 新しいビジョンに立ちはだかる障害の発生を許してしまう
6. 短期的な成果を上げることを怠ってしまう
7. 早急に勝利を宣言してしまう
8. 変革を企業文化に定着させることを怠ってしまう

これらの過ちは、回避することが不可能なものではありません。十分な理解と技能をもってすれば、過ちは避けられるし、少なくとも減らすことはできます。そのために重要なこととして、変革推進に必要とされるリーダーシップは、単なるすぐれたマネジメント(経営管理)以上のものであることを理解することが解決の鍵を握っているとコッターは言います。

企業を変貌させるためには、強いリーダーシップが必要です。

ジョン・コッターは、リーダーの役目は「アライン、モチベート、インスパイアー」に尽きると言っています。「方向を揃え、動機づけ、鼓舞する」ということです(Motivationの項参照)。

コッターのリーダーシップ論は「トランスフォーメーショナル・リーダーシップ」と呼ばれています。組織を変革させるためのリーダーシップです。人々は、自分たちをインスパイアーできる人についていきます。ビジョンとパッションのある人だけがトランスフォーメーションを起こすことができます。ビジョンをもとに変化を起こし、変化し続けることのできる能力を組織に与えるのが変革のリーダーシップなのです。

NOTE

transform heat into powerは「熱を動力に変換する」。completely transform into something differentは「それまでとまったく別のものになる」。organizational transformationは「組織変革」。transformational leadershipは「変革のリーダーシップ」。That is a transformation in which imagination collaborates with memory. (Edgar Degas)は「それが想像力と記憶がコラボレーションをするトランスフォーメーションなのだ」(エドガー・ドガ)。

関連語 **Leadership** ▶ p138, **Structure** ▶ p212, **Organization** ▶ p170, **Vision** ▶ p240, **Wisdom** ▶ p244

Trust
[トラスト]

信頼・信用・信託

真実によってつくられるもの

古英語の treowian は「信じること」で、true（真実の）や truth（真実）とは同根である。真実があるから信頼できる一方で、信頼が真実をつくっていく。古ノルド語で traust は「強い信頼」。後に企業の競合を減らす独占形態の1つである「企業合同」の意味でも用いられた。In God We Trust はアメリカの国家のモットーである。

　「信頼」はビジネスの基礎です。にもかかわらず、この言葉はパラドックスに満ち満ちています。
　この言葉を不用意に口から出すと、信頼はまるで逃げ水のようにどこかに消えていき、怪しさと不信が残ります。口に出して言えば言うほどそこから遠ざかってしまう不思議な言葉。数多くの事例の中から、いくつか駆け足で紹介してみます。
　その1：「私を信頼しろ（トラスト・ミー）」と言われるとかえって信頼できない感じがします。信頼関係があればそんなことを言わなくてもよいからです。言えば言うほど信頼のなさを立証してしまうのが「トラスト・ミー」です。
　その2：逆に「私を信頼するな」と言われても困ってしまいます。その人を信じれば、信頼してはいけないことになり、信じないならば「私を信頼するな」という言葉自体も信頼できなくなってしまい、逆に信頼できることになってしまうからです。これは「自己言及のパラドックス」といわれるものです。有名な「クレタ人のうそ」もこれと同系統です。
　その3：皆さんがスパイになったら、最初に何をしますか。私ならば、まずは相手の懐に入り込み、信頼を勝ち得る努力をすると思います。もしそうだとすると、いま皆さんがもっとも信頼できると思っている人は、もしかすると送り込まれたスパイである可能性も

十分にあるということです。スパイ行為には「信頼」と「裏切り」がセットです。だから物語ができやすいのでしょう。

その4：皆さんが七面鳥だったとします。皆さんは、毎日えさを与えてくれる飼い主を信頼していると思います。最後の瞬間まで信頼しきって、ある日殺されてしまうのですが、悲しいことにその時には既に皆さんは料理になってしまっているので、裏切られたことは終に知らないのです。何と悲しいことでしょう。けれどもそれに類することは人生には沢山あるのです。

その5：さらに、皆さんが泥棒だったと想定してみて下さい。どのような家や会社を狙いますか。わざわざ警備会社のステッカーのあるところを狙う泥棒もいるそうです。2007年に、つかまった泥棒が「警備会社と契約するくらいだから、その事務所にはお金があるだろうと考えた」と供述してニュースになりました。その泥棒はお縄となったのですが、それを聞いた本物の金持ちの中には、ステッカーをどうしようかと悩みだした人もいたようです。

その6：「契約」の概念もパラドックスを含みます。信頼の証として契約書にサインするのですが、中国では「信頼するなら、なぜ細々したことまで契約書に記載しなければならないのか」といいます。これを「中国式契約（チャイニーズ・コントラクト）」というと、チャールズ・ハンディ（Charles Handy）が紹介しています。

信頼は、1つひとつのことを愚直に地道に積み上げた後で、結果としてついてくるもの。なぜならば、信頼とは自分で「信頼しろ」と言うことではなくて、その人の行動を見ている他人が感じるものだからです。その点において、証拠がなくても信じる「信仰（faith）」と異なります。実践の後についてくる信頼だけが、自らを裏切ることがないものだと思います。

NOTE

establish one's trustは「信頼を構築する」。trust bankは「信託銀行」。Trust to chance.は「運を天に任せなさい」。Self-trust is the first secret to success.は「成功する秘訣はまず自分を信じること」。The best way to find out if you can trust somebody is to trust them. (Ernest Hemingway)は「誰かが信頼するに足るかを見つける最良の方法は信頼してみることだ」（アーネスト・ヘミングウェイ）。on trustは「頭から信頼して」。

関連語　**Confidence** ▶ p056, **Security** ▶ p202

Uncertainty
[アンサーティンティー]

不確実性

分類不能性

ラテン語のcernereは「ふるいにかけて分ける」こと。そこからラテン語のcertusは「確かに識別できること」。ここから語根のcert-は「きちんと区分けできる確かなこと」を意味するようになった。certainに否定の接頭辞un-がついてuncertain、その名詞形がuncertaintyである。「ふるいわけ不能」——そのようなニュアンスにおいて「不確実」なことである。

　ますます不確実性を増す現代のビジネス環境…。「不確実性」という言葉はまるで現代社会をあらわす常套句のように使われます。しかし、本当に不確実性はどんどん増しているのでしょうか。「今日の獲物にありつけるかどうかわからなかった狩猟生活時代のほうがずっと不確実性は高かったのでは？」——そんな突っ込みも聞こえてきそうです。

　不確実性は語源に戻ってみると「ふるいわけが難しいこと」。結果がわからないというよりは、どのように分類してよいかがわからないことです。アンサーティンティーは「発生確率が予測できない脅威」で、リスクは「発生確率を予測できる脅威」。そのように分類したのはフランク・ナイト（Frank Knight）でした（1921年）。

　日本で不確実性という言葉が一般的になったのはジョン・ガルブレイス（John K. Galbraith）の『不確実性の時代』がベストセラーになった頃。この本の内容は1977年にBBCで放映された翌年に日本でも放映され、世間にインパクトを与えました。「全盛期の経済思想の中にあった確固たる確実性を現代のもろもろの問題が直面している不確実性と対比」したと、本の前書きにはあります。

　日本におけるいわゆる高度経済成長の時代には、世界は確実に良くなっているという雰囲気がありました。1970年の大阪万博のテーマ「人類の進歩と調和」が示しているように、明るい明日を信じ

ることができた時代。学生運動が収束しかけていた頃です。「良い高校に入り良い大学に入り良い会社に入る――そんな、大人の敷いたレールに乗るものか」といって若者は反発したわけですが、それも経済が成長していたからこそ言えた贅沢だったのかもしれないと今は思えます。

ガルブレイスの本が着手されたのは、ちょうどオイルショックのあった1973年だったといいます。世界はこの時から大きな時代の転換期に入ることになります。直線的に「進歩」していく時代の空気(1969年アポロ11号人類の月面着陸がクライマックスでした)が何か変わってきた感じがありました。

アンサーティンティーは、必ずしも時代の変化のようなマクロの変化だけに関係するのではありません。個人もまた直面するものです。例えば、企業組織の中で昇進をすればするほど、直面するアンサーティンティーは増大していきます。

毎日、決まった取引先と決まった手順で行う仕事。それが「ふるい分け可能」な仕事です。そのような仕事を人材派遣では「ファイリング業務」と呼びます。ファイルに分けていくことができる仕事です。それに対して、高度な判断を下すことが必要とされる仕事や新規市場や新製品に関する仕事においては、ファイリングしにくい仕事が増えます。いわゆる非定形業務です。

どこにファイルしてよいかわからないので「その他」ファイルに「とりあえず」入れておく。そのファイルばかりどんどん厚くなっていく。そんな経験をお持ちではありませんか。そしてそのファイルがたいていは一番大切なのです。

「分類不能性」の度合いは高まるばかり。リーダーやマネジャーは、アンサーティンティーとどのようにつきあっていくかを学んでいくしかないのです。

NOTE

try to manage uncertaintyは「不確実性をマネージしようとする」。I will clear up any uncertainties before the class begins.は「クラスが始まる前の不確実性をすべてクリアにしておきます」。Frank Knight explained the important differences between "risk" and "uncertainty".は「フランク・ナイトは、『リスク』と『アンサーティンティー』の間の重要な差異について説明した」。

関連語 **Complexity** ▶ p052, **Leadership** ▶ p138, **Management** ▶ p144

Unit
[ユニット]

単位・単一体・ひとそろい・構成単位

1つであり、すべてでもあるもの

語源のuniは「1つ」。unitは、それ自体で完結している「1個」。それ以上、分けることができない「単一体」。そこから、何かを測定するときの「単位」となった。「単一（性）」をあらわすunityとdigitが混じってできた言葉。それ自体をまとまりと考える時には単数として扱うが、全体に対する構成要素として位置づける場合には複数扱いともなる。

　大学や大学院で授業を履修して試験を受けたりレポートを書いたりすると「単位（ユニット）」がもらえます。音楽などでも「ユニットを組む」といった言い方をします。「1つのまとまり」を意味するこの言葉の元はユニ（uni）。「ひとつ」という意味です。ユニークは、この世に1つしかないこと。唯一無二。

　さらにユニのもとを辿っていくと、その根っこから「オニオン（たまねぎ）」が顔を出します。エジプトのピラミッドを建てる時に、労働力のもととなったのがオニオンだったそうですが、そんなオニオン（onion）は「単位」と同根の言葉です。

　たまねぎの皮むきのように、もう1枚皮をめくって、オニオンがどこにつながっているかというとワン（one）です。ポルトガル語ではウン。中学1年のときにoneをオネと読んで笑われた苦い記憶がよみがえる人もいるでしょう。ワンはウン、ウンはユニ、ユニはオネなのです。

　強い仲間意識のことを「絆（ユニティー）」と言います。東日本大震災と原発事故の後、日本で多くの人が、その意味について真剣に考え抜いた言葉です。その動詞がユナイトです。

　インフォーマルなつながりである「絆」に対して、もっとフォーマルなつながりを表す言葉が「ユニオン（連合）」です。例えばイギリスの連合共和国の旗はユニオン・ジャック。

同じ言葉が労働の現場で団結の意味で使われると「ユニオン（労働組合）」となります。正しくは「レイバー・ユニオン」。1人ひとりでは弱い労働者も、ユニオンを結成して「団結」すれば使用者に対抗できます。本来は重要な役割を担っている労働組合ですが、19世紀最初の4半期の間、イギリスでは組合の結成は犯罪でした。「団結禁止法」という法律があり組合員になると罰則を科されたのです。時代が下って労働組合を結成する「団結権」や組合を通じて交渉する「団体交渉権」が国民の基本的権利として認められました。

　多くの国では、労働組合はもともと職業別に組織され、それが統合されて産業別組合へと発展していきました。それに対して日本では戦後になって特殊な発展を遂げました。それが「企業内組合」。日本の高度成長時代に終身雇用や年功序列とともに「三種の神器」と呼ばれました。日本式経営のユニークさというわけですが、こうなると労働組合＝会社といっても良い状態です。ユニオンは、そんな摩訶不思議な変遷を重ねてきたのです。

　さて、ユニットをもらえる場所、ユニティーを創る場所、ユニークな学問分野が無数に集まっている場所。それが「ユニバーシティー（大学）」です。その場所は知の「ユニバース（世界）」でもあります。そして、ユニバースは宇宙でもあります。そういえば、玉ねぎを輪切りにしてみると、確かにちょっとした宇宙のようにも見えます。

　1つであり、そしてすべてであるもの。1人は全体のために、全体は1人のために。ワン・フォア・オール、オール・フォア・ワン。それが「ユニ」です。

　そのuniを語源に、unit（単位）、unity（絆）、unite（つなげる）、union（連合組合）、universe（宇宙）、university（大学）などの言葉が、輪切りにしたonionのように広がっていっているのです。

NOTE

measurement unitsは「計量単位」。a unit of lengthは「長さの単位」。monetary unitは「通貨単位」。unit costは「単位原価」。a unit with administrative responsibilitiesは「管理責任の単位」。unitが複数の人のまとまりとして使われる例としては、small military unitは「軍の小隊」。

関連語　Labo(u)r ▶ p136, Learnig ▶ p140

Value
[バリュー]

価値・値打ち・真価

ビジネスが追求するもの

ラテン語でvalere は「強い」、valourは「武勇」を意味した。そのような意味が英語で「雄雄しい」「勇壮な」を意味するvaliantにつながった。一方でvalere は「価値がある」ことも意味し、「原子価」を表すvalenceという言葉につながった。それらと並んで古フランス語でvalue が「価値」を表すようになり、英語としても定着した。

　ビジネスは価値の追求。ですから「バリュー」を含むビジネス用語は、私がとっさに思いつくだけでもいくつかあります。
　「バリュー・プロポジション」は、価値提案とも訳されます。顧客に対してどのようなバリューを提案（プロポーズ）できるか、ということです。「私はこのようにしてあなたを幸せにします」というプロポーズの言葉は、バリュー・プロポジションなのです。
　「バリュエーション」は、典型的にはM&Aのときに使われる言葉です。ある企業をいくらで買うのが妥当か、その価値を評価すること。M&A以外であっても、およそ投資する案件があれば意思決定を行う前に価値を査定することはバリュエーションです。こちらが何かを差し出すのなら、それに「見合う価値」があるかどうかを測る必要があるのは当然のこと。「この家には私の大切な娘を嫁がせる価値があるか…」。お見合いのプロセスは、ある意味では相互の厳しいバリュエーションであるとも解釈できるのです。
　「バリュー投資」は投資の1つのスタイルで、「グロース投資」と対比的に使われます。株価の今後の伸びに着目するのがグロース。それに対してバリュー投資が注目するのは割安感です。ある企業の本来の価値に対して現在の株価は低すぎる。本当の価値が見逃されている。その結果不当に低い価格で放って置かれている。そのように確信できる銘柄に着目する姿勢です。

何であれ、本来の値打ちに対して価格が安すぎるものを見つけることは、投資本来の姿勢といえます。ただ、バリュー投資を行うためには、まず本来の値打ちを知っておかなければなりません。つまり「目利き」となる必要があります。

　目利きは、他の人が気づいていない価値を見抜いて買い、他の人が気づき始めて価格が本来価値に近づいたら売ります。しかしこれは「言うは易し、行うは難し」の典型。なぜなら普通は人が見えないものは自分にも見えません。よほどの専門知識がなければ「この価格は本来価値に比べて明らかに安すぎる」とは気づけないのです。だからこそ「目利き」は特別です。このことは、株に限らず絵画でも骨董でも同じです。バイヤーの買い付けも同じ。

　スーパーであふれかえっている「お値打ち品」は、値段に対してものが良いことですが、むしろ値段の安さが強調されています。それに対して真・善・美や自由・正義・公正などの価値は値段の概念を含みません。それらは、値段がつけられない至高のものという意味でのバリューです。

　「パーソナル・バリュー」も値段のつかないもの。自分が持っている価値観、個人的に大切にしている価値です。たとえば、あくせくどたばたせず品よく暮らしたいと思っている人にとっては、「上品」は価値観です。「お値打ち品」のバリュー・セールで「得した！」と喜んでいる姿は「上品」の価値観には合わないでしょう。

　価値は「価(あたい)」と「値(あたい)」。「価」が価格で、「値」が本来的な値打ちとする説明をする人もいます。しかし「価」には真価、「値」には値段の意味も入っていますから、ある程度お互いに混じり合ってもいるのでしょう。バリューを追求することがビジネスです。そこでは、値段に対して割安という意味のバリューと値段のつけられない至高という意味のバリューが渾然一体となっているのです。

NOTE

numerical valueは「数値」。name valueは「名前の価値」つまり「名声」。atomic valueは「原子価」。face valueは「額面」。Net Present Value (NPV)は「正味現在価値」。Economic Value Added (EVA)は「経済的付加価値」。The value of achievement lies in the achieving. (Albert Einstein)は「達成することの価値は達成自身にある」(アルバート・アインシュタイン)。

関連語　**Investment** ▶ p130, **Price** ▶ p180

Vision
[ビジョン]

視覚・未来像・将来構想・展望

見える人にだけ見えるもの

visualやvisibleに共通する語根vis-は「目に見えるもの」。videoの語根vid-も同様である。そのもととなったのは「見る」を意味するvidereや、「見ること」「見えるもの」「見通せるもの」を意味するvisionemという言葉であった。visionは「見通す洞察力」。見える人にだけ見えてしまう未来の姿である。envisionは「将来を心に描く」。visionaryは「先見の明がある」。

　ビジョンは「見る」ことに関係する言葉です。「こうなりたい！」と内から湧き上がってくる、独創的でありながら確固たるイメージです。それが見える人には明らかに見えています。
　「ビジョンを持つことが大切だ」──それは確かにそうですが「それではビジョンを持ちましょう」というわけにはいきません。ビジョンは見える人にしか見えないものだからです。
　情報化やグローバル化が同時に進み、社会はいよいよ不確実性の度合いを高めています。一瞬先は闇。そのようなときに、人が本当に必要とするのはビジョンです。
　ビジョンはインスピレーションです。チームや組織のメンバーにビジョンが浸透すると「精神注入」の働きが起きます。ビジョンが組織として尊重されて、従業員がそれに沿った行動を喜んで行うようになると、組織は一丸となります。
　ビジョンを示すのはリーダーの責務です。ビジョンよってフォロワーの価値観は統一され、組織のメンバーは強いコミットメント（Commitmentの項参照）を持ち、組織（Organizaitonの項参照）は「命」をもつようになります。また、ビジョンがステークホルダーに理解されると強い協力を得ることができます（Relatiohsipの項参照）。
　ビジョンのように見えてビジョンでないものがあります。
　ビジョンは、ただの作文ではありません。いくら文言が美しかっ

たり威勢が良かったりしても、単なる作文はすぐにバレます。言葉が空回りして宙に浮くと、かえって空々しく聞こえてしまうもの。腑に落ちて納得したうえで自分の言葉で語ったものでなければ、心に火をつけることはできません。

ビジョンは、単なる夢ではありません。ビジョンにあふれるリーダーは着地点をはっきりと示すものの、そこに至る過程については柔軟であることも多いと言われます。どのようにしてそれを実現するのかが示されなければ、「絵に描いた餅」にすぎません。実現への道筋を示すこともまたビジョンです。

ビジョンは、ぼんやりとした未来イメージではありません。いかにしてビジネスとして成立するのかが明確に示されなければ、人はついてきません。それによって社会にどのような貢献ができるのか、そしてそれによって従業員が幸せになれるのかが示されれば、人は奮い立ちます。

ビジョンは、もちろん幻想や妄想ではありません。イリュージョンは本当には存在しないもの。それに対してビジョンはいつか現実となっていくものです。

しかし、第三者がビジョンを妄想や幻想と区別するのは容易ではありません。「ビジョン」と「イリュージョン」は紙一重。「見える人にしか見えていない」ものがビジョンなのあれば、そのほかの人には「イリュージョン」とも思えてしまうこともあるでしょう。

孫正義は、創業初日にアルバイトの社員2人対して「情報革命」のビジョンを示しました。そして「ソフトバンクは30年後には豆腐屋さんのようになる」という「みかん箱の上の演説」を行いました。豆腐屋さんは数の単位を「1丁、2丁」と数えます。同じように、売上を「1兆、2兆」と数えるぞといったのです。それから30年経った2010年、同社は確かに豆腐屋さんになったのです。

> **NOTE**
> Look into your heart and your vision will become clear. は「心の中を見ればビジョンはクリアになっていくでしょう」。ビジョンはもっと日常的な言葉としても使われます。例えば Wearing glasses would correct your vision. は「眼鏡をかければ君の視力は矯正されるだろう」。the range of one's vision は「自分の目で見通せる範囲」。double vision は「ものが二重に見えること」。

関連語　**Action** ▶ p014, **Commitment** ▶ p042, **Leadership** ▶ p138, **Mission** ▶ p154, **Organization** ▶ p170, **Relationship** ▶ p192, **Uncertainty** ▶ p234

Vocation
[ボケーション]

職業・天職

神の思し召しとしての天職

語根のvoc-はラテン語で「(神に対して)呼ぶ」「(神から)呼びかける」を意味するvocare、あるいは「声」を意味するvoxに由来している。vocalも同根。vocationは神の声で呼ばれたもの。そこから「使命感をもって行う仕事」や「天職」のニュアンスのある「職業」となった。vocationと同様のニュアンスをもつ英語にcallingがあり、vocationと同様「呼ばれたもの」である。

　英語には「仕事」を意味する言葉がたくさんあります。そして、それぞれ少しずつ異なるニュアンスを持っています。ひとまとまりの仕事であるジョブ、効果をもたらし作品につながるワーク、職業欄に記入するオキュペーション、専門職であるプロフェッショナル。(Work, Professionalの項参照)

　それらに対して、ぐっと宗教的な色彩の強い言葉もあります。それが「ボケーション」です。「神の声」に由来し、「天職」と訳されます。使命感や内なる衝動に突き動かされて行う仕事という意味もあります(Missionの項参照)。

　このボケーションこそが、資本主義そのものを誕生させたとマックス・ウェーバー(Max Weber)は言います。ウェーバーは、欧州において、なぜカトリックの国よりもプロテスタントの国において資本主義がより発達したのか、という疑問に答えるべく代表作『プロテスタンティズムの倫理と資本主義の精神』を著しました(欧州における金融危機がどの国で起こっているかを思い起こしてみてください)。

　16世紀、宗教改革を指導したのはプロテスタントのカルヴァンでした。その教義は、勤勉・倹約・禁欲。働くことは宗教的にも良いことだとする「プロテスタンティズムの倫理」が「資本主義の精神」につながったとウェーバーはいうのです。

ちなみに、ここで「精神」をあらわす言葉としてウェーバーが使ったのはガイスト（Guist）です。家具が勝手にガタガタ揺れるポルダーガイスト現象のガイストですが、いかにもドイツ語らしい硬質な響きがあり、勤勉・禁欲・節約の精神に似合っています。

プロテスタンティズムの「ガイスト」の1つが「仕事そのものに打ち込むべし」との教義でした。そのことは、結果として個々人が働いて貯めることにつながり、資本の蓄積を促し、資本主義を誕生させました。

1人ひとりは、もともと資本主義を発展させようなどと思っていたわけではありません。忠実に宗教の教義を守るために自らの仕事に誇りを持って専念していただけです。しかしながらその結果、社会全体としては生産性を高め、資本を蓄積していったのです。

ウェーバーが仕事の意味で使ったドイツ語の「ベルーフ（Beruf）」は仕事や職業のことですが、その意味するところは神の声あるいは神の思し召しです。「仕事」を意味する英語のなかでは「コーリング」や「ボケーション」に近いものです。

宗教革命以前は「聖＝非仕事」「俗＝仕事」でした。カルヴァンは神に近づくための道は、修道院にこもることではなく、現世での仕事に励むことであると説きました。このような考えは、それまでの「聖」と「俗」の関係を根本から覆すものでした。まさにコペルニクス的転回。人々は「選ばれし者」であることの確証を得ようとして、精一杯努力して業績を達成すべく仕事に励んだのです。

日本語で「天職」というと、自分の天性が発揮できる特別な仕事を指すように思われがちです。しかし、資本主義の精神は、どんなものであれ、仕事は神の思し召しであるという概念の中にこそあるのです。

Vocation

NOTE

vocational schoolは「職業学校」。vocational educationは「職業教育」。I decided to make medicine my vocation. は「私は医師を職業とすることに決めた」。How can you make your vocation more like your vacation? は「どうしたらボケーションをバケーションのように（仕事を楽しみに）できるだろうか？」。

関連語　**Mission** ▶ p154, **Professional** ▶ p182, **Work** ▶ p246

Wisdom
［ウィズダム］

知恵・賢明

心の賢さ

wisdomは、wise（賢い）に、名詞をつくる-dom がついた古英語wīsdōm から。語根のweid- は「見える」。そこから「知る」「分かる」こととなり「判断力がある」という意味になった。wise manは「ものの本質がわかっている賢者」。the three wise menはキリスト教の新約聖書に出てくる「東方の三賢者（三博士）」である。

　マネジャーやリーダーの仕事には、2種類あります。
　1つは戦略や方針を維持して業務を前に推進していくこと。もう1つは舵を切り大胆かつ慎重に方向性を変えていくこと。それが「変革」です（Transformationの項参照）。
　この2つはどちらも大切。変えてはいけないことは守り、変えるべきことは変える。一番難しいことは、何が正しくて何が正しくないかを見極めること。何を変えるか、何を変えないかを決断すること。そしてどちらにせよ実行するのが大切です。
　人はころころと変わってしまう人には「ついていけない」と感じます。一貫性がなければロイヤリティーの持ちようがありません。しかし、変われない人も愛想を尽かされます。
　「君子豹変す」という言葉があります。この言葉は、「君子豹変、小人革面」（くんしはひょうへんし、しょうじんはおもてをあらたむ）という言葉から来ています。小人は従順そうな顔つきだけをするのに対して、君子は、状況に応じてまた必要に応じて、豹の毛のように変貌するという意味です。
　本物の人物であれば、変化を恐れないと同時に、条件・状況・環境に変化が起きれば、それまで言ってきたことに対するこだわりを捨て、自分の主張や自らのあり方を変えていくということです。この場合にも、自分自身のあり方について何を変えるか、何を変えな

いかを見極めることが必要になります。

そのことについて考えさせられるのが、ラインホルド・ニーバー(Reinhold Niebuhr)という宗教家によるものとされる有名な「祈り」です。既によく知られた定訳がありますが、私自身の言葉で「新訳」を試みてみました。

神よ、与えたまえ。
変えられないものを変えずにおくセレニティー(心の静けさ)を、
変えられるものを変えていけるカレッジ(心の強さ)を、
そして、その違いをわかるウィズダム(心の賢さ)を

1行目の「セレニティー」は、冷静さや落ち着き。明鏡止水の境地です。「心の静けさ」です。

2行目の「カレッジ」は、勇気や度胸。恐れを克服しなければ、新しい世界に向けて変化を起こすことはできません。「心の強さ」と言ってもよいと思います。

3行目の「ウィズダム」が、知恵です。いわゆる頭の良さである「頭の賢さ」と区別するため、「心の賢さ」と訳してみました。

ウィズダムの反対語は何だろうと考えてみて、「小賢しさ」だと思い至りました。そんなものに基づいて変革を行うと「変えてはいけないことを変えてしまい、変えるべきことを変えないで済ます」という最悪の事態を招きかねません。ウィズダムを身につけていなければ、能力や意欲はマイナスにも働くのです。

仏教における「智慧」は、真理を見極める心の動きです(Knowledgeの項参照)。奥にある本質がわかっていることです。そして、ウィズダムの語源も「見える」こと。どちらも「見極める」ことです。ウィズダムとは、正しいことと正しくないことの違いを見極め、変えてはいけないものと変えるべきものを違いを見極め、それを実行で示していくことではないでしょうか。

NOTE

conventional wisdomは「社会通念、世間一般に広く受け入れられている考え方」。wisdom of nature/mankindは「自然／人類の叡智」。wisdom toothは「親知らず」。The accounting people are questioning the wisdom of spending so much on the marketing campaign.は「経理担当者は、そのマーケティングキャンペーンに多額の支出を行うという判断に疑問を投げかけている」。

関連語　**Judgment** ▶ p132, **Knowledge** ▶ p134, **Transformation** ▶ p230

Work
[ワーク]

働く・職業・仕事・研究・作用・作品

作品となるまとまった仕事

workは、よりまとまった「労働」。古英語we(o)rcがもとの言葉。「研究」にもworkを使い、homeworkと言うように「勉強」にも使う。仕事のプロセスのみならず、そこからの「産物」も示す。また「作品」としての意味も持つ。収入は意味しない。それに対してjobの語源は「乾し草の山」。それが「台車でそれを運ぶ動作」となり「ひとしごと」の意味に転化した。

　「仕事」に関係する言葉にはさまざまなバリエーションがあります。本書では、他の項でレイバー(骨折り仕事)やボケーション(神の思し召しとしての仕事)について述べました。この項では、仕事にかかわる重要な語として「ワーク」を、特に「ジョブ」と比較しながら考察していこうと思います。

　先にジョブについて簡単に触れておきます。ジョブは「仕事」の中でもっとも一般的に使われる言葉。短期的な「ひとしごと」を意味し、収入を伴います。また、ややカジュアルな響きがあるので、正式文書などではあまり使われないものだというのが私の人事部門での現場感覚です。

　人を褒めるときには"Good job!"と言います。大仕事の後ではなく「いい動きをしているぞ！」というようなニュアンスです。もともとジョブは規模の大きな仕事でではなく「このジョブを済ませたら、次にはあのジョブ」というように場面や状況ごとに必要とされる作業の連続です。「適材適所」を"right person for right job"といいますがその場所や状況が「所」の意味するところです。

　ジョブと比較すると、ワークには「まとまり感」があります。目的を持って効果を出していく仕事。努力の含意もあります。またうまく機能しているという意味でも使います。例えば、"It works."という英語の文章は、「上手くいっている」ことをあらわします。効果

的に機能しているということです（Functionの項参照）。

　この言葉は肉体労働から研究活動そして芸術まで、広がりを持つことばです。ワークロードは「負荷」。ワークフォースは「労働力」。ワークプレースは「職場」。ワークショップは「作業場」。

　『英語語義イメージ辞典』(大修館書店)には、音韻的には力をひねって出す、力を絞る感じがあるとの説明があります。確かに、力を込めて仕事をするときには思わず「ウァーック！」と声をあげてしまいます。

　ワークには「作品」や「細工」の意味もあります。ちなみに、ワークを「仕事」という意味で使うときには不可算名詞、「作品」という意味で使うときには可算名詞となります。

　ビジネス用語として有名になった言葉としては、GEのCEOであったジャック・ウェルチ（Jack Welch）が提唱した「ワークアウト」が有名です。ワークアウトとは、可能な限り現場に問題解決と業務改善を権限委譲して、素早く意思決定し、実践に移すためのプロセスです。「徹底的に」「迅速に」「全社的に」業務改善を遂行してやり抜くといった、気合いの入った言葉です。

　まず、組織内の課題をよく理解しているメンバーを部門横断的に集めてチームをつくります。次に、ソリューションに向けてのアイディアを出し合い、意志決定権を持つシニアマネジメントがその場で採否を決定します。そして、採用されたアイディアは即実行に移され、その権限はチームのリーダーに与えられます。

　もともとは、20世紀はじめのボクシングの言葉でした。「何とかやり抜け！やっちまえ！」という意味だといいます。

　「ワーカホリック」は、ワークとアルカホリック（アル中）を合わせた言葉。仕事をするのは素晴らしいことですが、仕事しすぎると「ワカ中」となってしまいますので、気をつけましょう。

NOTE

It took five years to complete this work. は「この作品を仕上げるのに5年かかった」。working memoryは「作業記憶」。理解・学習・推論などを行うために情報を一時的に保持するプロセス。lifeworkは「一生かけて行う仕事」。work life balanceは「ワーク・ライフ・バランス」としてカタカナで定着した。style of workは「作風」。He is constantly at work. は「彼はいつも仕事をしている」。clerical workは「（比較的単純な）事務作業」。

関連語　**Business** ▶ p036, **Function** ▶ p102, **Lab(o)ur** ▶ p136, **Professional** ▶ p182
Team ▶ p224, **Vocation** ▶ p242

X-culture
[クロスカルチャー]

異文化

掛け合わされた文化

x-cultureという表現は正式なものではなく、crossとxをかけて洒落た表現。cross-は「渡る」でありcultureは「耕すもの」すなわち「文化」。cross culture と2文字で表記するがハイフンでつなげてcross-cultureとすることもあり、特に形容詞で使う場合はその傾向が強い。cross-cultural〜は「異文化〜」と訳されるが、正確には「異文化間〜」である。

「アルファベット26文字のそれぞれから始まる言葉を少なくとも1つは載せたい」。そんな方針が本書の編集担当者から示されました。

Xの前まで書き進んで、はたと困りました。Xで始まる単語は、ご存知の通り、とても少ないのです。マネジメントやビジネスに関する言葉は、辞書をひっくり返しても見つかりそうもありません。

しかし無茶な要求に対しても「なんとかする」のがマネジメント（managementの項参照）。苦肉の策を考えました。それは、クロスカルチャーをX-culture（あるいはXculture）と表記することです。Googleでは約12万6000件ヒットしますから、一応存在する言葉だと考えてよいでしょう。

Xは英語圏では洒落た表記と思われているようです。エクストラ（抜群）を"xtra"と書いたりすることもあります。「エクス」という読みを「エックス」に置き換えて洒落てみたものです。ゼロックス（Xerox）もXが2つも入っているので、ひきしまって見えます。

クリスマス（Christmas）はXmasと短縮します。Xはキリストを意味するギリシャ語「クリストス」の頭文字。同時に、XmasのXは十字架を表しているという説もあります。確かに、十字架はホーリークロス。そうだとすると、これは英語には珍しく象形文字的。たぶん形と頭文字の音の近さの両方を兼ねているのでしょう。

X-cultureのXも、クロスしている形からきています。もともと

は苦肉の策でしたが、このXにヒントがある気がしてなりません。

クロスカルチャーは「異文化」。グローバル化が進む中で異文化理解の重要性が説かれていますが、私はそんなに簡単なことではないと思っています。文化とは「当たり前」の大前提（Cultureの項参照）。文化と言語が違う人を排除してきたのが世界の歴史です。

理解しているつもりでも勘違いしていることはあります。たとえば日本のクリスマスはあくまでも日本流。英語のつもりの"X'mas"でさえ、日本独特の間違いです。英語では"Xmas"です。

異文化をいきなり理解することはできなくても、まずは出会ってみないと始まりません。"X"の形が示すのは、出会い・交流・掛け合わせです。異文化理解の基本は次の3つ。

まず「異文化は本当には理解できるものではない」ことの諦念。次に「自分の大前提とは異なるものがこの世にはある」ことの観念。そして「それでも互いが出会うことは可能で生産的だ」とする信念。

そもそも、「異文化理解」に対する理解がずれていることが、根本的な文化的なすれ違いをもたらすことも考えられます。そのためには、まず「異文化」という言葉をいったん忘れて「X文化」という言葉に置き直して考えるのも悪くないと思いました。

X文化の理解には、いくつかのステップがあると思われます。
第1段階：異なる文化を、すべて「ソト」として排除する
第2段階：排除こそしないものの、「違い」を意識しない
第3段階：表面的に理解したつもりで、実は「勘違い」している
第4段階：本当には理解できないと知った上で、理解の努力をする
第5段階：文化を出会わせて、合意点を見出す
第6段階：掛け合わせることにより、新しいものを見出す

同じ「×」でも、最初は「バツ」。それが次第に「クロス」へ。その変化がxtra（エクストラ）な価値を生み出すと私は思います。

NOTE
> cross-culture communicationは「異文化コミュニケーション」と訳されるが「異文化間コミュニケーション」のほうがより適切だと思われる。cross-cultural comparisonは「異文化間比較」。cross-culture trainingは「異文化理解を高めるためのトレーニング」。cross-cultural managementは「クロス・カルチャーの状況下でのマネジメント」。

関連語　**Culture ▶ p064, Global ▶ p110**

Yield
[イールド]

産出・収穫・利回り

生産活動から得られる実り

yieldは「支払い」を意味する古英語gieldanに由来する。そこから、工業や農業の生産活動から生じる「生産高」や「収穫量」を表すようになった。あるいは「産出すること」そのものも表す。ヨーロッパの各地で中世から近世にかけて結成されたguild（ギルド：商人組合または職人組合）とは同根である。

　日本の企業では、定期的な異動が行われます。そのため、まったくの「素人」が上司として来るということは大いにあり得ること。ある企業で、財務担当の取締役として異なる部門から異動してきた上司のオフィスに、ある若手が説明をしに行きました。そして、自分の席に帰ってきてとても残念そうな顔をして言ったそうです。
　「うちの新しい上司はイールド・カーブが何かも知らなかった。がっかり」
　確かに財務の取締役が「イールド」の意味を知らないのでは、仕事になりません。取締役本人の勉強不足もあるでしょう。そもそもそのような異動が適切なのかどうか、という議論もあるでしょう。
　けれども、責任の一端は「イールド」という言葉自体にもあるのです。なぜならば、この言葉は分野によって実にさまざまな使われ方をするからです。
　その新任財務取締役が製造部門から異動されてきたのであれば、「イールドってのは歩留まりのことじゃないのか」と思っていたはず。理論的に生産可能な良品数に対して、実際にはどれだけ出荷可能な良品がつくり出せたかという比率です。
　技術部門の出身者でなおかつ化学のバックグラウンドの人であれば、「イールドってのは収率のことだろう」と思っていたことでしょう。収率とは、化学反応をしたときに得られる収量の理論値に対する実際の収量の比率のことです。

マーケティング部門の出身であれば「イールド・マネジメントなら聞いたことあるけど」と思うでしょう。イールド・マネジメントは収益を最大化するマーケティング手法。期間によって異なる割引率を設定して、全体としては収益が最適化（Optimizationの項参照）されるようにすることです。空席率を下げることが即利益となる航空業界で導入され他の業界でも応用されるようになりました。

さて、ファイナンスの世界においては、イールドは「利回り」。「イールド・カーブ」はその代表的なもので、日本語では「利回り曲線」と呼ばれます（前述の若手はそれを説明しに行ったのです）。

イールド・カーブは、償還までの期間の異なる流通債券の利回りをグラフにしたものです。横軸が意味するのは「期間」、縦軸は「最終利回り」。債券を最終償還日まで所有した場合の利回りです。

将来金利が上がるという予想がある場合には、グラフの右にいくほどイールドが上がります。これを「順イールド」といいます。逆に、将来金利が下がるという予想がある場合には、グラフの右にいくほどイールドが下がります。これを「逆イールド」といいます。

ところで、ニュースではよく「金利上昇に伴い、国債価格が下落する」と言います。なぜそのようなことが起きるのでしょうか。市中の金利が上がっても、既に購入した債券の表面利率が上がるわけではありません。表面利率の高い新しい国債と比較すると手持ちの国債の魅力は薄れますから、売られて価格は下がるのです。額面より安い価格で買った投資家から見れば、その国債の利回りは表面利率より高くなります。市中の金利が下がった場合には、その逆のことが起きます。

製造・技術・マーケティング・財務――部門や領域の違いによって解釈が違っても、言葉のこころは1つ。それは、イールドは「実り」であるということです。この『単語帳』も次の言葉でいよいよ最後。実りの収穫となることができれば幸いです。

NOTE

compound yieldは「複利」。The land yields a good harvest.は「その土地は豊かな収穫をもたらす」。yield a returnは「リターンを生み出す」。The campany's stock has a relatively low dividend yield.は「その会社の株式配当利回りは比較的低い」。yield to～は「～に屈する、負ける」。yield to noneは「誰にも引けを取らない」。

関連語 **Finance** ▶ p096, **Interest** ▶ p128, **Optimization** ▶ p168

Zone
[ゾーン]

帯・地帯

究極に集中できている状態

ギリシャ語のzōnēは「ベルト」。後に熱帯・亜熱帯・寒帯などの「地帯」を意味するようになった。近年になって、スポーツで普通では考えられないほどの好プレーが無意識にできた場合などをin the zoneという表現で表すようになった。ビジネスにおいても、集中力が極度に高まって目覚しい業績が連続するような状況をzoneと呼ぶようになった。

　ゾーンは「帯」のこと。マーケティングにおいて「ボリュームゾーン商品」は最も売れる商品群。「プライスゾーン」は値段の幅。「ゾーニング」は商品群ごとに並べる場所を考えること。「ゴールデンゾーン」は顧客の目線が行きやすい棚の高さ。「グレーゾーン」は完全な白でも完全な黒でもないその中間帯。

　"in the zone（ゾーンに入る）"とは集中力が高まってあり得ないほどのパフォーマンスを示すような精神の状態を指します。特にスポーツ選手などは、最高のパフォーマンスを出しているときに心と体が一体になったある種の特殊な状態となります。良い意味で「イッちゃっている」状態です。ビジネスにおいても「ゾーンに入る」ことができれば高いパフォーマンスを出せること請け合いです。この最後の項では、試しにゾーンに入る状態を"Z"と名づけてみます。

　"Z"に入ることは極度に集中力が高まる状態になることです。しかし"Z"はむしろ降りてくるもの。「それはどういう状態か」を考える際に私がよく使う方法として「それはどういう状態ではないか」を考える方法があります。試してみましょう。

　第1に、集中は「無理をしていない」状態です。自分が本音で好きなものであること。それにプラスして、"Z"が起こりやすい時間・空間・環境などを知っておくと良いと思います。人によっては起き抜け、就寝直前、暗いところ、静かなところ…条件は様々です。"Z"

の条件が揃ったら逃さずつかむことが大切だと思います。

　第2に、集中は「複数のことを行っていない」ことです。「あれもこれも」を同時進行すると、ゾーンには入れません。"Z"はいつも通勤電車の中で訪れるという人もいます。ほかに何もできないことがプラスに作用しているのかも知れません。

　第3に、集中は「気が散っていない」ことと同義です。そのためには、最低限の条件として、気持ちが散漫になるのを排除することが大切です。気が散る理由には他の好きなものが視野に入ってくることもありますから、それらを短時間断つことも有効です。

　第4に、集中は「邪魔されていない」ことです。ほんのちょっとしたことがきっかけでゾーンの状態から普通の状態に戻ってしまうと、さっきまで天才だった人が凡人になってしまいます。たとえば、道具については使い慣れたものであることがとても重要です。

　完全に集中・没入し、我を忘れてのめり込んでいる状態をミハイ・チクセントミハイ(Mihaly Csikszentmihalyi)は「フロー(flow)」と名づけました。フローは流れ。その状態にあるときに人は対象となる活動に没入していきます。同時にセルフ・コントロールの感覚は強くなります。まったく苦ではなく、時間はあっという間に過ぎていきます。結果として、後で振り返っても「あのときの自分はなんだったのか」と思えるほど高いパフォーマンスを出せます。

　フロー体験は、簡単すぎて退屈でもなく、難しそうでできそうもない不安のどちらでもないとき、すなわちできる可能性とチャレンジし甲斐が高度に両立するゾーンで訪れます。つまりゾーンとはフローが起きる帯域であると考えることもできるのです。

　"Z"はアルファベットの最後の文字。それ自体「究極の」を意味します。誰しもが持っている超集中帯の"Z"を、ぜひ飼い慣らして欲しいと思います。

> **NOTE**
>
> move out of your comfort zoneは「自分にとって居心地の良い場所から離れる」。a neutral zone は「中立地帯」。a safety zoneは「安全地帯」。Chukyo Industrial Zoneは「中京工業地帯」。a prohibition zone in golfは「ゴルフにおいてプレーが禁止されている地域」。zoning planは「区画整理の計画」。

関連語　**Motivation** ▶ p156, **Price** ▶ p180

Epilogue
おわりに

> **言葉の微妙な差を積み上げる**

「ビジネススクール」は、実はなかなか味わい深い言葉です。

スクールはもちろん学びの場所。「スコラ派の哲学・神学」は厳密な学問のスタイルでした。ギリシャ語で"skhole"はレジャーであり、スペアタイム。ということは、ビジネススクールは忙しさと暇が同居している場所。「忙しい中で、何とか暇を見つけてビジネスの本質を楽しく考えていく場所」だと私は思っています。

「そもそもその意味は何だったっけ？」。私はそういう問いをしばしば職場でも投げかけていました。例えば給料日の前には「そもそも給料ってなんだったっけ？」。しかし、ビジネスの現場はそんな悠長さをなかなか許してくれませんでした。「杉浦さん、その話はとっても面白いと思うけれども、今は仕事しましょう！」とたしなめられるのがオチでした。しかし今ならそれに対して、さらに畳みかけて問い返すことができます。

「じゃあ『面白い(interesting)』ってそもそも何？」「『金利(interest)』って面白い？」「『仕事』と言うけれども"work"と"job"と"occupation"と"labo (u) r"のどの意味で使っているの？」「"function"や"operation"も『働き』だけれどそれとは違うの？」

プロローグにも書いたように、言葉は世界を創る単位。レンガのようなもの。それが無数に積み重なって世界という強靭な構造物を作ります。「言葉固め」は、まさに基礎固めを行うことです。

しかし、言葉は単体では意味を持ちません。微妙な差異を積み重ねていくことで「意味」が立ちあらわれます。逆に言えば、違いを理解することでしか「こころからの理解」はできないのです。その微妙な違いは、類義語との関係性の中に、用例における使われ方の違いの中に、そして同じ意味を持つ異言語の言葉同士の間にあります。その微妙さを積み上げていくときに、はじめて1つの「全体」

が立ち上がるのです。私にとっては、それが「世界 (universe)」。それができる場所が「大学 (university)」です。

星空全体の把握と世界の入れ替わり

　言葉は星の数ほどあります。星の数はぎりぎり眼で見える6等星まで入れると合計約8000個。見えているのは「半球」でその半分ですから、高校生が目指す単語の数に似ています。この「単語帳」で選んだ120の言葉は、1等星や2等星のように特別に輝いている──少なくとも私にはそのように見えるものです。

　星空の全体像が「世界」だとすると、それを何とか理解しようとすることは、この単語帳のもう1つの野心的すぎる目的です。

　ビジネスでは、森（＝社会全体）を見たり、木（＝個別企業）を見たり、さらに葉（＝個人）を見たりします。この3つの関係は、思想と文章と言葉の関係にも似ています。自由に倍率を変化できるズームつきの双眼鏡を手に入れてほしい──それは、私の欲望（デザイアー）にも似た本音の思いです（ちなみにデザイアーのザイアー (sire) は、それ自体、星と関係があります。「見えない星を見たい」と思うことから "desire" という言葉ができました）。

　この本のオリジンは、私が5年前に作成した英語キーワード集『人材・組織マネジメントを理解するためのキーワード125』です。それをもとにして、人材・組織の分野に限定することなく、マネジメント全般に関わる用語を新たに選び直すことにしました。

　結果的に新規の用語が6割以上、オリジンとなる本にあった言葉で残ったのは4割未満となりました。残ったものについても大幅な書き直しを行いました。5年経つと「世界」も半分以上丸ごと入れ替わる──そんなものかも知れません。

　用語は各領域にできるだけバランスを取って入れるように心がけましたが、どうしても私の専門領域である「人材・組織」の言葉は多めとなり、全体の3分の1を占めています。そのことは私の世界観の偏りを示しており、能力の限界でもあります。ご理解とご容赦をいただきたいと思います。

日常的な命題を自分の頭で追求する

　どの言葉を選び、どのように組み合わせ、どのような文脈で使うかは、その人次第。言葉はその人そのものです。

　大江健三郎の小説『日常生活の冒険』の中で、主人公の斉木犀吉という少年が次のように言います。

　「考えてもみろよ、昔はモラリストとかフィロソファーとかがいて、基本的な命題をじっと徹底的に、自分の頭で追求したんだ。そして自分の声で表現したんだ。(略)しかし今日ではそういうことはない。もう現代の人間どもは、いろんな基本的命題については廿世紀の歴史のあいだにすべて考えつくされたと思っていて、自分で考えようとしないんだ。そのかわりに百科事典をひとそろい書棚にかざっておいて安心している。おれはそれが厭なんだ、本質的なことはみな、いちどおれの頭で考えて、おれ専用の答えを用意しておこうと思うんだ」

　斉木犀吉のモデルは、大江健三郎の義理の兄である伊丹十三だといわれています。確かに『マルサの女』や『ミンボーの女』の監督の若かりし頃を髣髴とさせる言葉です。

　私が『日常生活の冒険』を読んだのは大学の学部時代、1970年代の終わりのことでした。「冒険」に出かけた斉木少年に惹かれて、私もアメリカに最初の留学をしました。まだ留学生の数が少なかった当時、それは冒険といってよいものでした。そして、はじめての英語漬け。

　それがきっかけとなって、1980年代の初めに自動車会社の海外部門で社会人生活という冒険をスタートし、日本から海外への積極的なビジネス展開の実態を目の当たりにしました。1988年に今度は家族を伴って2度目の留学。1990年にスタンフォード大学のビジネススクールでMBAを取得。準備から卒業まで、英語との格闘が続きました。

　その後はアメリカ系の経営コンサルティング会社で戦略と組織マネジメントのフレームワークを叩きこまれました。そしてアメリカ

とイギリスの金融機関で人事と金融の現場経験を積んだ期間中、ずっと上司はアメリカ人とイギリス人。日常のやりとりはほとんど英語でした。

2000年の前半に私の海外経験には新たなページが加わりました。早稲田大学でご縁をいただき、ビジネススクールがシンガポールで行うプログラムの責任者となったのです。ただでさえ難しい英語での授業。それを「アウェイ」で行うのは決して簡単なことではありませんでした。そのうえ提携校や現地政府との交渉の責任がのしかかってきます。英語で寝言をいってうなされる日々。それだけ苦しんだということでもありますが、見方を変えればこのときに英語がほんとうに「自分の言葉」になったと思います。片方が他方の「翻訳」として存在するのではなく、２つの言語体系からなる２つの世界を獲得できたように思えるからです。その後、東京でも留学生を中心とする英語のゼミをスタートし、英語の論文を一緒に仕上げてきました。

自分で単語帳をつくる

世界という「全体」は、言葉という「部分」でできています。そして言葉という「部分」の中に、世界という「全体」は入っています。ですから、明確な言葉の理解がなければ、自分の世界を構築することはできませんし、まして人と世界を共有することはできません。

そんな風に思っていたときに折にふれて思い出したのが、引用した斉木犀吉（あるいは伊丹十三）の言葉でした。ビジネスで使う言葉について、教科書の説明だけでわかったつもりにならず自分の頭でもういちど整理したい——それがこの単語帳の基底にある「思い」です。

ビジネスのキーワードについて、英語と日本語の２つの世界の間を行ったり来たりしながら立体感のある理解をすること。語源という「そもそも」と、用例という「それぞれ」で自分の経験と理解を挟みこんで過去と現在の両方から理解すること。辞書の訳だけでなく、自分の経験に照らして自分の言葉で語りなおすこと。私はビジネス

でキーワードに出会うたびに、その作業を繰り返してきましたし、これからもそうするでしょう。それは自分自身の経験を編集し、新たな物語を紡いでいく作業に他なりません。増えていく単語帳のページについては、ホームページに掲載していきたいと思います（http://jinzai-zemi.jp/index.html）。

　単語帳は、本来与えられるものではなくて自らつくりこむもの。そして増えていくもの。なぜならば「つくるプロセス」自体が学びだからです。ですから読者の皆さんには、中学校のときにそうしていたように「自分の単語帳」をつくってほしいと思います。そして、正しい理解に基づく「自分専用の答え」を用意して欲しいのです。そのための参考にしていただくこと――それが、この本の本当のゴールです。

内省と感謝

　「話す」の語源は、「こころ」にあるものを「放す」こと――そんな説もあります。自分が「はなし」たものを、書きものにして読み直してみるのは、辛い経験です。自分が実はまだまだ本当にはわかっていないという証拠を公開するようなものだからです。そして、それまで恥ずかしいとさえ思わずに生きてきたという、さらに恥ずべき事態にも気づかされます。まさに恥さらし。しかし、この恥ずかしさをバネとして、また新たに始めるしかないのです。大切なのは自省・内省・リフレクションだと信じて。

　「あとひとこと (epi-logue)」も終わりに近づきました。
　言葉は「ロゴス」。重たくて硬いロゴスという言葉が、少し肩の力を抜くと「ローグ (logue)」となり、「はなし」を意味するようになりました。「プロローグ (pro-logue)」は初めの口上で、「エピローグ (epi-logue)」は終わりの口上。"epi-" は「上の」。ですからエピローグの本当の意味は、「あと少しの上乗せ」です。
　この本は無数のビジネス用語のごく一部の「カタログ (cata-logue)」にすぎません。できるだけ「ひとりごと (mono-logue)」に

ならないように「対話（dia-logue）」をしながらレンガを積んできました。

　早稲田大学ビジネススクールの60人のゼミの現役生・OB・配属内定者の皆さん、700人を超えるクラス履修経験者の皆さんに感謝します。シンガポールの早稲田－南洋(ナンヤン)ダブルMBAプログラムの約100人には心からのappreciationを。

　英語の例文についてはCEL英語ソリューションズ最高経営責任者の曽根宏さんにお世話になりました。記してお礼を申し上げます。

　私にとっては「大学」も「ビジネススクール」もとても有難いところです。今つくづく思うのは、その1つひとつが普通には起こりえない貴重な出会いだったということです。

　「ありがとう」という言葉は、世界的に見ればとても珍しい言葉です。サンキューもダンケシェーンもカムサハムニダも謝々も、すべて「相手に感謝する」気持ちをあらわしています。それに対して「ありがたい」という言葉だけが「あることが難しい」ことを意味しています。

　あり得ないからあり難い。でも、あり得ないことは確かに起こる。そのありがたさを嚙みしめます。

　この本をまとめた2012年は、個人的にも意味のある年でした。大学を卒業して30年。ビジネスや教育を通しての海外との関わりも累計30年となりました。同時に、社会人になった最初の年の秋に結婚した私にとっては、その意味でも30周年。

　AからZまで、そしてプロローグからエピローグまで、おつきあいいただいた皆さんの寛容さに感謝します。同時に、30年の風雪に堪えてきてくれた妻智子の忍耐力に改めて敬意を表して、エピローグの締めくくりとします。ありがとう。

2112年10月、西早稲田にて

杉浦正和

Reference

この単語帳を書くにあたって直接引用した文献、および今後の学習の助けにしてほしいと考える図書を90冊挙げました。著者名のアルファベット順に並べてあります。

1 バーナード, チェスター I. (Barnard, Chester I.)『新訳 経営者の役割』(原題:"The Functions of the Executive"), 山本安次郎訳, ダイヤモンド社 (経営名著シリーズ2), 1956年。

2 ボイエット, ジョーゼフ H. (Boyett, Joseph H.)・ボイエット, ジミー T. (Boyett, Jimmie T.)『経営革命大全』(原題:"The Guru Guide: The Best Ideas of the Top Management Thinkers"), 金井壽宏監訳, 大川修二訳, 日本経済新聞社, 1999年。

3 バーゲルマン, ロバート A. (Burgelman, Robert A.)『インテルの戦略――企業変貌を実現した戦略形成プロセス』(原題:" Strategy Is Destiny"), 石橋善一郎・宇田理監訳, 杉浦正和他共訳, ダイヤモンド社, 2006年。

4 Burns, Tom・Stalker, G.M. "The Management of Innovation", Oxford University Press, 初版1961年, Revised版, 1994年。

5 チャンドラー, Jr., アルフレッド D. (Chandler, Jr., Alfred D.)『組織は戦略に従う』(原題:"Strategy and Structure"), 有賀裕子訳, ダイヤモンド社, 2004年。

6 チャラン, ラム (Charan, Ram)・ドロッター, ステファン (Drotter, Stephen)・ノエル, ジェームズ (Noel, James)『リーダーを育てる会社・つぶす会社――人材育成の方程式』(原題:"The Leadership Pipeline: How to Build the Leadership-Powered Company"), 英治出版 (グロービス選書), 2004年。

7 チクセントミハイ, ミハイ (Csikszentmihalyi, Mihaly)『フロー体験入門――楽しみと創造の心理学』(原題:"Finding Flow: The Psychology of Engagement with Everyday Life"), 大森弘監訳, 世界思想社, 2010年。

8 ダフト, リチャード D. (Daft, Richard D.)『戦略と意思決定を支える組織の経営学』(原題:"Essentials of Organization Theory and Design"), 高木晴夫訳, ダイヤモンド社, 2002年。

9 遠藤功『現場力を鍛える――「強い現場」をつくる7つの条件』, 東洋経済新報社, 2004年。

10 フリードマン, トーマス L. (Friedman, Thomas L.)『フラット化する世界 (上・下)――経済の大転換と人間の未来』(原題:"The World Is Flat: A Brief History of the Twenty‒first Century, Updated and Expanded Edition"), 伏見威蕃訳, 日本経済新聞社, 2006年。

11 ガルブレイス, ジョン ケネス (Galbraith, John Kenneth)『不確実性の時代 (ガルブレイズ著作集6)』(原題:"The Age of Uncertainty"), 都留重人監訳, TBSブリタニカ, 1980年。

12 グラノヴェター, マーク S. (Granovetter, Mark S.)『弱い紐帯の強さ』(原題:"The Strength of Weak Ties"), 野沢慎司 (編・監訳), 大岡栄美訳『リーディングス ネットワーク論――家族・コミュニティ・社会関係資本』, 勁草書房, 2006年, pp. 123-154。

13 濱嶋朗・竹内郁郎・石川晃弘編『社会学小辞典』, 有斐閣 (有斐閣双書小辞典シリーズ), 1977年。

14 ハメル, ゲアリ (Hamel, Gary)・プラハラド, C.K. (Prahalad, C.K.)『コア・コンピタンス経営――大競争時代を勝ち抜く戦略』(原題:"Competing for the Future"), 一條和生訳, 日本経済新聞社, 1995年。

15 ハンディ, チャールズ (Handy, Charles)『パラドックスの時代――大転換期の意識革命』(原題:"The Empty Raincoat"), 小林薫訳, ジャパンタイムズ, 1995年。

16 Harper, Dougrous "Online Ethymology Dictionary", (http://www.etymonline.com) 2001-2012.

17 橋爪大三郎「権力の可能条件」『権力と支配の社会学』, 岩波書店 (岩波講座現代社会学 第16巻), 1996年, pp. 1-22。

18 本間正人『適材適所の法則――コンピテンシー・モデルを越えて』, PHP研究所, 2005年。

19 フープス, ジェームズ (Hoopes, James)『経営理論偽りの系譜――マネジメント思想の巨人たちの功罪』(原題:"False Prophets: The Gurus Who Created Modern

Management and Why Their Ideas Are Bad for Business Today")，有賀裕子訳，東洋経済新報社，2006年。

20 今井賢一・金子郁容『ネットワーク組織論』，岩波書店，1988年。
21 金井壽宏『働くひとのためのキャリアデザイン』，PHP研究所（PHP新書），2002年。
22 金井壽宏『リーダーシップ入門』，日本経済新聞社（日経文庫），2005年。
23 金井壽宏『変革型ミドルの探求──戦略・革新指向の管理者行動』，白桃書房，1991年。
24 金井寿宏・高橋潔『組織行動の考え方──ひとを活かし組織力を高める9つの「キーコンセプト」』，東洋経済新報社（一橋ビジネスレビューブックス），2004年。
25 カンター，ロザベス モス (Kanter, Rosabeth Moss)『「確信力」の経営学』（原題："Confidence: How Winning Streaks and Losing Streaks Begin and End")，中井京子訳，光文社，2009年。
26 カーレフ，ベンクト (Karlef, Bengt)『入門企業戦略事典──実践的コンセプト＆モデル集』（原題："Business Strategy")，土economics坤・中辻万治訳，ダイヤモンド社，1990年。
27 カッツェンバック，ジョン R. (Katzenbach, Jon R.)『コミットメント経営──高業績社員の育て方』（原題："Peak Performance")，黒田由貴子監訳，ダイヤモンド社，2001年。
28 コッター，ジョン P. (Kotter, John P.)『企業変革力』（原題："Leading Change")，梅津祐良訳，日経BP社，2002年。
29 マグレッタ，J. (Magretta, J.)・ストーン，N. (Stone, N.)『なぜマネジメントなのか──全組織人に今必要な「マネジメント力」』（原題："What Management Is")，山内あゆ子訳，ソフトバンククリエイティブ，2003年。
30 マルキール，バートン G. (Malkiel, Burton G.)『ウォール街のランダム・ウォーカー──株式投資の不滅の真理（新版）』（原題："A Random Walk Down Wall Street")，井手正介訳，日本経済新聞社，2004年。
31 マンツ，チャールス C. (Mantz, Charles C.)・シムズ，Jr.，ヘンリー P. (Sims, Jr., Henry P.)『自律チーム型組織──高業績を実現するエンパワーメント』（原題："Business without Bosses")，守島基博監訳・渋谷華子他訳，生産性出版，1997年。
32 政村秀実『英語語義イメージ辞典 (Dictionary of English Word Images)』，大修館書店，2002年。
33 松田修一『ビジネス・ゼミナール 会社の読み方入門』，日本経済新聞社，2006年。
34 マッコール，モーガン W. (McCall, Jr., Morgan W)『ハイ・フライヤー──次世代リーダーの育成法』（原題："High Flyers: Developing the Next Generation of Leaders")，金井寿宏監訳，リクルートワークス研究所訳，プレジデント社，2002年。
35 マクレランド，デイビッド C. (McClelland, David C.)『モチベーション──「達成・パワー・親和・回避」動機の理論と実際』（原題："Human Motivation")，梅津祐良・薗部明史・横山哲夫訳，生産性出版，2005年。
36 ミード，ジョージ ハーバート (Mead, George Herbert)『精神・自我・社会』（原題："Mind, Self, and Society: from the Standpoint of a Social Behaviorist")，稲葉三千男・滝沢正樹・中野収訳，青木書店（現代社会学大系 第10巻），2005年。
37 ミルズ，C.ライト (Mills, C. Wright)『パワー・エリート上・下』（原題："The Power Elite")，鵜飼信成訳，東京大学出版会 (UP選書)，1985年。
38 ミルズ，C.ライト (Mills, C. Wright)『ホワイト・カラー──中流階級の生活探求』（原題："White Collar")，杉政孝訳，新創元社，1957年。
39 ミンツバーグ，ヘンリー (Mintzberg, Henry)・アルストランド，ブルース (Ahlstrand, Bruce)・ランペル，ジョセフ (Lampel, Joseph)『戦略サファリ── 戦略マネジメント・ガイドブック』（原題："Strategy Safari: A Guided Tour through the Wilds of Strategic Management")，斎藤嘉則監訳，木村充・奥沢朋美・山口あけも訳，東洋経済新報社，1999年。
40 村瀬学「観念のリサイクルへ」『試されることば 21世紀を生きはじめるために1』，宝島社，1991年，pp. 107-168。
41 中島らも『ビジネス・ナンセンス事典』，講談社，1993年。
42 中山元『思考の用語辞典──生きた哲学のために』，筑摩書房（ちくま学芸文庫），

2007年。

43 中沢康彦『星野リゾートの教科書』,日経トップリーダー編,日経BP社,2010年。

44 ナヌス,バート(Nanus, Burt)『ビジョン・リーダー——魅力ある未来像の創造と実現に向かって』(原題:"Visionary Leadership"),産能大学ビジョン研究会訳,産業能率大学出版部,1994年。

45 西部邁『昔、言葉は思想であった——語源からみた現代』,時事通信出版局,2009年。

46 ノエル,ジェームズ(Noel, James)『リーダーを育てる会社・つぶす会社——人材育成の方程式』(原題:"The Leadership Pipeline: How to Build the Leadership-Powered Company"),英治出版(グロービス選書),2004年。

47 野中郁次郎(監修)『リストラクチャリング——知をくみかえる組織』,NTT出版,1989年。

48 沼上幹『組織デザイン』,日本経済新聞社(日経文庫),2004年。

49 大江健三郎『日常生活の冒険』,文藝春秋,1964年。

50 オルソン,マンサー(Olson, Mancur)『集合行為論——公共財と集団理論』(原題:"The Logic of Collective Action"),依田博・森脇俊雅訳,ミネルヴァ書房(Minerva人文・社会科学叢書 新装版),1996年。

51 小塩隆士『教育を経済学で考える』,日本評論社,2003年。

52 太田正孝『多国籍企業と異文化マネジメント』,同文館出版,2008年。

53 パレット,ピーター(Paret, Peter)『クラウゼヴィッツ——「戦争論」の誕生』(原題:"Clausewitz and the State: Man, His Theories, and His Times"),白須英子訳,中央公論新社(中公文庫BIBLIO),2005年。

54 ピーターズ,トム(Peters, Tom)『トム・ピーターズのマニフェスト〈2〉リーダーシップ魂。』(原題:"Tom Peters Essentials : Leadership"),宮本喜一訳,ランダムハウス講談社,2005年。

55 ポーター,マイケル E. (Porter, Michael E.),『競争優位の戦略——いかに高業績を持続させるか』(原題:"Competitive Advantage: Creating and Sustaining Superior Performance"),土岐坤訳,ダイヤモンド社,1985年。

56 ポーター,マイケル E. (Porter, Michael E.)『競争の戦略(新訂版)』(原題:"Competitive Strategy: Techniques for Analyzing Industries and Competitors"),土岐坤・中辻万治・服部照夫訳,ダイヤモンド社,1995年。

57 斎藤孝『生き方のスタイルを磨く——スタイル間コミュニケーション論』,日本放送出版協会(NHKブックス),2004年。

58 佐藤郁哉・山田真茂留『制度と文化——組織を動かす見えない力』,日本経済新聞社,2004年。

59 佐藤俊樹『近代・組織・資本主義——日本と西欧における近代の地平』,ミネルヴァ書房,1993年。

60 シャイン,エドガー H. (Schein, Edgar H.)『企業文化——生き残りの指針』(原題:"The Corporate Culture Survival Guide"),金井壽宏監訳・尾川丈一・片山佳代子訳,白桃書房,2004年。

61 セン,アマルティア(Sen, Amartya)『合理的な愚か者——経済学=倫理学的探究』(原題:"Choice, Welfare and Measurement"),大庭健・川本隆史訳,勁草書房,1989年。

62 センゲ,ピーター M (Senge, Peter M.)『最強組織の法則——新時代のチームワークとは何か』(原題:"The Fifth Discipline: The Art & Practice of the Learning. Organization"),守部信之訳,徳間書店,1995年。

63 塩野七生『ローマ人の物語Ⅰ ローマは一日にして成らず』,新潮社,1992年。

64 白井克彦・枝廣淳子『大学力——早稲田の杜から「変える力」を考える』,主婦の友社,2005年。

65 サイモン,ハーバート A. (Simon, Herbert A.)『経営行動——経営組織における意思決定過程の研究(新版)』(原題:"Administrative Behavior Fourth Edition: A Study of Decision-Making Processes in Administrative Organizations"),二村敏子・桑田耕太郎・高尾義明・西脇暢子・高柳美香訳,ダイヤモンド社,2009年。

66 シン,ジテンドラ(Singh, Jitendra)・カペッリ,ピーター(Cappelli, Peter)・シン,ハビール(Singh, Harbir)・ユシーム,マイケル(Useem, Michael)『インド・ウェイ:飛躍の経

営(原題:"The India Way: How India's Top Business Leaders Are Revolutionizing")』,太田正孝監訳,杉浦正和他訳,英治出版,2011年.

67 スペンサー,ライル M. (Spencer, Lyle M.)・スペンサー,シグネ M. (Spencer, Signe M.)『コンピテンシー・マネジメントの展開――導入・構築・活用』(原題:"Competency at Work"),梅津祐良・成田攻・横山哲夫訳,生産性出版,2001年.
68 杉浦正和「創造性はマネジメント可能か:クリナップの『一本の真直な線』とTDKの『世界最強の磁石』」『早稲田ビジネススクールレビュー』第7号,2007年.
69 杉浦正和・大滝令嗣・梅津祐良,"Fundamentals of Human Capital Management for Asian Global Companies", Marshall Cavendish, 2010年10月.
70 SUPER STRINGS サーフライダー21『ウルトラマン研究序説』,中経出版,1991年.
71 『人的資源マネジメント戦略』高木晴夫監修・慶応義塾大学ビジネス・スクール編,有斐閣,2004年.
72 高橋伸夫編,東京大学ものづくり経営研究センター『170のkeywordによるものづくり経営講義』,日経BP社,2005年.
73 高橋俊介『キャリアショック――どうすればアナタは自分でキャリアを切り開けるのか?』,東洋経済新報社,2000年.
74 高橋俊介『人材マネジメント論――経営の視点による人材マネジメント論』,東洋経済新報社,1998年.
75 高橋俊介『成果主義は怖くない――「仕事人生」を幸せにするキャリア創造』,プレジデント社,2002年.
76 谷口和弘『企業の境界と組織アーキテクチャー――企業制度論序説』,NTT出版,2006年.
77 トンプソン,ジェームズ D. (Thompson, James D.)『行為する組織――組織と管理の理論についての社会科学的基盤』(原題:"Organizations in Action"),大月博司,廣田俊郎訳,同文館出版,2012年.
78 上野千鶴子『サヨナラ、学校化社会』,太郎次郎社,2002年.
79 ウルリッチ,デイビッド (Ulrich, David)『MBAの人材戦略』(原題:"Human Resource Champions"),梅津祐良訳,日本能率協会マネジメントセンター,1997年.
80 ウルリヒ,デーブ (Ulrich, Dave)・カー,スティーブ (Kerr, Steve)・アシュケナス,ロン (Ashkenas, Ron)『GE式ワークアウト』(原題:"The GE Work-Out"),高橋透・伊藤武志訳,日経BP社,2003年.
81 梅津祐良『MBA人材・組織マネジメント』,生産性出版,2003年.
82 ヴェブレン,ソースタイン (Veblen, Thorstein)『有閑階級の理論』(原題:"The Theory of Leisure Class"),高哲男訳,筑摩書房(ちくま学芸文庫),1998年.
83 ウェーバー,マックス (Waber, Max)『職業としての政治』(原題:"Politik als Beruf"),中山元訳,日経BP社(日経BPクラシックス),2009年.
84 ウェーバー,マックス (Waber, Max)『プロテスタンティズムの倫理と資本主義の精神』(原題:"Die protestantische Ethik Und Der "Geist" Des Kapitalismus"),中山元訳,日経BP社(日経BPクラシックス),2010年.
85 早稲田大学ビジネススクール(内田和成・遠藤功・太田正孝・大滝令嗣・木村達也・杉浦正和・西山茂・根来龍之・法木秀雄・守口剛・山田英夫)『ビジネスマンの基礎知識としてのMBA入門』,日経BP社,2012年.
86 ワイク,カール E. (Weick, Karl E.)『組織化の社会心理学』(原題:"The Social Psychology of Organizing"),遠田雄志訳,文眞堂,1997年.
87 ウィリアムズ,レイモンド (Williams, Raymond)『キイワード辞典』(原題:"Keywords ―― A Vocabulary of Culture and Society"),岡崎康一訳,晶文社,1980年.
88 ウイリアムソン,オリバー E.(Williamson, Oliver E.)『市場と企業組織』(原題:"Markets and Hierarchies"),浅沼萬里・岩崎晃訳,日本評論社,1980年.
89 山倉健嗣『組織間関係――企業間ネットワークの変革に向けて』,有斐閣,1993年.
90 米倉誠一郎『経営革命の構造』,岩波書店(岩波新書),1999年.

(注)**79**と**80**の著者は同一人物だが、本によって名前の表記が違っている。

Index

▼ア

アーニング	185
アービトレーション	180
アウォード	47
アウトカム	91
アクション	14・32
アサーティブネス	26
アサインメント	30
アセスメント	25
アセット	28
アダムス、ステイシー	90
アチーバブル	112
アドミニストレーション	16・58・62・144
アビリティー	48
アプレイザル	24
アローワンス	22
アロケーション	20
アンカー	41
アンサーティンティー	234
アンダー・ドッグ(負け犬)	175
アントレプレヌール	88

▼イ

イールド	250
イニシアティブ	122
イニシエーション	122
イノベーション	124
インコーポレーテッド	44
インスティテューション	126
インセンティブ	120
インターナショナル	111
インダストリー	204
インタレスト	128
インフォメーション	118
インプット	91
インプリケーション	118
インプルーブ	125
インベストメント	61・130

▼ウ

ウィズダム	244
ウェーバー、マックス	178・182・242
ウェイジ	46
ウェルチ、ジャック	247
ウォーター・タイト	221

▼エ

エージェント	18
エキスパート	92・135
エクイティー	90・97
エデュケーション	80
エリート	82
エンゲージメント	86
エンプロイアビリティー	84

▼オ

オーガニゼーショナル・ビヘイビア	33
オーガニゼーション	170・213
オーガニゼーション・ラーニング	140
オキュペーション	36
オフィサー	162
オフィス	162
オブジェクティブ	160
オプティマイゼーション	168
オペレーション	164
オポチュニティー	166

▼カ

カーレフ、ベンクト	89
カイゼン	75・125
カスタマー	66
カスタム	66
カルチャー	64・81
ガルブレイス、ジョン	234
カレッジ	245
カンパニー	44

▼キ

キャスティング	207
キャッシュ・カウ(金のなる木)	175
キャパシティー	49
キャピタル	38・137
キャリア	40・72

▼ク

クエスチョニング	188
クエスチョン・マーク(問題児)	175
クエスト	188
クラウゼビッツ、カール・フォン	109
グラノヴェター、マーク	158
クリエイティビティー	62
クリステンセン、クレイトン	124

クレジット	56
グローバル	110
クロスカルチャー	248

▼ケ

ゲイン	185
ゲーム	106

▼コ

コーポレーション	44
コーリング	243
ゴール	112・160
コスト	60・184
コスト・リーダーシップ	74・210
コッター, ジョン	230
コトラー, フィリップ	74
コミットメント	42・87
コミットメント・ライン	142
コミュニケーション	158
コラボレーション	136
コンセプト	54
コントロール	58・62・144
コンピテンシー	48
コンフィデンス	56
コンプレクシティー	52
コンペティション	50
コンペティター	50
コンペンセーション	46

▼サ

サービス	17・116・204
サイエンス	226
サステイナビリティー	216
サラリー	46

▼シ

シェア	90
ジェネラル	108
システム	211・213・218
ジャッジメント	132
シュンペーター, ジョゼフ	124
ジョブ	30・246
ジョブ・サーチ	190
ジョブ・セキュリティー	202
ジョブ・ハンティング	190
ジョブ・ローテーション	83

▼ス

スクール	80
スコラ	80
スター(花形)	175
スタイル	81・139・214
スタッフィング	30・206
ステークホルダー	192・208
ストック	90
ストラクチャー	212
ストラテジー	50・210・220
ストラテジスト	211
スパン・オブ・コントロール	59・114
スペシフィック	112
スペシャリスト	92
スモールワールド	158

▼セ

セールス	200
セールス・アローワンス	22
セキュリティー	202
セレニティー	245

▼ソ

ソーシャル・ネットワーキング・サービス	
	158
ゾーニング	252
ゾーン	252

▼タ

ターンオーバー	196
タイトル	228
ダイバーシティー	76
タイム・バウンド	113
ダウンサイジング	195
タクティクス	50・210・220
タレント	222

▼チ

チーム	224
チーム・スピリット	225
チェアマン	228
チャンス	167
チャンドラー, アルフレッド	213

▼テ

ディシジョン	132

265

ディスラプティブ	124
ディファレンシエーション	74
ディベロップメント	41・63・72
テクノロジー	226
デザイン	70
デット	96
デフォールト・リスク	131
デレゲーション	31・68

▼ト

トップダウン	220
ドメイン	78
トラスト	56・232
ドラッカー, ピーター	145
トランスナショナル	111
トランスフォーメーション	230
トレードオフ	169

▼ナ

ナレッジ	134

▼ニ

ニーバー, ラインホルド	245

▼ヌ

ヌーボー	124

▼ネ

ネットワーク	158

▼ハ

バーゲルマン, ロバート	230
バーナード, チェスター	98
パーポス	160
ハイ・パフォーマー	48
ハイ・ポテンシャルズ	83
ハイヤー＆ファイヤー	202
パッシブ	15
パッション	15
パフォーマンス	14・24
バラエティー	76
バランスシート	22・28
バリュー	238
パワー	178
ハンズ・オン	221

▼ヒ

ヒエラルキー（ハイアラーキー）	114
ビジネス	36
ビジョナリー・リーダー	89
ビジョン	88・210・240
ビヘイビア	32
ヒューマン・キャピタル	39
ビューロクラシー	34・114
ピラミッド型	114

▼フ

ファイナンス	96
ファイブ・フォース	98
ファイリング	235
ファインディングス	119
ファンクション	102
ファンド	104
フィナンシャル・インスティテューション	126
フェイリャー	94
フォーカス	210
フォース	98
フォロワー	15
プライス	180
プライズ	47
プライス・センシティビティー	181
プライス・リスク	131
フラクタル	100
フラット化	110
ブランド	74
プランニング	172
フリードマン, トーマス	110
フリー・ライダー	151
フリー・ランチ	131
プロスペクト理論	33・97
プロダクト・ポートフォリオ・マネジメント（PPM）	175
プロテスタンティズム	242
プロデューサー	207
プロフィット	184
プロフェッショナル	182
プロモーション	186

▼ヘ

ペイ	46
ベーコン, フランシス	179
ヘッジ・ファンド	105

ベルーフ	243
ペンション・ファンド	105
ベンチャー	88

▼ホ

ポーター, マイケル	74・177・210
ボーダレス化	110
ポートフォリオ	174
ボケーション	242
ポジショニング	74・176
ボストン・コンサルティング・グループ（BCG）	175
ホスピタリティー	116
ポテンシャル	179
ボトムアップ	220
ボリュームゾーン	252

▼マ

マーケット	146
マーケット・キャピタライゼーション	38
マーケティング	74
マクルーハン, マーシャル	110
マッキンゼー	213
マトリックス	148
マネジメント	16・58・63・144
マネジメント・オブ・テクノロジー（MOT）	227
マルチナショナル	111

▼ミ

ミス	95
ミッション	154
ミューチュアル・ファンド	105
ミルズ, チャールズ	182
ミンツバーグ, ヘンリー	89・172・177

▼メ

メジャラブル	112
メリトクラシー	152
メンバーシップ	150

▼モ

モチベーション	90・156

▼ユ

ユニット	236

▼ラ

ラーニング	140
ラーニング・カーブ	103
ライン	142
ラボラトリー	136

▼リ

リーダー	15
リーダーシップ	138
リウォード	47
リクルート	190
リザルト・オリエンテッド	112
リスク	88・131・167
リスク・アバース	121
リストラクチャリング	194
リターン	131・185
リテンション	196
リプロデューシビリティ	226
リミテッド	44
リレーションシップ	192

▼レ

レイバー	136
レギュレーション	126
レスポンシブル	112
レバレッジ	219
レベニュー	185
レポーティング・ライン	142
レレゲーション	69

▼ロ

ロイヤルティー	67
ロール	198

▼ワ

ワーク	246
ワークアウト	247

▼あ
暗黙知	135

▼い
意義	118
育成	72
維持	196
意思決定	20・132
意匠	70
位置づけ	176
一般化	108
異動	206
異文化	248
意欲	156
威力	178
因果関係	226

▼う
運営	16

▼え
営業	200
役務	204
演繹法	80

▼お
治める	16
思い	26

▼か
会員	150
会社	44・126
階層	34・114
階層制・階層組織	114
概念	54
開発	72
外発的動機	156
価格	180
科学	226
学習	140
学習曲線	103
革新	124
囲い込み	43
肩書	228
価値	62・238
価値観	65

学校	80
株式	90
株式時価総額	38
関係	192
管財人	16
関心	128
管理	16・58・62
管理者	144
官僚制・官僚主義	34

▼き
機会	166
機関	126
起業家・企業家	88
基金	104
起源	108
機構	126・170
儀式・儀礼	122
技術・技能	226
規制	126
機能	102
帰納法	80
客観	160
給与・給料	46
教育	80
業界	51
行儀	32
競合・競争	50
行政	16
業績主義	152
業績評価	24
競争優位	210
興味	128
業務遂行能力	48
教養	64
金融機関	126
金利	128

▼く
具体的な	112
区分・区別	75

▼け
系・系統	218
経営・経営者	144
計画立案・計画作成	172

経費	60
権威	35・228
原価	60
研究所	136
権限	34
権限委譲	31・68
言質	42
現場力	164
権力	178・228

▼こ

構想	240
構造・構築	212
工程	164
行動	32
行動経済学・行動ファイナンス	33
公平	90
公僕	17
顧客	66

▼さ

差異化	74
再現性	226
再構築	194
財産	28
財政・財務	96
最適化	168
最適配分	20・169
才能	222
栽培	64
採用	190
作戦	164
作品	246
左遷	69
差別化	74・210
作用	164

▼し

事業構造・事業ポートフォリオ	194
仕切り	17
資金調達	96
資源	20
自己資本	28・90・97
自己主張	26
自己相似性	100
資産	28

市場	146・180
持続可能性	216
失敗	94
執務室	162
質問	188
実力主義	153
指導者	138
資本	28・38・90・137
資本主義	38・242
使命	154
借金	96
収益	184
収穫	250
習慣・慣習	66
集中	252
需給	180
熟練者	92
手術	164
受動的	15
手法	144
昇格・昇進	186
証券	202
情報	118
職業	36・92・182・242
助成・振興	186
人員配置	206
真価	238
審査	132
人事考課・人事評価	24
新人・新卒	190
心配	202
信用・信頼	56・232

▼せ

精鋭	82
制御	58
政権・政府	16
成功体験	125
生産	62
制度	126・218
制約条件	168
世代	108
設計	70
戦術	210・220
専制君主	114
全体	108

先導	122
選抜	82
専門家	92
専門的職業	182
戦略	20・74・210・220

▼そ

相違性	76
早期選抜・早期発見	83
総合	108
創造性	62
装置	218
促進・増進	186
測定可能な	112
組織	170・212
組織学習	140
組織行動論	33
組織能力	217
素質	222
率先	122

▼た

対価	46
体系・体制	218
対象	160
退職率	196
題名	228
代理人	18
達成可能な	112
多様性	76
単位	236
探求	188

▼ち

知恵	134・244
違い	74・76
地球的	110
知識	134
知的職業	182
賃金	46

▼つ

通過儀礼	122
伝える	26

▼て

適材・適所	30
展開	72
天職	242
伝道	154

▼と

動機づけ	156
投資	61・104・130
統制	58
統率力	138
統治	16
努力	98

▼な

内発的動機	156

▼に

認識	134
任務	154
任命	30

▼ね

値打ち	238
値段	180
値引き	22

▼の

能動的	15
能力	178
能力主義	152

▼は

配属	206
配分	20
破壊的	124
派遣	68
場所	20
働く	136・164・246
発見	72
発達・発展	72
判決	132
判断	132
販売	200
販売促進	186

▼ひ
引当金	22
秘密	56
費用	60・184

▼ふ
不確実性	234
複雑性	52
負債	28
振る舞い	32
文化	64
分業	102・136
分散投資	174
文書主義	34
分類不能性	234

▼へ
変革・変貌・変容	230

▼ほ
奉仕	16・204
報酬	46
報奨金	120
法人	44
保持	196
保障	202
本質	188

▼ま
学び	140

▼み
民主主義	179

▼む
無政府状態	114
無知	134

▼も
目的	112・160
目標	112
もてなし	116
元手	38

▼や
約束	42・86

役割	102・198

▼ゆ
優位	78・217
有機体・有機的	170
融資	96
優先順位	20

▼よ
様式	214

▼り
利益	60・184
利害関係	128
利害関係者	208
利回り	129・250
流儀	214

▼ろ
労働・労働時間・労働組合・労働党・労働力	136

▼わ
割り当て	20・30

●著者紹介

杉浦正和
（すぎうら・まさかず）

早稲田大学ビジネススクール教授。1982年京都大学（社会学専攻）を卒業し、日産自動車に入社。海外マーケティングなどの業務を担当。1988年スタンフォード大学ビジネススクールに留学し、MBAを取得。1991年から外資系経営コンサルティング会社（ベイン＆Co、およびマーサー）でコンサルタントとして働く。1994年からシティバンクにてリーダーシップ開発を担当。1997年からイギリスの資産運用会社であるシュローダーにて人事部長および確定拠出年金部長。2004年から早稲田大学で教鞭を執り、2008年から現職。「人材マネジメント」を担当し、参加型の授業とゼミを日本語と英語で運営している。著書に『ビジネスマンの基礎知識としてのMBA入門』（日経BP社、共著）、"Fundamentals of Human Capital Management for Asian Global Companies"（Marshall Cavendish、共著）、訳書に『インテルの戦略』（ダイヤモンド社、共訳）、『インド・ウェイ』（英治出版、共訳）などがある。

ビジネスマンの知的資産としての
MBA単語帳

2012年11月12日　第1版第1刷発行

著　者　杉浦 正和
発行者　瀬川 弘司
発　行　日経BP社
発　売　日経BPマーケティング
　　　　〒108-8646　東京都港区白金1-17-3
　　　　NBFプラチナタワー
　　　　電話　03-6811-8650（編集）
　　　　　　　03-6811-8200（販売）
　　　　http://ec.nikkeibp.co.jp/

ブックデザイン　遠藤陽一（DESIGN WORKSHOP JIN, inc.）
制作　アーティザンカンパニー株式会社
印刷・製本　図書印刷株式会社

©2012 Masakazu Sugiura　Printed in Japan
ISBN978-4-8222-4930-4
定価はカバーに表示してあります

本書の無断複写・複製（コピー等）は著作権法上の例外を除き、禁じられています。購入者以外の第三者による電子データ化及び電子書籍化は、私的使用を含め一切認められておりません。